ROBERT 1986

MÉMOIRE

SUR LE

SYSTÈME GRAMMATICAL

DES LANGUES

DE QUELQUES NATIONS INDIENNES

DE L'AMÉRIQUE DU NORD.

A. PIHAN DE LA FOREST,
IMPRIMEUR DE LA COUR DE CASSATION,
Rue des Noyers, n. 37.

MÉMOIRE

SUR

LE SYSTÈME GRAMMATICAL DES LANGUES

DE

QUELQUES NATIONS INDIENNES DE L'AMÉRIQUE DU NORD;

OUVRAGE QUI, A LA SÉANCE PUBLIQUE ANNUELLE

DE

L'INSTITUT ROYAL DE FRANCE,

LE 2 MAI 1835,

a remporté le prix fondé par **M. le comte de Volney** ;

PAR M. P.-ÉT. DU PONCEAU, LL. D.

Président de la Société Philosophique Américaine, de celle d'Histoire de Pennsylvanie et de l'Athénée de Philadelphie, Correspondant de l'Institut de France et de la Société de Géographie de Paris, Membre de plusieurs Académies et Sociétés savantes en Europe et en Amérique.

PARIS,

A LA LIBRAIRIE D'A. PIHAN DE LA FOREST

RUE DES NOYERS, 37.

GIDE, LIBRAIRE,	DENTU, LIBRAIRE,
RUE DE SEINE S. G. 6 BIS.	AU PALAIS-ROYAL.

1838.

AVERTISSEMENT

DE L'ÉDITEUR.

En 1834, la commission de l'Institut royal de France, nommée pour le prix de linguistique fondé par M. le comte de Volney, proposa, pour le concours de l'année suivante, cette question :

Déterminer le caractère grammatical des langues de l'Amérique du nord connues sous les noms de Leni-Lennape, Mohegan et Chippaway.

La commission était alors composée de MM.

Pour l'académie française.　　Destutt de Tracy.
　　　　　　　　　　　　　　Raynouard, *président*.
　　　　　　　　　　　　　　Jay.

Pour l'académie des inscriptions.　Eugène Burnouf, *secrét*.
　　　　　　　　　　　　　　Amedée Jaubert.
　　　　　　　　　　　　　　Reinaud.

Pour l'académie des sciences.　Flourens.

Dans la séance publique annuelle des cinq académies de l'Institut, tenue le 2 mai 1835, le prix fut décerné au Mémoire de M. P. E. Du Ponceau, résidant à Philadelphie.

M. Du Ponceau est Français; il a vu le jour dans l'île de Ré, appartenant à ce pays d'Aunis qui a vu naître Samuel Champlain, auteur d'un bon Voyage au Canada, et beaucoup d'autres des premiers colons de la Nouvelle-France. A peine M. Du Ponceau avait terminé ses études, que, très jeune encore, son goût pour les sciences et les lettres l'amena à Paris. Plusieurs des savans et des littérateurs du temps l'accueillirent avec bienveillance : il se concilia l'amitié du célèbre Court de Gébelin, dont il était secrétaire en 1777.

A cette époque, l'horizon politique s'obscurcissait, la France montrait la ferme volonté d'aider les provinces anglaises de l'Amérique septentrionale dans leurs tentatives de briser les liens qui les attachaient à leur métropole. Un militaire allemand, le baron de Steuben, qui avait résolu d'aller offrir ses services à la république naissante, eut occasion, en passant par Paris, de voir M. Du Ponceau; il lui proposa de l'accompagner comme secrétaire et même comme aide-de-camp : il est bien difficile à un Français de résister à des offres de ce genre. Voilà donc M. Du Ponceau embarqué pour l'Amérique; il fit quatre campagnes sous les drapeaux des Etats-Unis. Le baron de Steuben avait été nommé major-général et de plus inspecteur-général de leurs armées.

Quand la paix eut été conclue en 1783, M. Du Ponceau fut attaché à l'administration du pays, et devint sous-secrétaire d'état au département des affaires étrangères, sous M. Livingston, puis sous M. Munroe. Mais plus tard, lorsque dans les premières années du dix-neuvième siècle, un calme complet eut succédé aux orages qui avaient grondé sur l'Amérique du nord, M. Du Ponceau voulant se placer dans une position parfaitement indépendante, étudia la jurisprudence. Ayant subi les examens nécessaires, il fut reçu avocat, et depuis ce moment il exerça cette profession.

Cependant les années vinrent, et comme elles ne lui permettaient pas de suivre les affaires avec l'assiduité que celles-ci réclament, il se retira peu à peu du barreau. Toutefois, un repos absolu lui étant impossible, il consacra son temps à des travaux littéraires. Il publia dans la langue du pays plusieurs ouvrages de philologie, de littérature, de jurisprudence, et donna une preuve de ses connaissances en linguistique, par la traduction en anglais du manuscrit allemand de la grammaire Lenni-Lénâpé de Zeisberger, et par celle du livre de Campanius écrit en suédois, sur la contrée nommée d'abord Nouvelle-

Suède, qui fait aujourd'hui partie de la Pennsylvanie.

Les compatriotes d'adoption de M. Du Ponceau ont récompensé son zèle pour les lettres : depuis plus de dix ans, il a été, chaque année, réélu président de la Société philosophique américaine; il a succédé dans cette place à Jefferson, qui avait eu Franklin pour prédécesseur. M. Du Ponceau est également président d'autres sociétés savantes de Philadelphie et membre de plusieurs compagnies du même genre en Europe. Il n'est donc pas surprenant que l'appel fait aux philologues par l'Institut de France lui ait inspiré le désir de se lancer dans l'arène. Cette tentative a été heureuse; il a obtenu le prix.

Flatté du suffrage honorable du corps illustre qui lui avait adjugé la palme, M. Du Ponceau songea naturellement à faire imprimer le Mémoire auquel il devait une distinction, dont à juste titre il était glorieux; mais des obstacles indépendans de sa volonté ont long-temps retardé l'exécution de son dessein.

Vers la fin de 1835, il me chargea de veiller à son accomplissement. J'acceptai avec plaisir cette tâche flatteuse; des embarras inattendus entravèrent mes démarches; néanmoins je pus, grace à l'obligeance de M. Raynouard et d'autres membres de la commission, faire entrevoir à M. Du Ponceau qu'elle n'était pas éloignée d'encourager la publication de son Mémoire; j'ajoutai que, lorsqu'il me serait parvenu, j'espérais que cette attente se réaliserait.

Quand deux correspondans sont séparés l'un de l'autre par un intervalle d'à peu près quinze cents lieues à travers l'Océan, il n'est pas étonnant qu'ils soient quelquefois contrariés par des délais. Après que le manuscrit eut été copié à Paris, il fallut envoyer cette copie à Philadelphie; l'auteur revit son Mémoire, il y ajouta une préface et un discours relatif au sujet qu'il avait traité : tout cela prit beaucoup de temps. Enfin, au mois d'octobre 1837, ces manuscrits furent entre mes mains.

Alors la commission de l'Institut avait subi des changemens; elle avait perdu M. de Tracy et M. Raynouard, qui avaient eu pour successeurs M. A. Dupin et M. de Feletz; M. Amédée Jaubert en était devenu président.

Je présentai à la commission les manuscrits de M. Du Ponceau : après un mûr examen, elle décida que, pour donner à cet auteur une marque de satisfaction particulière, il serait souscrit à la publication de son ouvrage pour un certain nombre d'exemplaires.

Ce témoignage d'hommes éminens dans les lettres est le plus bel éloge qui puisse être donné au livre de M. Du Ponceau, et me dispense de rien ajouter pour en signaler le mérite. Je me félicite de ce qu'il a bien voulu jeter les yeux sur moi pour être l'éditeur de son Mémoire ; j'ai apporté le plus grand soin à justifier sa confiance ; je m'estimerai heureux si j'y ai réussi.

J. B. B. Eyriès.

Paris, 31 mars 1838.

TABLE GÉNÉRALE

DES MATIÈRES.

Avertissement de l'éditeur.		v
Préface de l'auteur.		5

MÉMOIRE.

Chap.	I.	Observations préliminaires.	75
	II.	De la formation des langues.	79
	III.	Des langues américaines en général.	86
	IV.	Caractère général des langues américaines.	89
	V.	Des langues algonquines.	96
	VI.	Phonologie des langues algonquines.	98
	VII.	Etymologie.	106
	VIII.	Idéologie.	113
	IX.	Coup d'œil général sur les langues algonquines.	115
	X.	Formation des mots des langues algonquines.	121
	XI.	De l'article.	147
	XII.	Des genres et des nombres.	151
	XIII.	Du nom substantif.	157
	XIV.	Du pronom.	174
	XV.	De l'adjectif.	186

Chap. XVI.	Du verbe en général.	192
XVII.	Des formes du verbe.	205
XVIII.	Des modes et des temps.	225
XIX.	De l'infinitif et du participe.	235
XX.	Des adverbes, prépositions, conjonctions et interjections.	243
XXI.	Conclusion.	246

APPENDIX.

A.

Vocabulaire comparatif des langues algonquines et iroquoises. 257

B.

Vocabulaire comparatif et raisonné des langues de la famille algonquine. 271

Introduction. 273

I.	Indiens de l'ancienne Acadie.	274
II.	Indiens de Massachusetts.	279
III.	Langues de l'état de Rhode-Island.	280
IV.	Langues de l'état de Connecticut.	282
V.	Langues de l'état de New-York.	284
VI.	Langues des états de New-Jersey, Pennsylvanie et Délaware.	285
VII.	Langues des états du sud, du Maryland à la Géorgie.	289
VIII.	Langues de l'ancien Canada.	292
IX.	Langues de l'intérieur des Etats-Unis.	302

VOCABULAIRE.

I.	Dieu.	307
II.	Ciel.	311
III.	Soleil.	314
IV.	Lune.	317
V.	Etoile.	319
VI.	Jour.	321
VII.	Nuit.	323
VIII.	Dormir, sommeil.	324
IX.	Mourir, mort.	325
X.	Froid.	327
XI.	Homme.	329
XII.	Femme (mulier).	332
XIII.	Femme (uxor).	335
XIV.	Mari.	337
XV.	Père.	339
XVI.	Mère.	342
XVII.	Fils.	344
XVIII.	Fille (filia).	345
XIX.	Fille (puella).	347
XX.	Enfant.	350
XXI.	Frère.	355
XXII.	Sœur.	358
XXIII.	Corps.	361
XXIV.	Tête.	363
XXV.	OEil.	366
XXVI.	Nez.	369

XXVII.	Bouche.	370
XXVIII.	Langue.	372
XXIX.	Dent.	374
XXX.	Main.	376
XXXI.	Pied.	378
XXXII.	Terre.	380
XXXIII.	Feu.	382
XXXIV.	Eau.	384
XXXV.	Rivière.	386
XXXVI.	Un.	388
XXXVII.	Deux.	392
XXXVIII.	Trois.	394
XXXIX.	Quatre.	395
XL.	Cinq.	397
XLI.	Six.	399
XLII.	Sept.	402
XLIII.	Huit.	404
XLIV.	Neuf.	406
XLV.	Dix.	409

Rapport sur le caractère général et les formes grammaticales des langues américaines, fait au comité d'histoire et de littérature de la société philosophique américaine, par son correspondant. 413

PRÉFACE.

Vers le milieu du dernier siècle, lorsque la science philologique, qui a fait depuis de si grands progrès, n'était, pour ainsi dire, pas encore née; lorsqu'on ne savait de grammaire que ce que nous avaient appris les Grecs et les Romains, et qu'on essayait des grammaires générales fondées sur les élémens d'un petit nombre de langues qu'on semblait regarder comme les modèles de toutes les autres, le célèbre Maupertuis invitait les savans à abandonner cette route étroite et à embrasser d'un coup d'œil toute l'étendue du langage humain. Il recommandait surtout l'étude des idiomes, qu'on appelait alors *barbares*, c'est-à-dire de ceux des peuples parmi lesquels l'usage de l'écriture ne s'était pas encore introduit. Ces langues, disait-il, semblaient avoir été formées sur des plans d'idées différentes des nôtres. Cette expression *plans d'idées* eut le sort de toutes les nouveautés ; le sage Turgot lui-même la tourna en ridicule et il n'en fut plus question.

Cependant l'expérience nous a appris que Maupertuis avait raison. On sait maintenant ce qu'est en philologie *un plan d'idées* depuis qu'on a vu des idiomes long-temps inconnus où les perceptions de l'esprit se combinent sous mille formes variées, où les parties du discours se confondent et s'unissent et s'empruntent réciproquement les formes et les modifications qui nous semblaient seulement faites pour les distinguer. On a appris, enfin, qu'il n'y a point de langues *barbares* et que toutes celles qui existent sur la surface de notre globe ont, comme les plantes et les animaux, chacune une organisation qui lui est propre, que la nature, aidée des combinaisons de l'esprit humain, a produite elle-même et que la science ne peut ni détruire, ni essentiellement altérer ; mais il a fallu du temps pour arriver à cette hauteur où la philologie se trouve maintenant placée.

Cette noble science continua encore près d'un demi-siècle à suivre ses ancienes voies jusqu'à l'époque où l'impératrice Catherine conçut le vaste dessein de faire publier un vocabulaire comparatif de toutes les langues alors connues. On comprit dès ce moment que toute la science philologique n'était pas contenue dans le grec, le latin et les langues appelées orientales; cependant l'ouvrage dont je parle n'avait qu'un but étymologique et n'était composé que de mots isolés qui pouvaient tout au plus servir à comparer les langues entre elles sous ce point de vue et à rechercher, au moyen des sons, leur filiation et leur origine. C'était déja beaucoup, et c'était sans doute par là qu'il convenait de commencer. En suivant cette route on a fait depuis des rapprochemens dont il est résulté des faits auxquels on était loin de s'attendre. On a vu avec étonnement dans le sanscrit (langue dont les accens ont cessé depuis long-temps de se faire entendre et dont l'antiquité est effrayante), le tronc, pour ainsi dire, des anciens idiomes de l'Europe et de l'Asie occidentale, dont les rameaux existent encore dans nos langues modernes. L'hébreu, dès ce moment, fut détrôné et on espéra de trouver dans les dialectes de l'Inde cette langue primitive qu'on a si long-temps essayé en vain de découvrir. Cependant, au-delà de la rive occidentale du Gange, on perdait les traces de cette famille indo-européenne, mais on espérait encore les y retrouver. En attendant, on comparait en Allemagne[1] et aux Etats-Unis[2] les langues des aborigènes de l'Amérique avec celles des Tartares de l'Asie centrale et d'autres peuples barbares de cette partie du monde, dans l'espoir toujours déçu de trouver à ces peuples, si éloignés les uns des autres, une origine commune. C'est ainsi que, suivant l'impulsion donnée par l'illustre Catherine, les savans se sont long-temps occupés presque exclusivement de la comparaison étymologique des divers idiomes; leurs formes grammaticales n'avaient encore excité qu'une faible attention, lorsque enfin le *Mithridates* parut.

Cet ouvrage, dont il est difficile de parler sans enthousiasme; cet ouvrage, commencé par Adelung, mais dont la plus grande partie est due au célèbre Vater, était malheureusement écrit dans une langue qui alors n'était connue que de peu

---

[1] *Ueber Amerikas Bevölkerung*, von Johann Severin Vater, Leipzig, 1810.
[2] *New views of the origin of the tribes and nations of America*, by B. S. Barton, Philad., 1797-8.

de savans hors de l'Allemagne et des pays du nord de l'Europe; on peut juger de son effet par cela même qu'il en est bien peu aujourd'hui qui ne puissent le lire et le comprendre. Le *Mithridates* fit une révolution dans la science; on vit là pour la première fois, exposées en regard, les diverses formes de toutes les langues de l'univers, c'est-à-dire de celles qui étaient alors connues. On vit d'un côté le chinois, composé en entier de monosyllabes significatifs, et autour de lui un groupe d'idiomes formés sur le même modèle. On les vit tous dépourvus de ces inflexions, de ces liaisons, qui paraissaient si essentielles à la formation du langage. Ce n'est pas que la langue chinoise ne fût déja connue par les écrits des missionnaires et des voyageurs; mais on la regardait avec plus d'étonnement que de curiosité; on n'osait aborder une langue dont on disait que l'étude exigeait la vie entière même des naturels du pays. Le savant Rémusat n'avait pas encore démontré avec quelle facilité il était possible de s'en rendre maître; on bâtissait des théories à perte de vue sur cette écriture qu'on appelait hiéroglyphique et dont on ne comprenait pas le système; enfin, on détournait la vue du monstre qu'on craignait d'attaquer; on regardait cet idiome comme une langue à part qui n'avait point de terme de comparaison avec les langues connues. Le *Mithridates* fit voir que si on écartait le chinois et ses langues affiliées, il faudrait en faire de même de beaucoup d'autres, dont la structure et les formes diffèrent non moins essentiellement de celles que nous connaissons. Il nous fit observer le basque, dont la haute antiquité est démontrée par des formes qui ne se trouvent nulle part ailleurs sur la surface du globe, ce qui fait croire qu'elle a appartenu à une famille de langues qui autrefois couvrait un large espace et dont elle est l'unique reste; c'est comme si l'on trouvait vivant sur une montagne de Sibérie quelqu'un de ces animaux antédiluviens dont les ossemens seuls attestent qu'ils ont existé. Enfin, le savant continuateur de cet admirable ouvrage, Vater, rassembla tout ce qu'il put trouver de documens épars sur les langues d'Amérique et présenta un tableau qui fit sentir la nécessité de porter ses regards sur cette partie du monde.

Cet avertissement ne fut pas donné en vain. La société philosophique américaine établie à Philadelphie et fondée par Franklin, crut l'honneur de son pays intéressé à ce qu'elle fût la première à s'occuper de cette recherche sous le point de vue le plus étendu, qui est celui de la philosophie du langage humain. Son comité d'histoire et de littérature se chargea de cette tâche, et le résultat de ses travaux est consigné dans un rapport qui fut publié en 1819 ¹, dans le premier volume de ses *Transactions* ². Ce rapport, tracé à grands traits, et pour ainsi dire à vol d'oiseau, fit connaître dans son ensemble et dans plusieurs de ses détails un *genre* de langues, dont la richesse et la complication méthodique des mots et des formes ne sont pas moins étonnantes que la simplicité et l'apparente pauvreté des idiomes monosyllabiques de l'Asie. Ce contraste méritait l'attention des philologues et l'obtint.

A cette époque l'Allemagne et quelques autres pays du nord de l'Europe paraissaient seuls occupés de l'étude comparative des langues; la

---

¹ Une traduction de ce rapport sera jointe au présent mémoire, avec quelques notes.

² Il n'a encore paru que ce premier volume; la société, pour éviter la dépense, ayant depuis ce temps-là préféré publier dans la collection générale de ses travaux philosophiques les mémoires philologiques qui lui ont été présentés. Un second volume, cependant, est en préparation et on espère qu'il ne sera pas sans intérêt.

France, à peine échappée aux tempêtes d'une longue suite de révolutions, semblait ne prendre aucune part au mouvement qui portait les esprits vers cette partie intéressante de l'histoire de l'esprit humain. Ce fut au point que M. de Volney en prit occasion dans un discours qu'il prononça à une réunion des membres de l'académie française, de reprocher vivement, j'ose même le dire, durement à ses compatriotes ce qu'il appelait leur *inexpérience* dans la philosophie des langues et leur *infériorité* dans cette science, relativement aux étrangers [1].

L'illustre philologue savait bien cependant que ce reproche était loin d'être mérité; il savait bien que la patrie des Arnaud, des Lancelot, des Dumarsais, des de Brosses, des Beauzée, des Gébelin [2], des Condillac et de tant d'autres qu'il serait trop long de nommer, que la France,

---

[1] *Discours sur l'étude philosophique des langues*, lu à l'*Académie française*, dans sa séance du premier mardi de décembre 1819, par M. le comte de Volney. 4° édition, Paris, 1821.

[2] L'auteur de ce mémoire était secrétaire de Court de Gébelin dans les années 1776 et 1777 et est demeuré son correspondant et son ami jusqu'à sa mort. Il saisit cette occasion de payer un juste tribut à la mémoire de cette illustre savant et excellent homme.

enfin, ne pouvait être justement taxée *d'inexpérience* lorsqu'il s'agissait de la métaphysique du langage et qu'elle ne cédait sur ce point à aucune autre nation; mais cette science venait tout à coup de prendre une nouvelle direction; il s'agissait d'appeler, pour ainsi dire, sur un point toutes les langues de l'univers, de les comparer entre elles et de combiner les résultats du faisceau de lumières que cet assemblage ne pouvait manquer de produire. Cette direction, si souvent indiquée par les savans français, semblait procéder d'un sol étranger, et Volney voulait stimuler ses concitoyens et les tirer du sommeil où il les croyait plongés.

Mais les Français, loin de sommeiller, travaillaient en silence à augmenter la masse des connaissances philologiques et cela ne tarda pas à paraître; car dès l'année suivante Rémusat publia ses savantes recherches sur les langues tartares, qui furent bientôt suivies de l'*Asia polyglotta* de Klaproth. On eut une grammaire et une école chinoises; la société asiatique se forma et de son sein sortirent un grand nombre d'ouvrages du plus haut intérêt, fruits des recherches les plus assidues, jointes à une critique sage et éclairée. L'antique langue sacrée des peuples qui habitent l'Inde au-delà du Gange [1]; le japonais, jusqu'alors à peu près inconnu, les langues du Caucase et de l'Asie centrale furent exposés aux regards curieux de la science; les formes synthétiques du basque furent analysées et mises au grand jour; on découvrit les langues océaniques jusque dans l'île de Formose, sur les confins de la Chine; au grand étonnement du monde savant, les mystères de l'écriture des anciens Egyptiens, qui firent si long-temps le désespoir des archéologues, furent dévoilés par un de ces génies qui n'apparaissent sur notre globe qu'à de longs et rares intervalles, enfin un *Mithridate* français a paru sous une forme à la vérité incommode et à laquelle nous pensons que le premier modèle eût été préférable; mais l'atlas ethnographique de M. Balbi n'en est pas moins un ouvrage précieux pour la science et qui fait également honneur à son auteur et à la nation à laquelle il a dévoué le fruit de ses veilles. Tout cela s'est fait dans le court espace de *sept ans*. Certes, si la France dormait à l'époque dont je viens de parler, son réveil a été tel qu'il y avait lieu de l'attendre d'elle.

[1] Le Pali ou Bali.

C'est ainsi que j'écrivais vers l'année 1827, par forme d'introduction à un mémoire dans lequel je me proposais de tenter la solution d'un problème philologique que la *commission Volney* avait mis au concours pour le prix qui fut décerné en 1828 et que d'autres occupations m'empêchèrent de terminer. En relisant ces pages, je n'ai pu résister au désir de mettre ici dans tout son jour une masse de faits qui fait tant d'honneur aux savans philologues de mon ancienne patrie.

Depuis l'époque dont je viens de parler, il s'est écoulé dix années pendant lesquelles les philologues de France n'ont pas discontinué leurs savans travaux. Je laisse à d'autres à en faire l'énumération, qui m'entraînerait trop loin. Le reste de l'Europe, l'Allemagne surtout, a cultivé cette science avec ardeur et avec succès. L'Amérique n'a pas été en retard. Parmi les ouvrages philologiques qu'elle a produits, je me bornerai à en mentionner un seul, qui est bien digne de l'attention des savans de l'Europe. C'est une vue synoptique de toutes les langues indiennes qui existent ou qui ont existé dans les Etats-Unis et les possessions britanniques de l'Amérique du Nord, par M. Albert Gallatin dont le nom est assez connu pour que je me dispense d'en dire davantage. Cet ouvrage, de plus de 400 pages in-8°, forme la plus grande partie, je pourrais même dire la presque totalité du second volume de l'*Archæologia Americana*[1], récemment imprimé à Cambridge dans l'état de Massachusetts. L'auteur y expose des faits intéressans et y développe des principes d'une philosophie éclairée dont la science doit s'empresser de profiter.

La science des langues est l'histoire des progrès et des développemens de l'esprit humain; dans chaque époque l'œil exercé y voit comme dans un miroir les arts, les sciences, les connaissances et même, jusqu'à un certain point, les mœurs, les usages et les habitudes qui existaient à des époques très reculées. On y voit aussi la filiation des idiomes, les mélanges de différens peuples, les migrations, les envahissemens, les conquêtes, enfin les divers événe-

---

[1] Archæologia Americana, *Transactions and collections of the American antiquarian society*, vol. II. Cambridge, 1837. La société des antiquaires d'Amérique est établie à Wocester, en Massachusetts, à 40 milles de Boston. Son fondateur, Isaiah Thomas, lui a légué des fonds considérables et une belle bibliothèque.

mens qui, de temps à autre, ont changé ou altéré le mode d'existence des familles de peuples qui habitent ce globe. Ce sont les fruits de la partie étymologique de cette vaste science; la partie idéologique, ou la syntaxe, et tout ce qui constitue la structure ou l'organisation du langage y contribue aussi à un moindre degré; mais cette partie de la science a des avantages qui lui sont propres et qui ne sont pas d'un moindre intérêt.

L'étude des formes du langage nous initie dans les mystères les plus cachés de l'entendement humain. C'est le fondement de toute métaphysique. On y découvre la manière dont les idées, nées de perceptions, se présentent toutes nues à l'esprit de l'homme qui n'a pas encore trouvé et qui cherche les moyens de les communiquer à ses semblables ; on suit le travail qu'il fait pour arriver à ce but. On voit que ce travail n'est pas toujours uniforme, parce qu'il est le produit de différens eprits. On les voit tâtonnant, essayant, faisant, défaisant, refaisant jusqu'à ce qu'il se forme à la fin une certaine méthode qui, d'analogies en analogies, les entraîne et donne au langage une couleur décidée et un caractère fixe et forme ce qu'on appelle *une lan-*

gue. On doute alors de la solidité du système de ces métaphysiciens qui ont essayé de dessiner une route uniforme pour la formation du langage : selon eux, on aurait commencé par donner des noms aux objets visibles, d'abord des noms génériques, ensuite des dénominations spéciales. On aurait dit *un arbre* avant de dire *un ormeau* ou *un chéne*, ou bien, selon quelques modernes, on aurait pris la route opposée[1]. De là on serait passé aux adjectifs, aux

[1] M. Adam Smith, dans ses *Considérations sur la formation primitive des langues*, imprimées à la suite de sa *Théorie des sentimens moraux*, prétend que les noms de genre ont été formés avant ceux d'espèce et qu'on a dit le *fleuve* ou la *rivière* avant de dire la *Seine* ou la *Marne*. M. Heckewelder nous apprend que les Indiens Delawares, quand on leur montre du doigt un arbre pour leur demander ce que c'est, ne disent point c'est un *arbre*, mais c'est un *chéne*, un *érable*, etc. Que conclure de tout cela ? Rien, sinon que ce qu'il y a de plus probable est que les premiers mots ont été aussi vagues que les idées et que les premières langues ont été confuses avant d'avoir atteint le degré de clarté qu'elles ont plus ou moins actuellement ; comme en Français le mot *manger* est à la fois substantif et verbe, un grand nombres de mots dans l'origine des langues auront eu diverses significations dont l'obscurité aura été dissipée par l'invention successive de nouveaux mots. Les inventeurs de langues n'étaient pas des grammairiens comme Condillac, Adam Smith et tant d'autres, qu'on

pronoms, aux verbes et successivement aux autres parties du discours. L'étude comparative des langues démontre la vanité de tous ces systèmes. Il paraît, au contraire, que ceux qui ont formé les premières langues ont suivi différentes routes. Tel peuple, pour exprimer ses idées, a adopté la méthode de l'analyse, tel autre la synthèse et le plus grand nombre un composé de l'une et de l'autre; il n'y a point eu de système uniforme et unique. Sans doute ceci n'est qu'une conjecture, mais elle est fondée sur l'expérience et paraît plus probable que tous les systèmes inventés par les philosophes. Qu'on examine seu-

croirait avoir dîné avec nos premiers parents, tant ils sont bien instruits de la manière exacte et précise dont le premier langage a été formé. Jean-Jacques Rousseau a été jusqu'à dire que les premiers mots prononcés dans les pays méridionaux avaient été *aimez-moi*, et dans le nord, *aidez-moi*. Ce grand homme se plaisait quelquefois à mystifier ses lecteurs; au reste il a découvert de grandes vérités philologiques que d'autres plus savans n'ont pas vues, même après lui. Il est le seul qui, sans connaître la langue chinoise, ait vraiment compris et en peu de mots clairement défini le système graphique de cette nation. Voyez son *Essai sur l'origine des langues*, chap. V, où il explique ce qu'il appelle la *seconde* manière de représenter les *mots*. Il dit les *mots* et non les idées; il n'imaginait pas un système d'écriture idéographique indépendante du langage oral.

lement les enfans qui commencent à parler, on verra qu'ils saisissent les mots comme ils peuvent et s'en servent aussi comme ils peuvent pour communiquer leurs idées, qu'ils n'ont ni règle ni méthode qui leur soit commune. Les premiers hommes ont été de grands enfans.

C'est le propre de toute science, dans ses commencemens, d'enfanter des préjugés. On cherche, on tâtonne, on se fourvoie, on se trompe, on tombe, on se relève. Il s'élève de temps à autre de grands génies qui découvrent quelques vérités que d'autres entrevoient, et cependant se laissent parfois entraîner à des erreurs que la masse pensante embrasse le plus souvent avec enthousiasme, ou adopte sans réfléchir, à l'abri du nom et de la réputation de leur auteur. Ces erreurs finissent par devenir préjugés, et on s'élève contre ceux qui osent les combattre. Il faut du courage pour contredire les opinions des maîtres de la science, comme si ces grands maîtres ne pouvaient jamais se tromper! Mais la lumière perce à la fin et nous en voyons la preuve dans les progrès que la philologie a faits depuis le commencement du siècle présent.

Depuis ce temps-là, nombre de préjugés ont été détruits et d'autres sont destinés à subir le même sort; en dépit de l'autorité des plus célèbres philosophes, on ne s'occupe plus maintenant de la recherche de cette langue primitive, qu'on a cru si souvent avoir trouvée. Dans une discussion théologique, un grand homme, sans doute, dont personne ne contestera ni le talent ni la science, Grotius enfin, s'est imaginé de dire que la langue primitive n'existait nulle part dans sa pureté, mais que ses restes se retrouvaient partout [1]. Ce mot a fait fortune et le ferait encore si les langues de l'Amérique et de l'Océanie n'étaient pas venues au secours de ceux qui n'ont pas adopté l'opinion de Grotius. Il est en effet difficile de découvrir dans cette multitude d'idiomes les restes de la langue primitive.

Mais Grotius, non content d'avoir dit où cette langue n'était pas, a voulu aussi dire où elle était. En théologie on veut tout savoir; on ne veut pas comprendre que la Bible, comme la nature, qui est également une révélation de l'Etre suprême, est pleine de mystères qu'il n'est pas permis à l'homme de pénétrer. Le Dante, qui, quoique

---

[1] Eam linguam (primœvam) Hebræi suam dicunt, Syri suam. Veriùs asseritur primævam linguam nullibi puram exstare, sed reliquias ejus esse in linguis omnibus. *Annot. ad Genes.*, XI, 1.

poète, était très versé dans la théologie de son temps et qui écrivait sous les yeux de l'inquisition, alors si formidable, et depuis, quand elle n'épargna pas Galilée, nous apprend avec beaucoup de franchise et de simplicité ce qu'est devenue la langue de nos premiers parens. Il nous rend compte, dans sa vision du Paradis, d'une conversation qu'il prétend avoir eue avec notre père Adam au sujet de la langue primitive : « Qu'est devenue, lui demanda-t-il, la langue que vous parliez avec notre mère Eve, dans le jardin d'Eden ? Voici la réponse du partiarche :

> La lingua ch' io parlai fu *tutta* spenta
> *Innanzi* che all' ovra inconsumabile
> Fosse la gente di nembrotte attenta.

Et il ajoute cette grande vérité :

> Che nullo affetto mai razionabile
> Per lo piacere uman, che rinnovella
> Seguendo 'l cielo, sempre fu durabile.
>
> *Paradiso*, canto XXVI.

Ainsi on peut présumer, même en théologie, qu'il y a eu une époque dans le cours des siècles où la langue primitive a été *totalement éteinte* et où les hommes ont été laissés à leurs propres moyens pour en former de nouvelles. Il est assez indifférent que ce soit avant ou après l'érection de la tour de Babel ; mais, en bonne théologie, je suis porté à croire que ce fut à l'époque de la confusion des langues, quoique le Dante prétende que ce fut auparavant. *Nullius in verba* est ma maxime. Des autorités, même poétiques, ne sont pas des raisonnemens.

Quoi qu'il en soit, il me paraît impossible que toutes les langues maintenant existantes soient dérivées d'une même souche. Il est heureux pour la science que la découverte qui a été faite de l'affinité des langues de l'Inde avec celles de l'Europe et de l'Asie occidentale n'ait pas eu lieu à l'époque où Grotius écrivait. Dès-lors la langue primitive eût été trouvée et le doute n'eût plus été permis. Heureusement cette découverte a été faite dans un siècle plus éclairé et où il est licite de tout examiner et de tout discuter. Je vais donc expliquer les raisons qui me portent à croire que toutes les langues ne proviennent pas d'une seule.

L'histoire des langues bien avérée remonte au-delà de quatre mille ans. On peut en citer plusieurs dont la structure nous est connue et qui datent d'aussi loin. Parmi ces langues, il y en a qui ont cessé d'être parlées, mais elles existent encore à nos yeux au moyen de l'écriture et dans les idiomes vivans qui en sont dérivés. Je me bornerai à en citer trois : le sanscrit, le chinois et le copte, c'en est assez pour fonder mon raisonnement. Ces trois langues diffèrent essentiellement dans leurs formes et n'ont cessé de différer depuis que nous avons connaissance de leur existence. Pendant quatre mille ans le chinois est demeuré monosyllabique et dépourvu de liaisons grammaticales. Le sanscrit et les langues de l'Inde qui lui ont succédé ont toujours été synthétiques au plus haut degré; le copte, jusqu'à son extinction, a eu un caractère mixte. De ces faits incontestables il me paraît résulter que toutes les langues ont une tendance, malgré le voisinage d'autres peuples, à conserver leur structure et leurs formes grammaticales. Le basque, entre la France et l'Espagne, en est encore une preuve non moins frappante : si cette conséquence est logique, il me semble qu'il doit s'ensuivre que sinon les mots, au moins les formes de la langue primitive devraient exister partout, puisque leur tendance naturelle les aurait portées à se maintenir; au lieu de cela, nous voyons des formes diamétralement opposées, qui sont demeurées immuables pendant une longue suite de siècles.

On me citera peut-être les langues filles du latin, qui diffèrent dans leurs formes de celles dont elles sont dérivées. Je répondrai que c'est l'effet du mélange des idiomes produit par l'invasion et la conquête. Je ne garantis pas les événemens de force majeure; je crois pouvoir dire seulement que les langues laissées à elles-mêmes ont une tendance manifeste à conserver leur structure et leurs formes originales.

Les Egyptiens ont gardé leur ancienne langue et ses formes grammaticales, après avoir été successivement conquis par les Perses, les Macédoniens et les Romains; enfin les Arabes sont venus, race destructive, race dominatrice, race exclusive. Ils n'ont pu changer la forme de l'ancienne langue; le vieil édifice a résisté à leurs efforts; ils l'ont détruite, et elle a péri; il ne nous reste que les écrits qui lui ont survécu et qui attestent la vérité de ce que j'avance. Le basque, dans toute la gloire de ses formes antiques, existe encore, entouré d'ennemis, au centre des Pyrénées, tandis que le grec et le latin ont succombé. Le sanscrit est mort naturellement, mais a laissé des enfans qui ont conservé ses traditions. Le chinois est encore ce qu'il était du temps de Confucius. A ces preuves incontestables on pourrait en ajouter bien d'autres de la tendance des langues à conserver leurs formes primitives. On pourrait entre autres citer l'hébreu et toute la famille des langues dites sémitiques et les langues de l'Amérique, dont les formes polysynthétiques règnent sur toute l'étendue de ce vaste continent et dont l'origine se perd dans la nuit des siècles. Qu'on aille chercher maintenant parmi elles, ou dans les vastes régions de l'Afrique et dans les îles de l'Océanie la langue primitive de Grotius et de ses sectateurs !

Mais ni Grotius, ni Gébelin (dont, malgré les erreurs, le nom et la mémoire me seront toujours en vénération)[1], ni aucun de ceux qui se sont occupés de la recherche de la langue primitive n'a pensé à la structure ni aux formes grammaticales de cet idiome. Leurs recherches se sont bornées à la comparaison de mots isolés et à ce moyen, en prêtant un peu à la lettre, il est possible de tout trouver, depuis *alphana*

---

[1] Gébelin était vraiment un homme de génie que sa vive imagination a trop souvent égaré ; son *Histoire naturelle de la parole*, savamment commentée par Lanjuinais, est pour les philologues un ouvrage classique. Ses dictionnaires sont pleins de rapprochemens heureux ; le reste de ses ouvrages sera toujours lu avec plaisir et avec intérêt.

jusqu'à *equus*. Par exemple, le ministre suédois Campanius, fait dériver le mot *cuun*, qui dans la langue delaware signifie *neige*, d'un mot hébreu qu'il traduit en latin par *aptavit, disposuit, paravit, constituit*. « La neige, dit-il, comme la pluie, prépare la terre et la rend féconde. Donc le mot indien qui signifie *neige* vient du mot hébreu qui signifie *préparer* [1]. » Et voilà la langue primitive toute trouvée, c'est l'hébreu à n'en pas douter.

Des savans moins enthousiastes, Vater, en Europe, et Barton, en Amérique, le premier dans la vue de rechercher, le second de prouver l'origine asiatique des aborigènes du Nouveau Monde (M. Jefferson veut, au contraire, que ce soit l'Amérique qui ait peuplé l'Asie) ont essayé de comparer entre elles les diverses langues des deux continens, et leurs laborieuses recherches n'ont produit aucun fruit. Comment est-il possible en effet de trouver de nombreuses affinités entre toutes ces langues, tandis qu'on n'en trouve point entre deux langues voisines, l'iroquois et l'algonquin, quoiqu'elles se ressemblent presque entièrement quant à la structure, ainsi que

[1] *Kort Beskrifning om Provincien Nya Swerige*, p. 119.

je le prouve dans le mémoire suivant par un vocabulaire comparatif de ces deux langues, où sur 250 mots on en trouve à peine un ou deux qu'on puisse rapporter à la même origine. Que sera-ce donc si on compare le groenlandais avec le péruvien, le huron ou le sioux avec la langue du Chili? Selon moi, cette recherche est un jeu d'enfans et ne peut conduire à aucun résultat utile dans le but qu'on s'est jusqu'ici proposé avec des vues moins étendues; elle peut cependant conduire à la découverte de faits intéressans, mais on ne saurait être trop sur ses gardes contre les fausses lueurs qui se présentent à chaque pas; *alphana* et *equus* se rencontrent partout dans la science étymologique[1].

[1] S'il y a des étymologies qui, au premier coup d'œil, paraissent évidentes et qui cependant sont fausses, il y en a aussi qui sont véritables, mais dont personne ne se douterait. On a souvent cité le mot *jour*, dérivé du latin *dies*. Voici un exemple encore plus frappant, c'est le mot anglais *wig*, qui signifie *perruque*. Ce mot est dérivé du latin *pilus*, et voici comment : de *pilus* les Espagnols ont fait *pelo*, de *pelo*, *peluca*; de *peluca* les Français ont fait *perruque*; que les Flamans ont transformé en *peruik*, dont les Anglais ont fait *perwig*, *periwig* et par contraction *wig*. Cela prouve évidemment l'incertitude de la science étymologique et l'impossibilité de retrouver, par son moyen, la langue de nos premiers parens.

Je crois donc pouvoir prédire avec assurance que les philologues (au moins ceux qui méritent ce nom) ne s'occuperont plus désormais de la recherche de la langue primitive, non plus que de l'invention d'une langue philosophique d'un usage plus facile que celles qui existent actuellement. Une langue philosophique, bon Dieu! qu'est-ce qu'une langue philosophique? La nature a fait les langues comme elle a fait les fleurs et les fruits, en donnant à l'homme et aux plantes le pouvoir et les moyens de les produire; elle les a faits variés dans leurs sons et dans leurs formes, parce que telle a été la volonté du Tout-Puissant, pour des raisons qu'il ne nous est pas donné de connaître. Et nous, faibles mortels, nous voudrions surpasser les ouvrages de la nature et de l'Etre suprême! Une langue philosophique! Et pourquoi pas un monde, une création tout entière de la main et de la façon des philosophes?

Vous voulez, dites-vous, inventer une langue philosophique supérieure à toutes les autres, et vous croyez pouvoir le faire? Jetez les yeux, philosophes, le *Mithridate* à la main, sur toutes les langues dont les principes y sont développés, et dites-moi quel est le type que vous adopterez?

Votre langue sera-t-elle monosyllabique, elliptique, dénuée de formes, comme le chinois ? Sera-t-elle polysyllabique, symétrique et ornée de flexions et de désinences, comme le sanscrit? ou bien sera-t-elle polysynthétique, abondante en mots composés, formés par la jonction et l'intercallation de syllabes en apparence insignifiantes, comme l'iroquois, l'algonquin, le mexicain? Je sens que cette question est embarrassante. Le père Lamy, de l'oratoire, voulait qu'on prît pour modèle la langue des Tartares mongols, dont il ne pouvait avoir que quelques notions vagues puisées dans le *Recueil de voyages* de Thévenot, mais le plus grand nombre s'en sont tout bonnement tenus à leurs langues naturelles et à celles qu'ils avaient apprises au collége. Cela est beaucoup plus facile; c'est d'ailleurs une vérité reconnue partout que ce que nous savons est infiniment préférable à ce que nous ne savons pas.

Si l'on ne veut avoir qu'une langue commune à l'usage des savans, pourquoi a-t-on abandonné le latin qui a si bien rempli cet objet pendant tant de siècles? C'est que les savans ont voulu être lus par le plus grand nombre, et que dans le siècle présent le plus grand nombre de ceux qui lisent ne sait pas la langue latine. La même chose arriverait à la prétendue langue philosophique, même en supposant qu'elle eût toutes les qualités qu'on lui désire.

Je ne me serais pas occupé de cette folie de l'esprit humain si elle n'eût attiré pendant longtemps l'attention sérieuse des philologues. Un prince d'Allemagne, vers le milieu du dix-septième siècle, offrit une récompense de trois cents écus à celui qui inventerait une langue universelle; un savant de cette époque nommé Becher lui présenta un traité dans lequel il développait la forme et les principes d'une telle langue, qu'il disait avoir inventée. Le prince le paya en éloges et l'invita à diner; c'était plus que la chose ne valait. Le livre de Becher était intitulé *Notitia linguarum universalis*. Il fut imprimé à Francfort en 1661, et est aujourd'hui très rare.

Il paraît qu'à cette époque la recherche de la langue universelle philosophique était à la mode parmi les philosophes. Ce n'étaient pas seulement les savans obscurs comme ce Becher qui s'en occupaient; l'illustre Leibnitz lui-même, le rival de Newton, avait projeté un travail sur cette matière, projet qu'il ne mit cependant pas à exécution. Il avait inventé, disait-il, la langue philosophique universelle qu'il appelait sa *Spécieuse générale* ou langue caractéristique au moyen de laquelle toutes les vérités de raison pouvaient se réduire à une façon de calcul. C'est ainsi qu'il s'exprime dans deux lettres qu'il écrivait à M. Remond de Montmort en 1714, deux années avant sa mort. Elles se trouvent dans le cinquième volume de l'édition de ses œuvres par Dutens. Genève, 1768.

Dans un écrit publié après sa mort par le professeur Raspe[1] et qu'il paraît que le grand homme n'avait pas destiné à la publicité, on lit des détails très curieux sur cette invention, qu'il appelle une découverte *admirable* et dont trois hommes supérieurs étaient, selon lui, seuls capables, Aristote, Descartes et un certain Joachim

---

[1] *Historia et commendatio linguæ charactericæ universalis quæ simul sit ars inveniendi et judicandi.* Dans le volume intitulé : *OEuvres philosophiques latines et françaises* de M. de Leibnitz, tirée des mss. conservés dans la bibliothèque royale de Hanôvre et publiées par R. E. Raspe. Amsterdam et Leipzig, 1765, in-4°.

De pareilles idées sont les efforts des esprits supérieurs pour arriver à l'impossible ; mais elles retardent beaucoup les progrès de la science par les fausses lumières qu'elles répandent et qui mettent les génies du second ordre en mouvement pour chercher ce qu'ils ne trouveront jamais.

Jung ou Jungius de Lubeck, grand philosophe de son temps, aujourd'hui oublié. Il nous apprend que la langue universelle était formée par le moyen des chiffres, en appliquant à chaque idée un nombre caractéristique. Cette langue, comme l'arithmétique ou l'algèbre, devait faire connaître toutes les erreurs et conduire à de nouvelles découvertes; chacun pourrait la lire dans son propre idiome; elle était complètement arrangée dans sa tête, il n'y manquait que la grammaire et le dictionnaire.

C'était peu de chose, aussi s'empressa-t-on de mettre la main à l'œuvre. Un savant ministre de l'église anglicane, le célèbre John Wilkins, depuis évêque de Chester, entreprit ce travail dans toute son étendue. Il fit une langue qu'il appela philosophique, et en 1668 il en publia l'alphabet, la grammaire et le dictionnaire dans un énorme volume in-folio. Cette langue, comme de raison, était calquée, quant aux formes grammaticales, principalement sur l'anglais. C'était une langue tirée au cordeau, et l'uniformité, perfection des petits génies, s'y faisait remarquer partout. Il avait pour les noms substantifs un système d'antithèses qu'il dut croire admirable. Par exemple, si *da* signifiait *dieu*, *ida* devait signifier le *diable*; on avait *dad* pour le ciel, *odad* pour l'*enfer*; *dab* voulait dire ame ou esprit, *adab* le corps. Ceci était pour les monosyllabes; le même système, avec quelques variations, était suivi pour les dissyllabes, ainsi *pida*, présence, *pidas*, absence, *tadu*, puissance, *tadus*, impuissance et ainsi de suite.

Ses noms de nombre étaient ainsi alignés :

Pobal 10.	Pobol 20.	Pobel 30.
Pobar 100.	Pobor 200.	Pober 300.
Pobam 1,000.	Pobom 2,000.	Pobem 3,000.
Poban 100,000.	Pobon 200,000.	Poben 300,000.

Je ne sache pas que personne ait étudié, appris ou cultivé cette langue; elle ne se trouve que dans quelques bibliothèques, triste monument des aberrations de l'esprit humain [1] !

---

[1] Vers le milieu du siècle dernier un soldat français, déserteur de son régiment et qui néanmoins ne manquait pas de connaissances et même de génie, en imposa à toute l'Angleterre par une prétendue langue de l'île de Formose, dont il se disait natif. Il se fit baptiser et reçut les ordres sacrés. Il composa une grammaire de sa langue imaginaire et y traduisit le catéchisme de l'église anglicane. Il fut récompensé par un bon bénéfice. Il avait pris le nom de Psalmanazar qui seul, par son origine syriaque, aurait dû faire découvrir sa fraude, mais la véritable philologie n'avait pas encore fait de grands progrès dans ce temps-là,

La France, comme le reste de l'Europe, a aussi participé à cette frénésie. Un M. *Faiguet*, trésorier de France, a voulu inventer sa langue philosophique, qui a eu le même sort que la précédente. On en trouve les principes et de nombreux exemples dans l'*Encyclopédie par ordre de matières* (Grammaire et littérature, article *Langue nouvelle*). Il est à regretter que le savant grammairien Beauzée, dans une note à la suite de cet article, paraisse approuver le projet d'une langue universelle et ne critique que le plan et les détails de celle de M. Faiguet : « Il

et puis l'homme est partout si avide de choses extraordires !

Cependant il faut tout dire ; cet amour du merveilleux a aussi opéré dans ce pays-ci. Il n'y a pas encore longtemps qu'un jeune aventurier nommé Hunter prétendit avoir été enlevé dans son enfance par les Indiens Osages et élevé parmi eux, être devenu en quelque sorte Indien lui-même. Je le démasquai facilement au moyen de l'étude que j'ai faite des langues sauvages, mais peu de personnes voulurent me croire, parce qu'on s'était déja compromis. J'eus beau crier partout que c'était un imposteur, cela n'empêcha pas qu'il n'allât en Angleterre avec de fortes recommandations, qu'il n'y fût présenté à la famille royale et n'en revînt comblé de présens. A son retour cependant, il fut complètement démasqué et obligé de se réfugier au Texas, où il est mort misérablement.

n'avait pas, dit-il, assez approfondi les principes de la grammaire générale. » Le critique aurait dû ajouter que s'il eût approfondi ces principes il n'aurait pas entrepris de former une langue universelle.

Je suis bien convaincu qu'un semblable projet ne se présentera plus à l'esprit des philologues ; nous ne sommes plus dans le siècle des chimères [1].

Cependant l'auteur d'un ouvrage moderne, à la lecture duquel je reviens souvent et toujours avec plaisir et avec fruit, s'est encore récemment amusé à imaginer une langue philosophique. Il pense qu'une langue qui représenterait chaque être par un mot significatif et qui formerait ses adjectifs et ses autres mots d'après le même principe, aurait *un très grand avantage* sur nos langues hérissées d'abstractions. (*Essai sur les noms d'hommes*, etc., par Eusèbe Salverte, tom. I, p. 4.) J'avoue que mon opinion diffère entièrement de celle de ce savant écrivain. Il me semble que les abstractions font la beauté de nos langues et nous rapprochent des esprits célestes, qui s'entendent par intuition. La pensée est vaste comme l'air ; elle en embrasse beaucoup plus que les langues ne peuvent exprimer, ou plutôt les langues n'expriment rien, elles font jaillir la pensée en étincelles électriques de celui qui parle à celui qui écoute. Un seul mot fait naître une foule d'idées que l'esprit combine et rassemble avec la rapidité de l'éclair.

Que serait une langue telle que celle que M. Salverte paraît croire être la plus parfaite ? Plus de métaphores, plus d'ellipses, plus de tropes, plus de figures, plus de

Je crois pouvoir en dire autant de l'alphabet universel et de l'écriture dite *pasigraphique*, qui ont occupé tant d'esprits, grands, petits et médiocres, principalement dans le dernier siècle. C'est encore un beau rêve qui a souri longtemps à l'imagination des philologues et dont la vanité peut facilement être démontrée.

L'écriture, sous quelque forme qu'elle se présente, est un langage adressé aux yeux, dépendant toutefois de la parole qu'elle représente. Comme on a parlé avant d'écrire, les idées, d'abord vagues et fugitives, se sont fixées dans l'esprit des hommes par le moyen des mots et des phrases et par conséquent des sons. Comme dans les différentes langues les idées se combinent différemment, que tel mot, dans tel idiome, ex-

---

poésie ! Malheur à la nation qui en aurait une semblable ! Elle serait sur un champ de bataille continuellement ensanglanté ; la langue serait alors le miroir de la pensée et cela réveillerait toutes nos passions, toutes nos susceptibilités. Il nous faut des langues pleines d'abstractions et qui insinuent plus qu'elles ne disent. L'Etre suprême a parfaitement combiné nos moyens de communication par la parole avec notre faiblesse et avec nos passions. Dans les régions célestes ce sera tout autre chose ; là, on s'entendra sans parler et toutes les questions philologiques, et celle-ci, entr'autres, seront définitivement résolues.

prime ou représente, ou plutôt rappelle à l'esprit une idée simple[1], dans tel autre une idée complexe, l'écriture s'est calquée sur les formes de la langue pour rappeler les idées, non sous de nouvelles formes, mais sous celles qu'elles avaient déjà reçues de la parole. Par conséquent si l'écriture peint des idées, c'est toujours par l'intermédiaire des mots ou des élémens qui les composent. Si tous les hommes étaient nés sourds et muets, l'écriture, comme tous les signes visibles dont ils auraient pu se servir, aurait été alors une langue originale, indépendante de toute autre; mais la parole existant déjà, on en a fait naturellement le type de l'écriture, ainsi toute écriture représente des mots, soit dans leur entier, soit par les élémens qui les composent.

On a dit, et cette opinion a été et est encore soutenue par les savans, par les sinologues, même du premier ordre, que l'écriture des Chinois peint ou représente des idées indépendamment des *sons*. Si par ce mot on entend des sons élémentaires dont sont composés nos alphabets, les sinologues ont raison jusqu'à un certain point;

---

[1] Quand je dis « une idée *simple*, » je me sers de ce mot dans un sens relatif et non dans un sens absolu.

mais si on le prend dans un sens plus étendu, cette opinion ne me paraît pas exacte, car les caractères chinois représentent ou rappellent les *mots* à la mémoire, et les mots sont des *sons* composés, à la vérité, mais toujours des *sons*. Il est vrai que comme les mots de la langue chinoise sont trop nombreux pour leur donner des signes arbitraires que la mémoire ne pourrait pas retenir, et comme il fallait nécessairement une méthode pour les classer et les distinguer les uns des autres, on a d'abord, par une peinture grossière d'un certain nombre d'objets visibles, établi des signes de mots qu'il a plu aux savans d'appeler *signes d'idées*, mais qui ont bientôt perdu leurs formes originelles, et ces signes primitifs, dont le nombre est inconnu, mais devait être nécessairement très borné, ont formé le fond du système graphique. Le nombre des mots étant beaucoup plus grand que celui des objets visibles, on a réuni deux ou plusieurs de ces signes déjà convenus et dont il faut bien se rappeler que chacun représentait un mot, et on en a fait des caractères composés qui, rappelant à la mémoire les mots qu'ils représentaient séparément, ont donné une courte définition verbale du nouveau mot qu'on voulait exprimer, qui a présenté par les yeux à l'oreille mentale le son de ce mot d'une manière plus ou moins éloignée du sens propre et quelquefois énigmatique, comme il s'en trouve souvent dans nos langues, tels que *sage-femme*, *hôtel-dieu*, etc., mais toujours aidant à la pensée par le rapprochement des mots que les signes représentent, et rappelant un mot à la mémoire par la combinaison de plusieurs autres.

C'est par conséquent des mots et non des idées que l'écriture chinoise représente. Je sais que ce que je viens de dire demanderait un développement beaucoup plus étendu, auquel les bornes de cette préface ne me permettent pas de me livrer. Je dois me contenter de renvoyer le lecteur à un mémoire que j'ai présenté à ce sujet à la société philosophique américaine et qui va bientôt être livré à l'impression. Je n'y parle pas seulement de l'écriture chinoise, mais aussi des hiéroglyphes d'Egypte, des peintures mexicaines, etc., le tout dans le but de prouver que l'objet de toute écriture a été de rappeler à la mémoire, par des signes visibles, les mots de la langue, ou, si l'on veut, les idées revêtues des diverses formes que les mots leur ont données. Sur un sujet aussi vaste et aussi compliqué, j'aurai à solliciter beaucoup d'indulgence, et si je n'ai pas réussi à prouver ma thèse, je serai trop heureux si j'ai rempli ce que je considère comme l'objet principal de tout écrit de ce genre, celui de FAIRE PENSER.

Quoi qu'il en soit, il est un fait évident et qu'il est impossible de contester, c'est que le système graphique des différens peuples n'est pas uniforme, et qu'avant de penser a une écriture commune et universelle, il convient de décider si parmi ces systèmes il en est un qui ait droit à la préférence et quel il est.

Je sais que sur ces deux points l'opinion générale est depuis long-temps formée, au moins en Europe, et que personne n'hésite à accorder la préférence à l'alphabet de sons élémentaires, tel qu'il est en usage parmi nous; mais à la Chine on pense différemment : « Le peuple de *Fan* (les Tartares), disent les lettrés de l'empire Céleste, préfèrent transmettre les idées à l'esprit par l'intermédiaire des sons, le Chinois préfère de beaux caractères, et ce qu'il reçoit entre par les yeux [1]. » Je ne suis pas d'accord avec ces savans à bonnet pointu ; je ne crois pas qu'avec

---

[1] Morisson, *Chinese Dictionary* ; *Introd.* p vij.

leurs caractères compliqués ils reçoivent plus que nous avec nos alphabets, les idées par les yeux, c'est-à-dire sans l'intermédiaire des sons. Mais puisque personne ne peut être juge compétent dans sa propre cause, il faut au moins convenir que quant à la préférence d'un système sur l'autre, il y a quelque chose à dire des deux côtés, et qu'il est possible aussi que sous certains points de vue les deux parties aient raison.

Pour être à même d'examiner cette question avec toute l'impartialité possible, il est nécessaire d'établir quelques faits.

Il y a trois sortes d'écritures qui nous sont suffisamment connues ; je m'y arrêterai. Ce sont :

1° Les caractères *lexigraphiques* des Chinois, Cochinchinois, Tonquinois, etc. Je les appelle ainsi parce que chacun de ces caractères, soit simple, soit composé, peint ou représente un mot de la langue sans division de ses parties. Mais ce mot est un son que le signe rappelle, et le son rappelle l'idée.

2° Les syllabaires ou alphabets syllabiques, en usage parmi les nations tartares et autres peuples asiatiques. Chacun de ces caractères représente une des parties constituantes d'un mot que nous appelons *syllabes* ; si le mot est monosyllabique, il le représente en entier, non comme mot, mais comme syllabe. C'est le son qu'il représente.

3° Les alphabets *élémentaires* dont on se sert en Europe. Je les nomme ainsi parce que chacun des caractères qui les composent (à quelques exceptions près) représente un seul des plus simples élémens de la parole analysée au dernier degré possible. Si une syllabe ou un mot est formé d'un seul de ces élémens, le caractère le représente, non comme mot ou syllabe, mais comme son élémentaire, et l'esprit le reçoit comme mot.

Passons maintenant à l'origine de ces différens systèmes.

Le plus grand nombre des écritures qui existent a été formé, ou plutôt adopté par imitation. Ainsi, suivant la tradition, les Grecs ont reçu leur alphabet des Phéniciens, les Romains des Grecs et, ce qui est incontestable, nos alphabets (à l'exception de celui de la langue russe) sont des copies de celui de l'ancienne Rome que nous avons adapté, comme nous avons pu, aux sons de nos idiomes ; ainsi les Japonais ont emprunté des Chinois un certain nombre de leurs caractères, dont ils ont formé un alphabet syllabique duquel ils se servent pour écrire leur langue vulgaire, appelée *yomi*. C'est que l'homme est beaucoup plus porté à imiter qu'à inventer. L'invention est l'ouvrage du génie et le génie est très rare, et quant il veut lutter avec la présomption et l'ignorance, il n'a pas toujours le dessus.

Cependant, il faut bien que ces différens systèmes d'écriture aient été *inventés* à des époques sans doute extrêmement reculées, et dont il ne nous reste que peu ou point de souvenirs. Les Chinois ont des traditions qui paraissent assez vraisemblables ; quant à nous, nous n'avons que des fables, à commencer par celle de Cadmus ; mais ce n'est pas là ce dont il s'agit. Mon objet est d'examiner quelle a pu être la cause de la différence que nous voyons entre les différens systèmes dont je viens de parler. Je crois l'avoir trouvée dans la différence des langues.

Je pose d'abord en principe que l'écriture a été inventée, comme le dit élégamment le poète français, pour « peindre la *parole* et *parler* aux yeux. » C'est la parole qu'on a voulu peindre et non les *idées*. Pour me servir d'une métaphore que je ne crois pas trop hasardée, les idées ont *posé* devant les inventeurs de l'écriture, mais sous les formes tangibles des mots dont le langage de chacun d'eux les avait déja revêtues. Ces formes n'étant pas les mêmes dans les différens idiomes, il a fallu y adapter les différens systèmes graphiques qui devaient servir à les représenter. C'est ainsi que je conçois l'intention des premiers inventeurs de l'écriture. Je vais essayer de la développer par des exemples.

La langue chinoise, même aujourd'hui, après une existence de plus de quatre mille ans, est presque entièrement composée de monosyllabes. Il est à présumer qu'elle l'était entièrement dans son origine. Voilà une analyse du langage toute trouvée; on n'a pas cru nécessaire d'aller plus loin; le nombre de ces monosyllabes, comparé à celui des mots polysyllabiques de nos langues, parmi lesquels il faut compter leurs diverses inflexions, n'était pas considérable; par conséquent l'idée la plus naturelle était d'inventer un caractère pour chaque mot. Je laisse de côté la méthode qu'on a adoptée pour atteindre ce but, elle n'a rien à faire avec mon raisonnement; cependant je dois faire voir qu'elle a eu pour base et pour motif le génie et la structure de la langue. Cette langue monosyllabique a une infinité de mots homophones, et qu'il est aisé de prendre l'un pour l'autre. Afin d'éviter la confusion, on a cru devoir donner à chaque son, pris dans un différent sens, un différent caractère. C'est ainsi que nous écrivons *cens, cent, sang, sans, sens, sent*, quoique nous prononcions tous ces mots de la même manière. C'est ce que nous appelons *orthographe*, et la forme des caractères est l'orthographe des Chinois. On dira peut-être que puisque les mots homophones sont bien entendus dans la conversation, ils devraient l'être de même lorsqu'ils sont écrits, mais le langage a des ressources que l'écriture n'a pas; il y a l'accent, le ton, le geste, le regard, qui manquent à l'écriture. D'ailleurs il est aisé en parlant de corriger une phrase et d'expliquer un mot ambigu, mais l'écriture est permanente et l'auteur du livre ou de l'écrit n'est pas à côté du lecteur pour remédier aux équivoques. Cette manière de différencier les sons à la vue facilite beaucoup l'intelligence de ce qui est écrit. Nous le sentons nous mêmes dans notre orthographe; nous serions fort embarrassés à la lecture si *sans foi* et *cent fois* se trouvaient écrits de la même manière. L'œil a ses besoins comme l'oreille.

Il résulte de ce que je viens de dire que notre

système alphabétique élémentaire ne conviendrait nullement à l'écriture de la langue chinoise. Cette langue ainsi écrite serait obscure et presqu'inintelligible, à cause de sa multitude de mots homophones; l'alphabet syllabique lui convient parfaitement, et c'est celui qu'elle a adopté. Mais puisque chaque syllabe est un mot, il est en même temps lexigraphique, et, par ce moyen, réunit les avantages des deux systèmes.

D'autres peuples ont inventé ou adopté des alphabets purement syllabiques. Il me paraît facile de démontrer que ce système est en général bien adapté au génie de leurs langues et qu'il y convient mieux que tout autre. Ces langues ne sont pas, en général, hérissées de consonnes, et par conséquent le nombre de leurs syllabes n'est pas si grand que leurs signes ne puissent aisément se graver dans la mémoire, ce qui ne serait pas possible avec les langues telles que le français, l'anglais, l'allemand, le polonais et le russe. Le syllabaire ou *irofa* des Japonnais n'a que quarante-sept caractères[1] qui, avec quelques combinaisons pour exprimer les sons complexes,

---

[1] *Explication des syllabaires Japonais*, par Rémusat, en tête de la *Grammaire japonaise* de Rodriguez, traduite par Landresse. Paris, 1823.

représentent toutes les syllabes de la langue. D'autres en ont davantage, mais le nombre n'en est jamais excessif. On concevra aisément combien il est plus facile avec un tel alphabet d'apprendre à lire, puisque par là on évite les difficultés de l'épellation, qui prolongent beaucoup l'enseignement, et celles de l'orthographe pour écrire. Le savant Jomard a proposé récemment d'enseigner à lire le français par groupes de lettres[1], méthode qui offre une partie des avantages de l'alphabet syllabique, mais qui ne les réunit pas toutes, ce qui est impossible pour nos idiomes. On sent aussi qu'avec de tels alphabets l'écriture doit être beaucoup plus rapide et tenir moins d'espace.

L'alphabet élémentaire convient aux langues chargées de consonnes, surtout de consonnes doubles et successives. Le nombre des syllabes de ces langues doit être et est en effet immense; aucune mémoire ne pourrait retenir des signes destinés à les représenter toutes; tandis que les sons élémentaires sont en petit nombre et se re-

---

[1] *Nouveaux Tableaux de lecture assujétis au système et aux procédés de l'enseignement mutuel. Ouvrage autorisé par le conseil royal d'instruction publique, pour l'usage des écoles primaires.* Paris, 1835.

tiennent aisément. Aucune autre méthode ne pourrait s'appliquer à ces langues.

Je crois donc avoir démontré que la structure des différentes langues a produit dans leur origine les différens modes d'écriture inventés par différens peuples, et qu'il n'est aucun de ces systèmes qui, abstractivement parlant, ait droit à la préférence sur les autres. Un exemple frappant qui a eu lieu de nos jours, sous nos yeux, dans ce pays-ci, complétera j'espère cette démonstration.

Un sauvage Cheroki, nommé *Sequoyah*, connu aussi sous le nom de George Guess, vivait avec sa famille au milieu de ses compatriotes, dans les terres que le gouvernement des Etats-Unis avait assurées à sa nation par des traités solennels. Cette nation se civilisait rapidement et offrait un admirable spectacle à l'œil du philosophe. Elle s'était donnée une constitution et des lois; des magistrats élus par le peuple avaient l'administration, ses habitans cultivaient la terre et les arts utiles; enfin…. mais ce n'est pas cela dont il s'agit.

Sequoyah ne savait aucune langue que la sienne, mais il était un homme de génie. Etant un jour chez les missionnaires, qui avaient réussi à convertir à la religion chrétienne une grande partie de ce peuple, quelques livres anglais frappèrent sa vue. Il se fit expliquer le système de notre alphabet. Il apprit que les lettres qu'il voyait répétées représentaient les sons de la langue et les rappelaient à la mémoire. Cette idée produisit une vive impression sur son esprit. Il s'occupa aussitôt à analyser les signes de sa langue indienne. Après un long et pénible travail, dont il est inutile de donner ici les détails, il découvrit que les sons de son idiome se réduisaient à quatre-vingt-cinq syllabes, toutes finissant par une voyelle. Il n'y a dans cette langue que deux consonnes successives, *tl* et *ts*, consonnes liquides et qui, dans la prononciation, se fondent aisément l'une dans l'autre et paraissent n'en faire qu'une. Dès-lors son problème fut résolu. Il inventa quatre-vingt-cinq caractères, dont il appliqua un à chaque syllabe de sa langue, et son syllabaire fut complet.

Ce syllabaire fut adopté par sa nation. Les missionnaires l'apprirent et l'enseignèrent à la jeunesse, qui fit des progrès rapides. Les hommes faits voulurent aussi savoir lire et écrire. Bientôt on imprima une gazette en langue cherokie intitulée *le Phénix*; les lois et les ordonnances furent publiées en cette langue. *Le Phénix* continua de paraître pendant plusieurs années : mais les malheureux Indiens avaient des ennemis; leurs presses furent violemment détruites, on s'est emparé de leurs terres et de leurs biens et ils sont chassés de leur pays. Je m'arrête sur un sujet trop affligeant et qui n'a rien de commun avec la philologie.

Sequoyah n'a point été un imitateur. Il a suivi la route que la nature lui a indiquée. Il s'était fait expliquer les principes de notre système élémentaire et il eût pu l'adopter. Il préféra consulter le génie de sa langue, et c'est en cela qu'il montre la supériorité de son intelligence. Il n'a point copié le modèle qui lui a été présenté, il a inventé. Quel est l'Européen, rempli de l'idée de la supériorité de notre alphabet, qui eût imaginé la même chose? Depuis qu'il existe des missionnaires en Asie, en Afrique et en Amérique, il n'y en a pas un qui ait pensé à donner aux peuples appelés barbares un système d'écriture analogue à leurs idiomes; ils y ont adapté comme ils ont pu nos lettres romaines, chacun suivant la prononciation de sa propre langue, et ils ont cru avoir fait tout ce qu'il était possible de faire. Il en est de même pour la poésie et la musique. Personne ne s'est aperçu que ces arts devaient se conformer au caractère des différentes langues. Les protestans ont traduit en mètre allemand ou anglais les hymnes de Luther ou les psaumes de Watts; les catholiques, les cantiques et les noëls de leurs pays qu'ils ont fait chanter aux sauvages sur les airs qui leur étaient connus. Cela n'est pas très philosophique; mais il ne faut pas juger trop sévèrement ces hommes pieux qui affrontent tous les périls et souffrent avec constance toutes les privations pour se dévouer à l'instruction et à la civilisation de leurs semblables. Ils ont bien d'autres choses à faire que de raisonner philosophiquement sur les langues, les alphabets, la poésie et la musique!

L'exemple de notre sauvage nous présente la nature prise sur le fait dans l'invention d'un système d'écriture. Il est, par conséquent, inappréciable. C'est le hasard qui l'a produit; quelque autre hasard, peut-être, nous fera faire de nouvelles découvertes avant que la race de nos Indiens soit entièrement éteinte.

Si j'ai prouvé que les signes graphiques devaient être en harmonie avec les langues dont ils représentent les mots ou les sons, et que la nature a conduit les hommes à les faire tels dans leur origine, il s'ensuit nécessairement qu'il n'y a point de système d'écriture qui puisse être considéré comme parfait, relativement à toutes les langues, et par conséquent qui puisse également servir à toutes. L'alphabet universel est donc une chimère que la philologie a raison de rejeter.

Ainsi cette belle science, à mesure qu'elle fait des progrès, va fauchant et déracinant les antiques préjugés. Les savans ont cessé de se mettre à la recherche de la langue primitive; on ne pense plus à inventer une langue philosophique ou universelle et encore moins une écriture pasigraphique, une tachygraphie d'idées qui ne peut exister que dans l'imagination. On s'occupe maintenant de la recherche des faits; on lève peu à peu le voile des illusions que l'ignorance a enfantées, et on se prépare à des découvertes positives, qu'une logique sévère saura extraire des faits qu'on aura accumulés.

Mais le temps des inductions positives n'est pas encore arrivé; à mesure que les faits se découvrent, ils se pressent autour de nous et semblent nous inviter à former des hypothèses sur l'origine et la formation successive du langage humain. Cependant on a déjà trop abusé des théories et des hypothèses; il faut s'arrêter pour quelque temps et continuer à rassembler des faits, et surtout de les bien constater. C'est ce qu'on n'a cessé de faire depuis le commencement de ce siècle, et déjà la moisson est abondante : l'Asie a été explorée dans tous les sens; les Klaproth, les Rémusat, les St-Martin ne sont plus, mais ils ont laissé des successeurs zélés et habiles, dont la liste est trop longue pour les désigner ici, et que serait-ce si je voulais nommer tous les savans philologues dont s'honorent l'Allemagne, l'Angleterre et les autres pays de l'Europe? Les langues d'Afrique n'ont pas été négligées, non plus que celles de l'Océanie, où l'on a vu avec étonnement s'étendre à travers les mers, en divers dialectes, la langue de la péninsule de Malacca, à l'extrémité méridionale de l'Asie. Nous avons déjà une excellente grammaire et un dictionnaire de la langue des nègres Wolofes et de celle des Bambaras; il y a lieu d'espérer que celle des anciens Numides, le berbère, nous sera bientôt plus intimement connue, puisque l'Algérie est devenue une colonie française, et peut-être trouvera-t-on des restes de cette langue coptique qu'on croit entièrement éteinte. Ce serait un puissant secours pour la poursuite des admirables découvertes de Champollion et de ses collaborateurs.

Enfin, aucune partie du monde n'a échappé aux recherches de la science philologique, et l'Amérique surtout a attiré ses regards. Les langues

---

[1] Un voyageur arabe, Ebn-ed-Dyn, a parcouru une partie de l'intérieur de l'Afrique septentrionale et la relation qu'il a faite de son voyage, traduite en anglais par M. Hodgson et ensuite en français par M. d'Avezac, a été publiée dans le *Bulletin de la société de géographie de Paris* (*deuxième série*), vol. 1, 2, 4 et 5. Dans le cours de son voyage, l'auteur a trouvé plusieurs villages où, dit-il, on parle une langue qu'il appelle le *copte*. Voici ce qu'il dit au sujet du village appelé *Mathmathah*, dans la régence de Tripoli : « Le langage des habitans (de ce village et des environs) est le *copte*. » Et pour plus d'assurance il ajoute : « Ce n'est ni du berber, ni du turc, ni de l'arabe, C'EST DU COPTE. » *Bulletin*, vol. I, p. 291.

Quelle peut être cette langue copte dont parle ce voyageur et qui n'est ni du berber, ni du turc, ni de l'arabe ? Ne serait-il pas possible que des familles de Coptes, persécutées par les soudans de l'Egypte, se fussent réfugiées dans la Barbarie et se fussent établies dans ces villages, où leur idiome se serait conservé jusqu'à présent ? Ceci me semble mériter quelque considération. Quelle découverte ce serait que l'ancienne langue coptique, vivante et parlée, pour l'intelligence des hiéroglyphes et des monumens de l'Egypte ! Allez donc, intrépides voyageurs ! explorez ces contrées ! une riche moisson vous attend.

des peuples sauvages qui l'ont possédée autrefois, et dont un grand nombre l'habite encore actuellement, semblent présenter une mine inépuisable de faits qui, recueillis et comparés avec soin et avec exactitude, pourront un jour nous conduire à une connaissance plus approfondie de la marche de l'esprit humain.

C'est sans doute ce qui a engagé la commission de l'Institut de France, qui a daigné honorer de sa haute approbation le mémoire que ceci précède, à proposer le sujet de ce même mémoire aux philologues qui voudraient concourir pour le prix de linguistique, fondé par M. le comte de Volney. En faisant choix des langues américaines, elle s'est sagement bornée à une seule famille de ces langues, voulant indiquer par là que les études philologiques doivent être suivies pas à pas, et que ce n'est qu'en recueillant et accumulant les faits spéciaux qu'on peut arriver aux grands résultats que la science nous promet. Il n'y a pas, en effet, une des nombreuses branches de cette science qui n'exige une longue étude et qui ne présente une multitude de faits intéressans à l'œil de l'observateur. Le petit nombre de ces faits que j'ai pu rassembler en offre une preuve convaincante.

Le premier fait qui frappe nos yeux en examinant les langues de l'Amérique, et en les comparant avec celles de l'ancien monde, est qu'il n'y a point et qu'il ne peut pas y avoir de *grammaire générale*, c'est-à-dire de système grammatical applicable à toutes les langues. On peut appeler de ce nom, si l'on veut, l'analyse de la pensée humaine; on peut, si j'ose ainsi parler, disséquer cette faculté de notre intelligence, mettre à nu les parties qui la composent, les nommer et les définir; mais quand on veut passer de l'analyse à la synthèse, on voit ces parties de la pensée s'unir, se combiner de tant de différentes manières qu'il n'y a presque rien de commun. Ainsi la grammaire générale, si on veut l'appeler ainsi, n'est plus la science qui nous a été enseignée par les Harris, les Arnaud, les Lancelot et les Silvestre de Sacy; ce n'est plus la grammaire générale, c'est la grammaire comparée; belle et sublime science; science nouvelle, inconnue aux siècles qui nous ont précédés et qui n'est encore qu'ébauchée; elle n'est pas arrivée au point où elle doit nous apparaître dans toute sa splendeur.

Nous sommes dans le siècle des sciences comparatives. L'anatomie comparée est de fraîche date. On n'a cependant jamais pensé à une anatomie *générale*. C'est que les objets dont cette science s'occupe tombent sous le sens et, comme ceux qui n'existent que dans la pensée, ne permettent pas de s'égarer.

Lorsqu'après avoir étudié et contemplé les langues américaines on revient à la grammaire dite générale des illustres solitaires de Port-Royal, on est étonné de leur entendre dire, en parlant de telle ou telle forme grammaticale : « Cette forme est commune à *toutes* les langues. » C'est que leur horizon était très borné ; leur esprit était vaste et leurs connaissances limitées. Ils n'avaient pas eu les moyens d'en acquérir davantage. La science n'était pas encore arrivée au point qu'elle a atteint aujourd'hui.

On peut faire des grammaires générales applicables, à quelques exceptions près, à un certain genre ou à une certaine classe de langues ; mais on ne peut en faire une qui s'applique à toutes. Ainsi voilà une science qui, retenue long-temps dans des bornes étroites, a changé d'objet et de face, et dont les vues ne sont limitées que par les extrémités de la terre. C'est le fruit de l'étude des langues barbares que Maupertuis avait si fort raison de recommander.

La grammaire comparative ou, si l'on veut,

la grammaire générale, car le nom ne fait rien à la chose, présente à l'observateur une foule de rapprochemens qui sont du plus grand intérêt pour l'histoire de l'esprit humain. On y voit d'abord que la pensée qui se résout en idées plus ou moins complexes a été admirablement analysée par les anciens grammairiens, et que le nom, le pronom, le verbe, etc., avec leurs subdivisions sont les types, si j'ose le dire, les matériaux dont se sont formées toutes les langues, mais dont elles n'ont pas fait un usage égal ou uniforme; telle langue a analysé les plus complexes de ces idées et en a fait différens mots; tandis que d'autres ont joint et exprimé par un seul mot plusieurs de ces parties constituantes de la pensée; telle langue a dit *sapio*, combinant ensemble le pronom, l'adjectif et le verbe, et telle autre les a exprimés séparément en disant *je suis sage*. Ce serait une question curieuse à examiner que celle de savoir quelles sont les parties du discours indispensablement nécessaires à la formation d'une langue et quelles sont celles dont elle pourrait à la rigueur se passer? Ce n'est qu'en comparant toutes les langues existantes que ce problème pourra être résolu. Il semblerait, au premier coup d'œil, qu'il n'y a qu'un très petit nombre de ce qu'on appelle *parties du discours*, qui soit indispensablement nécessaire à la représentation ou à l'expression des idées.

En suivant l'examen et la comparaison que j'ai indiqués, on aperçoit que les mêmes combinaisons d'idées, sous la forme de mots, se sont présentées à différens peuples, mais pas toujours avec le même succès. Il semble qu'on les voit tâtonner, essayer une forme grammaticale, une combinaison ou une séparation d'idées, l'adopter quelquefois, puis la rejeter, suivant qu'elle convient plus ou moins au système harmonique de leur langue, et à la marche qu'elle a commencé à suivre. On est souvent étonné de trouver dans nos idiomes des formes de langage qui, dans des dialectes barbares, nous paraissent bizarres et étranges. Les langues algonquines en offrent plusieurs exemples, qui sont signalés dans ce mémoire.

Dans ces langues, le pronom possessif est toujours joint au nom substantif par forme d'affixe[1], tellement que les indianologues soutien-

---

[1] Il est remarquable que le mot *affixe*, non plus que *préfixe* et *suffixe*, ne se trouvent pas dans la nouvelle édition du Dictionnaire de l'académie. Ces mots cependant

nent que le pronom joint au substantif qui exprime certaines relations, ne peut, dans aucun cas, en être séparé, de sorte qu'on peut dire : *mon père*, *ton père*, mais qu'on ne peut pas dire , *père* tout seul. Cette forme n'existe pas dans la langue française, mais on la trouve quelquefois dans l'ancien idiome, dans des mots tels que *m'amie*, *m'amour* pour *mon amie*, *mon amour*, etc. L'apostrophe n'est que pour les yeux et ne dit rien à l'oreille. Dans la langue moderne on trouve *monsieur*, *messieurs*, *monseigneur*, *messeigneurs*, *madame*, *mesdames*, *mademoiselle*, *mesdemoiselles*; tous mots où le pronom est inséparablement joint au substantif, et ce n'est pas seulement dans la langue écrite, mais dans la langue orale, car *monseigneur* et *mon seigneur*, *madame* et *ma dame* présentent des idées entièrement différentes. On ne peut pas

sont généralement reconnus et usités comme appartenant à la langue française ; mais leur signification relative ne paraît pas être encore décidément établie. Les mots *affixe* et *suffixe* sont souvent employés synonymement et sans distinction. Pour éviter toute équivoque, j'appelle *préfixe* une syllabe ou particule ajoutée au commencement d'un mot, et *suffixe* celle qui est ajoutée à la fin. Je me sers du mot *affixe* comme terme générique comprenant les deux autres.

joindre le pronom au nom sous la forme inséparable dans *mon prince*, *mon général*[1], *mon colonel*, *mon capitaine*. C'est probablement l'orgueil qui a introduit la première de ces formes; entre égaux on n'a pas voulu dire *mon* seigneur, *ma* dame; mais qu'importe la raison qui a fait adopter ou rejeter une forme grammaticale ? elle n'en existe pas moins dans la langue.

Toutes les langues algonquines ont la forme négative du verbe à côté de l'affirmative ; le latin ne l'a que dans quelques mots tels que *nolo*, *nescio*. Ceci semblerait prouver que cette forme a été essayée, parfois adoptée, mais enfin rejetée comme ne pouvant aisément s'adapter aux verbes de la langue. Le français a le verbe *ignorer*, positif dans sa forme mais dont la signification est essentiellement négative.

Les mêmes langues ont une forme de pluriel qui exclut tout le monde, excepté ceux dont on parle spécialement. Ce pluriel se désigne en algonquin par une syllabe ou une simple lettre préfixe et quelquefois par une inflexion; en fran-

---

[1] Aujourd'hui on ne dit plus *mon prince*, *mon général*, on dit *prince*, *général*. On ne veut plus du pronom possessif, et voilà comme les passions gouvernent les formes grammaticales et concourent à la structure d'une langue.

çais, la même idée se rend par deux mots : *nous autres*, *vous autres*, etc.; mais son expression n'a pas, en général, passé dans la langue.

Parmi les rapprochemens curieux que fournissent les langues algonquines, il en est un qui me paraît digne de remarque et qui fait voir comment la même idée s'est présentée aux hommes à d'immenses distances, mais dans des circonstances différentes, qui ont fait donner à cette idée une différente application. Dans plusieurs de ces langues on compte comme nous d'un à cinq en appliquant un mot à chaque nombre, qui n'a aucune affinité avec ceux qui le précèdent. Mais de cinq à dix ces langues suivent une autre méthode, et c'est la même que celle qui a été suivie par l'inventeur de chiffres romains. Pour six, on dit cinq un, pour sept cinq deux, pour huit cinq trois et pour neuf un dix, c'est-à-dire dix moins un, ce qui représente exactement les caractères numériques VI, VII, VIII, IX. Cet ordre d'idées n'existe point dans la langue de l'ancienne Rome, et cependant se trouve dans sa numération écrite et abrégée. D'ailleurs on ne l'aperçoit point dans la formation des noms de nombre des autres langues connues.

Il y a pourtant dans les langues américaines

des combinaisons d'idées et des formes de langage qui leur sont exclusivement propres, qui n'ont été jusqu'ici observées dans aucune autre langue, et que le plus habile et le plus profond grammairien n'aurait jamais imaginées *à priori*. Le grammairien philosophe Beauzée, dans l'article *mot* de l'Encyclopédie méthodique (Grammaire et littérature, tom. II, p. 574), observe comme une singularité frappante, mais unanimement admise dans *toutes* les langues, que l'adjectif n'a reçu aucune des variations relatives aux personnes qui caractérisent les pronoms. Jusque-là il paraît avoir raison, car je ne sache pas qu'il y ait de langue où l'adjectif proprement dit reçoive des variations qui embrassent l'idée de la personne; mais il ajoute ensuite : « Les adjectifs même dérivés des verbes, qui, sous le nom de *participes*, réunissent en effet la double nature des deux parties d'oraison, n'ont reçu NULLE PART les inflexions personnelles, quoiqu'on en accorde aux autres modes du verbe. » La langue delaware nous donne un exemple de ce phénomène dans son adjectif verbal ou participe, comme on voudra l'appeler, qui, par ses inflexions, se rapporte non seulement à une, mais à deux personnes, celle qui agit et celle sur laquelle l'action est opérée. Du verbe accusatif *wulamalescheen*, qui signifie *rendre heureux*, se forme le participe *wulamalessohaluwed*, rendant, ou celui qui rend heureux, d'où, par une inflexion toute relative à la personne, on fait *wulamalessohalid*, celui qui *me* rend heureux, et enfin en déclinant ce mot au vocatif on a *wulamalessohalian*, « O *toi* qui *me* rends heureux! » mot charmant dont Tibulle aurait bien su faire usage si la langue latine le lui eût offert. Après cela, faites des grammaires générales et dites que telle ou telle forme existe dans *toutes* les langues ou ne se trouve dans *aucune*!

Il serait aisé de multiplier ces exemples, et ils seraient bien plus nombreux si sans s'arrêter aux langues algonquines, on voulait porter ses regards sur toutes celles qui se parlent sur la surface du globe. Il est malheureux pour la science qu'un seul homme ne puisse posséder à fond qu'un petit nombre de ces langues; mais à l'aide des grammaires et surtout des *Mithridates*, le philologue peut encore trouver le moyen de faire des comparaisons et des rapprochemens d'où jailliront une foule de découvertes précieuses qui jetteront une vive lumière sur la philosophie du langage humain, source primitive et féconde de la philosophie de l'homme[1].

En jetant les yeux sur cette masse d'idiomes, on sera d'abord frappé de la différence de leurs formes, tandis que les hommes, entourés des mêmes objets et mus par les mêmes passions, ont tous eu à peu près les mêmes idées à exprimer. Si on attribue cette différence aux climats, on verra des langues monosyllabiques séparées, seulement par un fleuve, d'idiomes d'un caractère tout opposé; on verra les langues polysynthétiques couvrir toute la surface du continent américain; on verra ailleurs des langues dont l'antiquité bien reconnue remonte à quatre mille ans et sans doute au-delà, qui ont conservé jusqu'à ce jour le caractère qu'elles avaient à l'époque d'où nous viennent les plus anciennes traditions, et si on examine ces langues dans leurs détails, on verra sous quelle variété d'apparences les

---

[1] La philologie appelle à grands cris la publication du savant ouvrage de M. Venture sur la langue des Berbères, qui depuis long-temps est enfoui dans la poussière des bibliothèques. La France est présentement maîtresse d'Alger et de son territoire; c'est par conséquent un ouvrage national, et on se demande partout quand il doit sortir des presses de l'imprimerie royale.

idées se sont présentées à l'esprit humain, lorsqu'elles ont reçu du langage des formes tangibles au sens de l'ouïe, et on verra sortir de ces différences une multitude de faits qui ouvriront un vaste champ aux réflexions philosophiques, lesquelles conduiront à des résultats importans qui ne seront pas les fruits d'une vive imagination et de raisonnemens *à priori*.

Mais je m'aperçois que j'outre-passe les bornes d'une préface; je vois qu'il est temps de m'arrêter. Qu'on veuille bien me permettre de dire encore quelques mots sur le mémoire qui va suivre.

Lorsque j'envoyai ce mémoire en France, en mars 1834, je n'avais nulle idée de le voir jamais imprimé. Je n'avais eu que peu de temps pour le rédiger et faire les recherches qu'il exigeait, n'ayant reçu le programme de l'Institut que tard l'année précédente. Je n'en avais pas gardé de copie, je l'avais écrit sur des chiffons de papier que j'avais détruits à mesure qu'ils étaient mis au net. J'avais beaucoup compté sur l'indulgence de la commission et sur le petit nombre de concurrens, qui, en effet, m'a valu le prix. Encouragé par plusieurs membres de l'Institut qui m'honorent de leur estime, je me suis décidé à livrer cet écrit à l'impression ; j'en ai fait venir une copie de Paris, j'y ai fait quelques corrections et ajouté cette préface, ainsi que la traduction du rapport qu'on trouvera à la suite. Comme ce mémoire ne contient que des faits, il pourra être de quelque intérêt pour les savans qui voudront bien plus s'occuper de la matière que de la méthode et du style.

Voilà tout ce que j'ai à dire au sujet de ce mémoire ; il s'y trouve cependant une assertion qui a été modifiée par un fait venu depuis à ma connaissance et sur lequel je crois devoir donner ici quelque explication.

Ce fut en 1815 que la société philosophique américaine institua, comme je l'ai déja dit, son comité d'histoire et de littérature, dont je fus nommé secrétaire pour la correspondance. L'histoire américaine, c'est-à-dire celle de la race blanche dans ce pays, ne vante pas son antiquité, tandis que celle des aborigènes paraît remonter aux siècles les plus reculés. L'histoire des Indiens, par conséquent, attira de bonne heure son attention. Le vénérable Heckewelder fut engagé à nous donner une relation du séjour de quarante ans qu'il avait fait parmi ces peuples[1].

Cela établit une correspondance entre lui et moi, car il demeurait à Bethléem qui, bien que située en Pennsylvanie, est assez éloignée de Philadelphie. Pendant le cours de cette correspondance, Heckewelder envoya au comité une grammaire manuscrite de la langue des Indiens Delawares, par le missionnaire Zeisberger, qui avait résidé long-temps parmi eux; comme elle était écrite en langue allemande, je fus chargé d'en faire la traduction en anglais.

Élève de Court de Gébelin et passionné toute ma vie pour l'étude des langues, à laquelle une profession laborieuse m'avait empêché jusqu'alors de me livrer, j'entrepris volontiers ce travail; je fus frappé de la singularité des formes de ce langage et cette particularité réveilla mon ancienne ardeur pour les études philologiques. Profitant de la bonne volonté de l'excellent

---

[1] Cette relation, traduite en français par le frère de l'auteur de ce mémoire sous le titre de « *Histoire, mœurs et coutumes des nations indiennes qui habitaient la Pennsylvanie et les états voisins*, par le révérend Jean Heckewelder, etc.,» a été imprimée à Paris pour L. de Bure en 1822, et les journaux ont parlé de cette traduction avec éloges. Le traducteur est mort à Fontenay-le-Comte (Vendée), lieu de sa résidence, en juillet 1835, à un âge très avancé.

Heckewelder, ma correspondance avec lui devint plus active et il n'y fut plus question que des langues indiennes. Je lui communiquais mes remarques, et ses réponses devinrent de plus en plus instructives. Une partie de cette correspondance a été imprimée à la fin du premier volume des *Transactions du comité d'histoire et de littérature*, Philadelphie, 1819.

Les lettres d'Heckewelder étaient régulièrement lues au comité à chaque séance; il m'engagea à continuer mes recherches et à les étendre. Alors je me procurai toutes les grammaires, tous les dictionnaires, tous les vocabulaires, enfin tous les ouvrages que je pus découvrir sur les langues indiennes des deux parties du nouvel hémisphère, et je les étudiai avec toute l'attention qui me fut possible. Je vis des Indiens de différentes nations, je conversai avec eux; enfin, je fis tout ce qui dépendait de moi pour me mettre au fait du caractère et du génie de ces différentes langues, et en 1829 je présentai au comité un rapport sur le résultat de mes recherches; c'est celui dont la traduction est jointe à ce mémoire.

Ce rapport présente pour résultats les faits suivans :

1° Que les langues américaines, en général,

sont riches en mots et en formes grammaticales, et que dans leur structure complexe, on trouve le plus grand ordre et la méthode la plus régulière;

2° Que ces formes compliquées, auxquelles j'ai donné le nom de *polysynthétiques*, paraissent exister dans toutes ces langues, depuis le Groenland jusqu'au cap Horn;

3° Que ces mêmes formes paraissent différer essentiellement de celles des langues anciennes et modernes de l'autre hémisphère.

Le rapport est consacré à la preuve de ces faits.

Les recherches subséquentes des philologues américains, et même de ceux d'Europe, entre autres de M. le baron Guillaume de Humboldt, n'ont fait que confirmer cette théorie. M. Gallatin en convient dans son ouvrage déja cité, imprimé à la fin de 1836. Je parle ici particulièrement de la structure polysynthétique de ces langues.

Pénétré de cette opinion, je n'ai pas hésité à poser en fait, sans cependant l'affirmer avec pleine certitude, ainsi qu'on le verra dans le mémoire suivant, que *toutes* les langues américaines étaient polysynthétiques.

Mais, à peine ce mémoire était à bord du paquebot qui l'a porté en France, que je fus instruit d'un fait qui me fit renoncer à la généralité de mon assertion, et dont je me crois obligé de faire part à mes lecteurs.

J'avais fait depuis peu la connaissance de don Manuel Najera[1], Mexicain, exilé de son pays par suite des événemens politiques qui s'y sont si rapidement succédés. Ce savant possédait à fond plusieurs des langues parlées par les Indiens du Mexique, et je me plaisais fort à sa conversation, toujours intéressante et toujours instructive. Un jour, nous vînmes à parler de la langue des Othomis qu'il savait très bien, ayant résidé parmi eux. « Savez-vous, me dit-il, que cette langue est monosyllabique, et par sa structure ressemble beaucoup au chinois ? » Nous étions déja convenus du caractère polysynthétique des langues indiennes en général, et particulièrement du mexicain propre, du tarasque et du huastèque, toutes langues qui lui étaient connues, et, par conséquent, mon étonnement fut extrême. Je contestai d'abord le fait; je lui dis que les

---

[1] Dans le mémoire latin, ci-après mentionné, ce nom est écrit *Naxera*; dans l'usage ordinaire l'auteur suit la nouvelle orthographe et écrit *Najera*.

grammairiens espagnols qui avaient traité de cette langue l'avaient représentée comme polysyllabique. « Cela est vrai, me répondit-il, mais vous voudrez bien observer que ce n'est pas une langue écrite; si les Othomis avaient, comme les Chinois, une écriture syllabique, on s'apercevrait aisément à la lecture que chaque syllabe est significative, et à elle seule forme un mot [1]; mais, en parlant, les idées s'attachent à des groupes de syllabes, et on appelle ces groupes des mots; cela arrive même dans nos langues, où, quand plusieurs mots sont joints ensemble, nous ne les séparons par la pensée que lorsqu'ils sont séparés par l'écriture, » et il me cita les mots français : *bienfait, bonheur, contretemps* et plusieurs autres dont les parties constituantes ne sont pas séparées en imagination, à moins que l'écriture ne mette quelque distance entre elles, ou que leur séparation ne soit indiquée, en parlant, par le sens de la phrase, par une petite pause, ou par un accent ou ton de voix.

[1] Je n'entends pas par langue monosyllabique celle dont tous les mots seraient des monosyllabes, je ne crois pas qu'il en existe de semblable, même le chinois. J'appelle de ce nom une langue dont toutes les syllabes sont des mots.

Malgré un raisonnement aussi concluant, je demeurais toujours incrédule et je résistais à ses argumens; je voyais s'évanouir ma théorie favorite, et malgré toute ma philosophie, mon amour-propre en souffrait. Je demandais toujours à don Manuel s'il était bien sûr de ce qu'il avançait, et plus il parlait avec assurance, plus je montrais d'incrédulité.

Enfin, il offrit de me donner des preuves matérielles de son assertion, et il m'en donna en effet auxquelles il me fut impossible de résister. Nous prîmes le *Vocabulaire espagnol-othomi* de Yepès, que nous avions à la main et qui est très ample [1]. Il me fit voir et toucher au doigt que tous les mots indiens qui paraissent polysyllabiques ne sont, dans le fait, que des monosyllabes significatifs, joints ensemble sans aucune liaison, soit au moyen de consonnes ou de voyelles serviles, ou de l'altération de quelques sons, comme dans le verbe latin *prodeo* formé

---

[1] *Catecismo y Declaracion de la Doctrina cristiana, en lengua Otomi, con un Vocabulario del mismo idioma, compuesto* por el R. P. Fr. Joaquin Lopez Yepes, Predicador apostólico y Discreto del Colegio de propagandâ fide de N. S. P. S. Francisco de Pachuca. Megico, 1826, in-4°, 254 pp.

de *præ* et *eo*, par le changement d'*æ* en *o* et l'intercallation de la consonne *d*, mais *agglutinés*, pour me servir de l'expression d'un illustre philologue, dont la science déplore la perte [1], sans le moindre artifice, pour effectuer leur jonction. Je fus obligé de céder à une preuve aussi convaincante, et mes doutes dès-lors furent complètement levés.

J'engageai alors M. Najera à mettre par écrit ses idées sur ce sujet et à leur donner le développement nécessaire, ce qu'il fit dans un mémoire écrit en langue latine, que je présentai en son nom à la société philologique américaine, et qui est imprimé dans le cinquième volume de la nouvelle série de ses *Transactions*. Des exemplaires de ce mémoire ont été envoyés aux académies et à plusieurs savans distingués dans différentes parties de l'Europe. Plusieurs journaux scientifiques en ont fait une mention honorable.

Dans cet ouvrage, l'auteur prouve évidemment que la langue des Indiens Othomis est purement monosyllabique. Il y offre des exemples de toutes les parties du discours, et de la manière dont elles se combinent par la syntaxe.

---

[1] Le baron Guillaume de Humboldt.

Il fait voir comment, dans les verbes, les idées de personnes, de temps et de modes, sont exprimées, comme en chinois, par des monosyllabes significatifs. Il a traduit dans cette langue l'onzième ode d'Anacréon, *In seipsum*, et en a donné l'explication mot à mot avec des remarques grammaticales. Enfin, il n'a rien omis de ce qui était nécessaire pour opérer la conviction de ses lecteurs.

Des langages du même genre doivent nécessairement se ressembler à beaucoup d'égards dans leur syntaxe; aussi a-t-il fait voir un grand nombre de ressemblances frappantes entre les formes grammaticales du chinois et celles de l'othomi; il a même trouvé quelques affinités dans les mots; mais il a été bien loin de vouloir faire croire que l'une de ces langues serait dérivée de l'autre, ou qu'elles procéderaient toutes deux d'une langue commune. Ceux qui ont pu imaginer que tel était son but se sont certainement trompés. Rien ne porte encore à penser que l'Amérique ait été peuplée par la Chine ou la Chine par l'Amérique.

J'ai cru devoir faire connaître ce fait à mes lecteurs tel qu'il s'est présenté à moi lorsque j'étais imbu d'une opinion absolument contraire, et qui était cependant fondée sur une multitude de faits, ainsi qu'on le verra par le Rapport lu au comité d'histoire et de littérature de la société philologique américaine, imprimé à la suite de ce mémoire; ce qui me confirme dans la maxime que j'ai depuis long-temps adoptée, et que je n'ai peut-être pas assez suivie, que dans les sciences, et surtout dans les sciences métaphysiques, *il ne faut pas se hâter de généraliser.*

Philadelphie, juillet 1837.

MÉMOIRE

SUR LE

CARACTÈRE GRAMMATICAL

DES

LANGUES DE L'AMÉRIQUE DU NORD,

CONNUES SOUS LES NOMS DE LENNI-LÉNÂPÉ, MOHÉGAN ET CHIPPÉWAY.

> Facies non omnibus una
> Nec diversa tamen, qualem decet esse sororum.
> Ovid.

CHAPITRE Ier.

Observations préliminaires.

Afin d'éviter la répétition d'une longue nomenclature, nous avons donné aux langues lenni-lénâpé, mohégan et chippéway, le nom de *famille algonquine*, pour la distinguer de celles des Iroquois, des Sioux, des Esquimaux et des Floridiens leurs voisins. Ce nom d'Algonquins, ainsi que celui d'Iroquois, est consacré par les relations des plus anciens voyageurs et missionnaires : tandis que les Mohégans ont presque entièrement disparu de la surface du globe, et que les Lénâpés sont sur le point de s'éteindre ; la nation algonquine, sous son ancien nom, et sous celui de Chippéways existe encore répandue sur une vaste étendue de territoire, et sa langue est aujourd'hui, comme elle était il y a deux siècles, au rapport de La Hontan, de Charlevoix et de tous les autres écrivains de ce temps-là, celle au moyen de laquelle les différentes tribus indiennes communiquent entre elles. C'est le français de l'Amérique du nord.

Nous avons donc cru convenable de conserver ce vieux nom d'*Algonquins*, qui d'ailleurs a pour lui la fixité et n'est pas sujet, comme les noms plus modernes, à de fréquentes mutations. Celui de *Chippéway*, que cette nation se donne à elle-même, altéré par l'écriture, en a déja éprouvé plusieurs. On écrit : Chippéwa, Chippéway, Chippaway, et un écrivain récent (M. Schoolcraft), nous dit qu'il faut les appeler *Ojibways*. Les Français ont eu raison de donner des noms fixes et euphoniques aux nations indiennes. Les mots, après tout, sont faits pour s'entendre, et non pour y chercher des étymologies presque toujours hasardées et le plus souvent fausses. Encore moins sont-ils faits pour imiter des sons barbares, auxquels ni l'oreille, ni les organes de la parole ne sont habitués. Il est bon de connaître les noms que les peuples se donnent dans leurs propres langues, mais il n'est pas essentiel de les imiter dans la nôtre. Les Grecs s'appelaient Ελληνες; les Romains les appelaient *Græci* ou *Graii*. Ainsi nous disons *Londres*, et non *London*, *Anvers* et non *Antwerpen*, etc., et par ce moyen une belle langue n'est pas hérissée de mots que personne ne peut prononcer.

Nous avons observé la recommandation spéciale qui nous est faite par l'honorable commission de l'institut « d'indiquer, à l'aide de comparaisons grammaticales et lexicographiques, les ressemblances et les différences que présentent entre eux les idiomes désignés et les dialectes qui peuvent s'y rattacher. » Nous nous conformerons à cette direction donnée à notre travail, autant qu'il sera en notre pouvoir. Pour servir aux comparaisons lexicographiques que la commission exige, nous joignons à ce mémoire un Vocabulaire comparatif et raisonné de plus de trente langues ou dialectes de la famille algonquine, répondant à quarante-cinq mots de notre langue, que nous avons choisis comme ceux qui se trouvent le plus fréquemment dans les collections de ce genre; mais, malgré nos efforts, nous n'avons pu représenter tous ces mots dans chacun de ces dialectes, et nous en aurions présenté un moindre nombre, si nous les eussions choisis autrement. C'est que chaque faiseur de vocabulaire donne les mots qu'il lui plaît, et il n'y a point entre eux de système uniforme. Nous espérons que les observations que nous avons faites dans celui-ci, partout où l'occasion s'en est présentée, jetteront quelque lumière sur la formation de ces langues.

Quant aux différences grammaticales qui existent entre elles, nous nous trouvons plus embarrassés. Ces langues paraissent toutes formées sur le même modèle, à quelques exceptions près, qui ne nous paraissent pas de bien grande importance. S'il se fût agi de les comparer avec les langues voisines, qui appartiennent à d'autres familles, avec l'iroquois, par exemple, ou le sioux, notre travail eût été plus facile; il l'aurait été encore davantage, si la comparaison eût dû être faite entre les langues de l'Amérique du nord et celles du sud, ou entre celles du nouveau et celles de l'ancien monde; les différences eussent alors été plus saillantes et plus aisées à faire remarquer; tandis que, dans les idiomes d'une même famille, dans les langues qu'on peut appeler sœurs, elles échappent souvent à l'œil de l'observateur. Le plus grand nombre de ces différences porte sur les mots, et il en existe peu entre les formes grammaticales. Qu'importe, par exemple, que l'italien dise: *dico*, et l'espagnol *digo;* que l'un dise : *dirò* et l'autre *diré?* ce n'est pas de cela qu'il s'agit, lorsqu'on ne veut pas apprendre à parler une langue, mais qu'on désire seulement savoir de quelle manière et sous quelle forme elle présente les idées à l'esprit. Il est bon cependant de jeter un coup d'œil sur la manière dont les mots varient entre les langues d'une même famille : cela jette de la lumière sur leur formation respective, et aide à la bien comprendre. C'est, sans doute, ce qui a engagé la commission à demander des comparaisons *lexicographiques*. Elle peut, au reste, être assurée que nous ferons tous nos efforts pour remplir ses vues en tout point, et mériter sa haute approbation, sans l'espoir de laquelle nous n'aurions point entrepris ce travail.

CHAPITRE II.

De la formation des langues.

Qu'on veuille bien ne pas nous dire de « passer au déluge. » Nous ne nous arrêterons pas long-temps sur ce chapitre, quelque attrait qu'il ait pour nous. Nous croyons que quelques réflexions générales pourront être utiles pour l'application de ce qui va suivre.

On dit que les langues sont faites pour exprimer nos idées : elles ne les expriment point, elles les appellent et les rendent présentes à notre imagination. Toutes nos idées sont complexes ; elles sont divisibles à l'infini : elles se présentent en masse à nos esprits : *Catervatim irruunt cogitationes nostræ.* Elles passent devant nous avec une rapidité que rien ne peut décrire ; elles changent de formes et s'entremêlent comme les figures du kaleïdoscope. L'homme voudrait les fixer telles qu'il les reçoit, mais cela est impossible ; aucune langue, aucun signe ne peut produire cet effet. On en saisit une portion, un côté, un point, et on y applique des signes qui servent à réveiller le reste ; de là vient que l'ellipse domine dans le langage humain. On se fait entendre autant par ce qu'on ne dit pas, que par ce qu'on dit. C'est ce qui fait la différence des langues, quant à la signification des mots et aux formes grammaticales ; chacun saisit ce qu'il peut du groupe d'idées qui se présente à lui, et il y applique un mot ou un signe qui lui rappelle, plus ou moins, des parties de ce groupe. Celui qui dit : *nolo*, par exemple, a saisi à la fois les idées de volonté et de personnalité, et celle de négation ; celui qui, au contraire, dit : « je ne veux pas, » n'a saisi à la fois qu'une de ces trois parties d'idée, et a appliqué ses mots en conséquence. Il doit en avoir été de même à l'origine de la formation des langues. On les a faites comme on a pu, d'abord sans aucun système; les formes grammaticales sont venues après. On ne voulait que s'entendre, et on y est parvenu, en suivant différens chemins, parce que la nature n'en indique aucun de préférence à un autre.

> Opera naturale è ch' uom favella
> Ma, così o così, natura lascia
> Poi fare a voi, secondo che v'abbella.
> DANTE.

Avant qu'il existe une langue, un sauvage se sent pressé par la faim, il articule un ou plusieurs sons auxquels il joint des signes visibles; tout cela signifie: j'ai faim, donnez-moi à manger, de la viande, des fruits; enfin, c'est son besoin qu'il veut faire comprendre, et demander les moyens de le satisfaire; son signe auditif est compris, mais vaguement; ce n'est ni l'idée de faim, ni celle de manger, ni celle de la viande ou du fruit qui se présente à l'esprit de l'auditeur, mais tout cela à la fois et d'une manière confuse, assez claire, cependant, pour lui faire entendre ce dont son compagnon a besoin; d'où il suit que le mot que celui-ci a articulé n'est ni un mot, ni un verbe, ni ce que nous appelons une partie du discours; c'est un son indicatif, dont on comprend le sens général, mais que l'esprit n'a pas encore analysé, parce que la nécessité ne s'en est pas fait sentir.

Un autre sauvage, dans le même cas, ou répète le mot qu'il a entendu, ou en invente un nouveau, et voilà deux mots synonymes. Il en vient peut-être trois, quatre, cinq, avant qu'on s'avise de les employer avec différentes significations ; cela se fait peu à peu, cependant avec assez de rapidité, car le besoin de s'entendre est de première nécessité; chacun s'empresse, à sa manière, de perfectionner le langage; on ajoute une syllabe à un mot; on la met soit devant, soit après; on change, on transpose une voyelle ou une consonne, et on fait ainsi des substantifs, des adjectifs, des verbes, des participes, des adverbes, etc., tout cela sans savoir précisément ce qu'on fait; ou bien on laisse le mot tel qu'il est et on laisse au sens de la phrase dans laquelle il se trouve à déterminer celui dans lequel il doit être compris. C'est sur ce principe qu'est formée en grande partie la langue chinoise, par suite de la première impulsion qui a été donnée au système du langage, par ceux qui l'ont les premiers inventé.

Ce ne sont pas toujours les hommes de génie qui ont inventé les premières langues. L'homme de génie, civilisé ou sauvage, est ordinairement modeste et n'aime pas à se produire. C'est rarement le génie qui gouverne les affaires humaines; la médiocrité et la suffisance siègent le plus souvent dans les hauts lieux. Dans toutes les réunions d'hommes, il y a une classe qu'on peut appeler *faiseurs*; personnages qui ne doutent de rien et qui acquièrent une influence à laquelle l'homme modeste ne peut ou ne se soucie pas d'atteindre. Il y a eu de ces *faiseurs* dans l'enfance des peuples comme il y en a de nos jours; car la nature a toujours été la même. C'est à ces hommes vulgaires que sont dues les anomalies, les irrégularités que l'on observe dans toutes les langues. Nous ne voulons pas dire que le génie n'a pas quelquefois présidé à leur formation; la langue grecque nous offre un trop bel exemple du contraire, mais elle-même a ses anomalies, effet en partie du mélange des peuples, mais qu'on peut attribuer aussi à l'insouciance des *faiseurs* qui ont aidé à la former, ou à la corrompre après qu'elle a été formée.

Pour se convaincre de la vérité de tout ceci, il n'y a qu'à observer ce qui se passe de nos jours : sont-ce des hommes de génie qui ont introduit, depuis quelques années, dans la langue française une foule de termes barbares que toutes ses analogies, que sa prononciation même repoussent et qui cependant semblent destinés à y demeurer? Non, sans doute, ce sont les *faiseurs* de notre époque que les hommes de talent et de génie n'ont pu combattre avec succès. Ce n'est pas ainsi que Cicéron enrichissait la langue latine en empruntant des mots de celle des Grecs.

C'est ainsi qu'a été produite la différence des langues selon le caractère de ceux qui ont présidé à leur formation, modifié jusqu'à un certain point par le climat et d'autres circonstances locales; de là sont venues les langues analytiques, synthétiques, monosyllabiques, polysyllabiques, langues à inversions, langues dans lesquelles les mots se suivent dans un ordre réglé plus ou moins naturel, langues à inflexions, langues à particules à préfixes et suffixes; et tout ce qui forme la variété qu'on observe dans les différens idiomes. La première impulsion donnée par les premiers *faiseurs* a été suivie par ceux qui leur ont succédé, car l'homme est naturellement plus porté à imiter qu'à inventer; c'est ce qui fait que toutes les langues ont une tendance manifeste à conserver le caractère grammatical qui leur a d'abord été imprimé. Le chinois[1], depuis quatre mille ans, est demeuré monosyl-

---

[1] Nous entendons par le chinois, toutes les langues monosyllabiques de l'Asie orientale.

labique; les langues de l'Inde, au contraire, conservent le caractère opposé, quoique les peuples qui les parlent se touchent. Ce fait, qu'il est impossible de révoquer en doute, jette le plus grand jour sur l'origine et la formation des langues ; mais ce n'est pas le sujet qui doit nous occuper; nous en avons dit assez pour *faire penser* ceux qui s'occupent de cette matière, et pour expliquer les phénomènes que vont nous présenter les langues des sauvages de l'Amérique.

Il résulte de tout ce qui est dit ci-dessus que le hasard, le caprice, l'ignorance et une foule de circonstances tant locales que personnelles, ont concouru à la formation originelle des langues et qu'elles ont nécessairement différé dans leur structure et leurs formes grammaticales ; le besoin de s'entendre a produit différentes manières d'arriver à ce but.

Cette théorie de l'origine des langues nous a été suggérée par l'étude de celles de l'Amérique, dont la formation et le génie nous paraissent ne pouvoir être expliqués par aucun autre système. Nous aurions désiré le développer davantage, mais le plan de ce mémoire ne nous l'a pas permis : au reste, nous n'affirmons rien. Il fallait bien chercher une cause aux faits que nous allons présenter. Dans une matière aussi peu accessible à l'intelligence humaine, on ne peut former que des conjectures, et dans un champ aussi vaste il est facile de s'égarer.

CHAPITRE III.

Des langues américaines en général.

Voilà encore un sujet sur lequel nous désirerions pouvoir nous étendre; mais il faut nous renfermer autant que possible dans les limites qui nous sont prescrites. Cependant nous ne croyons pas nous en écarter trop en faisant connaître ce que les langues qui nous ont été désignées ont de commun avec toutes les autres de ce continent. Quand nous disons « toutes les autres » nous ne voulons pas être entendu à la rigueur; il est possible qu'il se trouve en Amérique des idiomes qui diffèrent entre eux, par exemple, comme le basque et le chinois, sous le rapport de leurs formes grammaticales[1]; mais si elles existent, elles ne sont pas venues à notre connaissance. Tout ce qui nous est connu de ces langues, depuis le Groenland jusqu'au Chili, est empreint du même caractère, et dans toute l'é-

---

[1] Depuis que ce Mémoire a été écrit, une telle langue a été découverte; c'est celle des Indiens Othomis. Voyez la Préface, p. 70.

tendue de ce vaste pays, nous n'avons pas encore pu découvrir une seule exception au système général que nous allons exposer.

Si l'on considère le langage humain comme faisant partie de l'histoire naturelle de l'homme, les langues des indigènes de l'Amérique, sous le rapport de leur structure et de leurs formes, peuvent être regardées comme un *genre* qui a ses espèces et ses variétés, mais où les traits génériques prédominent : il n'en est pas ainsi quant à leur étymologie. Tandis que, dans l'ancien monde, on voit, depuis les bords du Gange jusqu'à l'Océan Atlantique, une foule d'idiomes différant entre eux par les formes grammaticales et dont les mots cependant ont une telle analogie que les philologues ont réuni ces langues dans une seule et même classe, sous la dénomination de langues indo-germaniques ou indo-européennes, on ne voit rien de semblable sur le continent américain. Le système grammatical se ressemble partout de la manière la plus frappante, mais il ne faut pas chercher des affinités verbales, excepté dans les langues qu'on peut appeler sœurs et qui font partie d'une même famille. Ce n'est pas qu'il n'y ait quelques exceptions : on trouvera peut-être dans la langue des Chactâs, ou dans celle des Sioux, quelques mots qui semblent être d'origine algonquine, mais ils sont en très petit nombre. Les Iroquois et les Algonquins ont vécu long-temps très rapprochés les uns des autres; ils se sont fait de longues guerres, ont adopté réciproquement des prisonniers des deux sexes qui ont vécu parmi eux. Les Hurons, tribu iroquoise, ont été alliés avec les tribus algonquines contre des ennemis communs; cependant, si l'on compare les langues de ces deux familles, on y trouvera à peine deux ou trois mots qui paraissent dérivés de la même source. Pour preuve de ce fait, qui nous paraît digne d'attention, nous joignons sous la marque A un Vocabulaire comparatif de 250 mots dans la langue des Onontagués (tribu iroquoise) et celles des Lénâpés (tribu algonquine). Nous n'y avons trouvé qu'un seul mot (celui qui signifie *pied*) qui semble indiquer quelque analogie verbale entre ces deux familles de langues. A plus forte raison, diffèrent-elles du mexicain, du chilien, du péruvien, et cependant elles sont toutes soumises au même système général de formes grammaticales. Nous ne ferons point de réflexions sur ces faits remarquables : il nous suffit de les avoir indiqués.

CHAPITRE IV.

Caractère général des langues américaines.

Le caractère général des langues américaines consiste en ce qu'elles réunissent un grand nombre d'idées sous la forme d'un seul mot; c'est ce qui leur a fait donner par les philologues américains le nom de *langues polysynthétiques*. Ce nom leur convient à toutes (au moins à celles que nous connaissons), depuis le Groenland jusqu'au Chili, sans qu'il nous ait été possible d'y découvrir une seule exception, de sorte que nous nous croyons en droit de présumer qu'il n'en existe point. A l'aide d'inflexions, comme dans les langues grecque et latine, de particules, affixes et suffixes, comme dans le copte, l'hébreu et les langues dites sémitiques, de la jonction de particules significatives, comme dans le chinois, et enfin de syllabes et souvent de simples lettres intercalées à l'effet de réveiller une idée de l'expression de laquelle cette lettre fait partie, à quoi il faut ajouter l'ellipse, qui fait sous-entendre, les Indiens de l'Amérique sont parvenus à former des langues qui comprennent le plus grand nombre d'idées dans le plus petit nombre de mots possible. Au moyen de ces procédés ils peuvent changer la nature de toutes les parties du discours; du verbe, faire un adverbe ou un nom; de l'adjectif ou du substantif, un verbe; enfin, tous les auteurs qui ont écrit sur ces langues avec connaissance de cause, depuis le nord jusqu'au sud, affirment que, dans ces idiomes sauvages, on peut former des mots à l'infini. Aussi les missionnaires ne se sont-ils pas fait faute d'en inventer avec plus ou moins d'habileté pour servir à leurs explications théologiques.

Toutes ces langues sont plus ou moins régulières dans leurs formes grammaticales. Leurs verbes se conjuguent par des inflexions ou désinences, et une foule d'idées accessoires s'y mêlent au moyen de légers changemens ou de syllabes préfixes ou intercalées. Ils ont des règles pour les nombres et pour les genres, des concordances entre les différentes parties du discours; les adverbes se distinguent par des formes qui leur sont propres. Enfin leurs langues peuvent être soumises à des règles grammaticales. Il y a dans ces idiomes, comme dans les nôtres, des irrégularités; cependant, l'abbé Molina affirme qu'il n'y en a aucune dans la langue chilienne. Cela paraît difficile à croire; cependant cela est possible. Il ajoute qu'elle n'est point divisée en dialectes, et qu'elle est parlée purement dans une vaste étendue de pays. Il n'en est pas ainsi dans la partie septentrionale du continent américain.

Il y a des différences dans les formes grammaticales de ces langues, mais elles sont d'une nature secondaire; le caractère polysynthétique domine dans toutes. La formation des mots varie selon la nature des élémens dont elles sont composées. Telle langue a un grand nombre de particules significatives qu'elle peut réunir facilement; telle autre a des particules serviles dont l'usage est soumis à des règles; telle autre, enfin, prend des syllabes où elle les trouve lorsqu'il s'agit de former de nouveaux mots. Il y a une différence sensible, quant à la formation des mots, entre les langues des peuples chasseurs, pêcheurs ou nomades et celles des Indiens sédentaires qui ont reçu un certain degré de civilisation; celles-ci ont en général plus de méthode, les élémens en sont plus simples et employés avec plus d'art; elles ont un aspect moins rude et moins sauvage. Pour faire sentir cette différence, nous allons donner quelques exemples tirés des langues du Groenland et du Chili. On y verra le même système polysynthétique, varié seulement par l'emploi d'élémens d'une nature différente.

I. *Langue du Groenland.*

Nous tirons les exemples suivans de la description de ce pays par le vénérable Hans Egede, qui y résida vingt-cinq ans en qualité de missionnaire.

1° *Aulisariartorasuarpok* : Il s'est hâté d'aller pêcher. — Ce mot est composé des suivans :

Aulisarpok, il pêche : on a retranché la syllabe *pok*, qui désigne la troisième personne du singulier du présent de l'indicatif, ou plutôt, on l'a transportée à la fin du mot composé.

Peartorpok, il est après à faire quelque chose. On a encore retranché *pok*, et au lieu de *peartor*, on a mis *iartor*.

Pinnesuarpok, il se hâte. On a changé *pinnesuar* en *asuar*, et on a terminé le mot par la syllabe *pok* retranchée des deux premiers.

2° *Agglekiniarit* : Tâchez de mieux écrire. — Ce mot est composé des suivans.

Agglekpok, il écrit. *Pok* est retranché.

Pekipok, il fait mieux ou faire mieux. La langue n'a point d'infinitif. Il n'y a ici que la syllabe *ki* ou *eki* qui indique ou rappelle ce mot.

Pinniarpok, il tâche, il essaie. *Pok* est retranché, *it* substitué pour indiquer le le mode impératif, le *p* de la première syllabe est aussi retranché; *niar* ou *iniar* est tout ce qui est emprunté de ce mot.

II. *Langue du Chili.*

Nous tirons les exemples suivans de l'intéressante description du Chili par l'abbé Molina.

1.° *Iduançlolavin* : Je ne désire pas manger avec lui. — Ce mot est ainsi composé :

I pour *in*, manger ; *n* signe de la première personne du singulier du présent de l'indicatif, rejeté à la fin du mot; le reste est formé de mots significatifs insérés en entier : *duan*, désirer; *clo*, avec *la*, non; *vi*, lui; *n*, forme verbale transposée de la première syllabe, ce qui ferait : *manger désirer avec non lui moi*,

2.° *Pemepravin*: Je suis allé le voir en vain. L'auteur n'analyse pas ce mot; il fait voir cependant combien d'idées cette langue rassemble dans une seule parole.

Il suit naturellement de ce système que ces langues doivent abonder en une espèce de verbes que nous nommerons *circonstanciels*, parce qu'ils joignent à l'action ou situation principale, une foule de circonstances accessoires. Nous allons en donner quelques exemples tirés de langues éloignées l'une de l'autre, dont l'une est de la partie méridionale, l'autre de la partie septentrionale du continent américain.

1° *Langue du Chili.* — Extrait de Molina.

Elun, donner.
Eluelen, être dans l'action de donner, être donnant.
Eluguen, donner plus, davantage.
Eluduamen, désirer donner.
Eluyecumen, venir donnant.
Elullen, donner réellement, de bonne foi.
Elumen, aller pour donner, aller donner.
Eluyaun, aller donnant.
Elumon, avoir occasion de donner.
Elupan, venir pour donner, venir donner.
Elupen, douter si l'on donnera.
Elupran, donner sans raison, sans sujet.
Elupun, passer en donnant.

Elurquen, paraître donner.
Eluremun, donner sans qu'on s'y attende.
Elulun, venir pour donner.
Eluvalen, pouvoir donner, avoir le moyen de donner.
Elumepran, aller pour donner en vain.
L'auteur ajoute *et cœtera*.

2° *Langue des Cherokées.*

Manuscrit du missionnaire Buthrick, cité par Jarvis[1] et Pickering[2].

Cutuwo, je me lave, je me baigne.
Culestula, je me lave la tête.
Tsestula, je lave la tête d'un autre.
Cucusquo, je me lave le visage.
Tsecusquo, je lave le visage d'un autre.
Tacasula, je me lave les mains.
Tatseyasula, je lave les mains d'un autre.
Tacasula, je me lave les pieds.
Tatseyasula, je lave les pieds d'un autre.
Tacungkela, je lave mes hardes.
Tatseyungkela, je lave les hardes d'un autre.

---

[1] *A Discourse on the Religion of the Indian tribes of north America*, by Samuel F. Jarvis. New-York, 1820.

[2] *Observations on the language of the Muhhekaneew Indians*, by Jonathan Edwards. D. D. a new edition with notes, by John Pickring. Boston, 1823.

Tacutega, je lave des plats.
Tseyuwu, je lave un enfant.
Cowela, je lave de la viande.

Les noms se modifient par un procédé analogue. Mais nous en avons dit assez pour faire connaître le caractère général de ces langues; il est temps que nous venions à celles qui font l'objet principal de ce mémoire.

CHAPITRE V.

Des langues algonquines.

De cette nombreuse famille de langues, la plus étendue de celles qui existent dans la partie septentrionale du continent américain, nous n'avons connaissance que d'environ trente dialectes, dont plusieurs sont déja éteints, et d'autres ne tarderont pas à l'être. Nous savons, cependant, qu'il y en a un bien plus grand nombre actuellement vivans; mais nous ne connaissons aucun ouvrage, soit manuscrit, soit imprimé, qui puisse nous donner une idée de leur structure ou de leurs formes : tout ce que nous savons par ceux qui ont visité les peuples qui les parlent, c'est que ces langues appartiennent à la famille algonquine. L'outawa était de ce nombre, et ce n'est que récemment que, dans un entretien d'une demi-journée avec M. l'abbé Hamelin, dont il est parlé dans l'introduction au Vocabulaire sous la marque B, nous avons obtenu de cet intelligent Indien un court vocabulaire de sa langue, et quelques notions sur ses formes grammaticales.

Il existe peu d'ouvrages qui aient rapport à la grammaire des trente dialectes, ou environ, dont nous venons de parler. Ceux sur lesquels nous avons des notions plus ou moins précises, sont : l'algonquin propre ou chippéway, le lénâpé, l'abénaqui, le mahican, le massachusetts et le narragansett, qui diffère très peu de ce dernier. Quant au reste, nous n'avons rien autre chose que des vocabulaires plus ou moins étendus et plus ou moins dignes de foi, et ce que nous avons pu apprendre par des conversations ou des correspondances, soit avec les Indiens, soit avec des personnes qui ont vécu parmi eux. Il faut dire, cependant, que ces communications facilitent plus l'étude des langues sauvages que la seule lecture des livres qui ne disent que ce qu'ils veulent, et ne peuvent répondre à aucunes questions que celles que leurs auteurs ont prévues. On voit ces langues, pour ainsi dire en action, et on a par là le moyen de s'en former une idée plus juste et plus précise. Malgré tous ces avant tages, nous sommes bien éloigné de croire qu'il soit en notre pouvoir de donner à l'honorable commission toute la satisfaction qu'elle est en droit d'exiger. Nous sentons l'insuffisance de nos lumières, et encore plus la faiblesse de notre talent. Nous allons cependant essayer de remplir la tâche qui nous est imposée.

Pour procéder avec quelque méthode, nous traiterons en premier lieu de la phonologie des langues algonquines, c'est-à-dire des sons vocaux dont elles sont composées. Nous passerons de là aux mots, que nous considérerons d'abord sous le point de vue étymologique, et ensuite sous celui de leur formation. Enfin, nous terminerons par la grammaire, en suivant l'ordre des parties du discours, qui nous paraît le plus propre à remplir l'objet que nous nous sommes proposé.

CHAPITRE VI.

Phonologie des langues algonquines.

Il ne faut pas croire qu'il ait été facile à l'homme, au temps de la formation des langues, d'articuler les sons vocaux. Pour se convaincre de cette difficulté, il suffit de jeter un coup d'œil sur les langues qui nous sont le plus familières :

rien n'est plus aisé à un Français que de prononcer les sons *u*, *eu*, *ll* mouillé, encore y en a-t-il beaucoup qui ne peuvent pas articuler ce dernier son, et qui y substituent l'*y* grec ou l'*i* consonne des Allemands; mais les étrangers dont l'oreille et les organes vocaux n'y sont pas habitués, trouvent beaucoup de difficulté à proférer ces sons, et souvent n'en peuvent pas venir à bout. Il en est de même pour les Français avec plusieurs sons des autres langues; ce n'est que dans l'enfance qu'on peut en acquérir l'exacte prononciation. A l'époque de la formation des langues, toutes les articulations vocales, quelques voyelles peut-être exceptées, ont été étrangères à l'homme. Il a fallu s'essayer plusieurs fois avant d'en articuler quelques-unes, et on n'a produit d'abord que des sons imparfaits. Il n'est pas besoin de recourir aux langues sauvages pour la preuve de ce fait. Les nôtres nous en offrent des exemples suffisans. D'où vient-il que les Espagnols et les Gascons confondent le B avec le V, que les Allemands distinguent à peine entre le K et le G dur, le D et le T, le B et le P, et que, dans leur orthographe, souvent ils se servent indifféremment de l'une ou de l'autre de ces consonnes? C'est que dans les commencemens de leurs langues, en tâtonnant, ils se sont arrêtés à un son mal assuré, une espèce de son mitoyen entre ceux qu'ainsi ils confondent, et cette manière d'articuler a pris de la force par l'habitude, et est devenue nationale.

Il en est de même parmi les nations sauvages. Nous eûmes, il y a quelques années, une longue discussion avec un Iroquois intelligent et instruit, à l'effet de déterminer si un certain son de sa langue était celui du K ou du G dur; si on devait prononcer *Ganadayé* (village) ou *Kanadayé*. La discussion fut longue, et nous décidâmes à la fin en faveur du *K*. Dans les livres imprimés, les missionnaires se servent indifféremment de ces deux lettres. Zeisberger avoue ingénûment dans son abécédaire lénâpé[1], que son imprimeur n'ayant pas assez de K, il a été obligé d'y substituer la lettre G. Zeisberger était Allemand.

C'est sans doute cette difficulté d'articulation qui, dans l'origine de la langue algonquine, a fait que quelques-uns de ses dialectes ont le même mot prononcé par L, d'autres par R, et quelques-uns par N. Dans un de ceux de la langue de massachusetts, un chien se dit *alum*, dans un autre *arum*, et dans un troisième *anum*[2]. C'est que dans le principe, lorsque la

---

[1] Edition de 1776.

[2] Pickering, notes sur Eliot.

langue s'est formée, chacun aura prononcé la consonne comme il aura pu, selon le degré de force ou de faiblesse de ses organes, et les tribus, en se séparant, auront conservé chacune la prononciation qu'elle avait reçue de ses pères.

C'est de là aussi que proviennent les sons inconnus aux oreilles européennes, et qui, s'ils étaient connus, embarrasseraient beaucoup les faiseurs d'alphabets universels. Nous ne parlerons ici ni de l'Asie, ni de l'Afrique; l'Amérique nous en présente un assez grand nombre qu'il est impossible de faire connaître autrement que par le sens de l'ouïe, et que la plume chercherait en vain à décrire. Tel est, par exemple, celui des langues quichua et othomi, que les grammairiens hispano-américains appellent ce *castañuelas*. C'est la lettre K doublement articulée du fond du gosier, et dont le son ressemble, autant qu'il est possible de le décrire, au bruit que fait un singe qui casse des noix. C'est encore l'*ou* consonne des Lénâpés comme dans notre mot *oui*, mais suivi immédiatement d'une autre consonne et prononcé sans repos intermédiaire, ce qui l'a fait appeler l'*ou* ou le *w* sifflé, parce qu'en effet il faut siffler pour le prononcer. Le même son existe dans l'abénaki, mais au lieu d'être labial, comme dans le lénâpé, il est guttural, et se prononce du fond de la gorge. Il existe une multitude d'autres sons étranges dans les langues sauvages de l'Amérique ; mais nous ne nous arrêterons pas à les décrire, parce que ce n'est pas notre objet. Nous dirons seulement que nous avons entendu la plupart de ces sons prononcés par des Indiens avec la plus grande facilité et sans le moindre effort, et qu'ils ne nous ont pas paru plus barbares que le *L* barré des Polonais, le *yervi* (bI) des Russes, l'*ão* et l'*ões* des Portugais, et le *y* (nghain) des hébraïstes-allemands. Tous ces sons sont faciles et naturels à ceux qui y sont habitués, et leur prononciation s'adoucit par l'usage.

Quoique les langues algonquines soient toutes de la même famille, il ne s'ensuit pas qu'elles doivent avoir le même système phonologique, cependant elles ne diffèrent pas plus entre elles que les langues d'Europe dérivées de la même source. Il y a, par exemple, une grande différence dans la phonologie des quatre filles de la langue latine : le français, l'italien, l'espagnol et le portugais. Les dialectes, ou patois de la langue française, donnent lieu à la même observation. Le poitevin, par exemple, a le son italien du *c* devant les voyelles *e* et *i*. Pour dire *ce garçon*, les Vendéens disent *tchó gárs*[1]. Les sons

---

[1] On donne en Poitou cette phrase à prononcer aux étran-

des langues algonquines ne diffèrent pas plus entre eux et peut-être moins.

Les alphabets de ces langues ne sont pas en général très nombreux; cependant ils le sont beaucoup plus que ceux des Iroquois, dont quatorze lettres peuvent représenter tous les sons[1]. Il en faut davantage pour les langues algonquines.

Les Algonquins n'ont pas de sons extraordinaires que nous connaissions, excepté l'*ou* consonne sifflé ou prononcé de la gorge, dont nous avons parlé; encore ce son n'existe-t-il pas dans tous les idiomes; on ne le trouve point dans l'algonquin ni le chippéway. Il n'est pas non plus dans la langue des Outawas, ils y substituent l'*ou* voyelle. Ainsi, tandis qu'un Lénâpé prononcera

gers : *Tch' est ó tchu tchi a mis tchó t'u tchúre itchi?* Quel est celui qui a mis cet œuf cuire ici? C'est le *schibboleth*, ou plutôt le *ciceri* du pays. Il a dû faire bien du mal dans les guerres de la Vendée. Les Saintongeais au lieu d'*u* prononcent *eu*.

[1] Les langues iroquoises peuvent s'écrire avec les lettres suivantes : cinq voyelles, a, e, i, o, ou, trois voyelles nazales, a, e, o, prononcées *an, ein, on;* enfin six consonnes, *k, h* (guttural), *n, r, s, t. I* et *ou* sont en même temps voyelles et consonnes, et on peut les distinguer en écrivant, *i, j,* et *u, w.* Cet alphabet a été formé avec un Iroquois intelligent de la tribu des *Mohawks,* appelés par les Français *Agniés.* Cet Iroquois, de race mêlée, est ministre de la religion anglicane, et sait plusieurs langues.

w'danis, sa fille (en sifflant le *w*), l'Outaouais dira *ou danis*. Il en est de même dans toutes les langues purement algonquines.

Les Algonquins n'ont point les consonnes labio-dentales *f* et *v*. Ces sons se trouvent rarement dans les langues américaines; le *v* presque jamais. Ce son *f* existe dans quelques langues floridiennes, telles que le cherokée, le chicasâs et le chactàs; mais nous ne le connaissons dans aucune langue au nord du pays que ces tribus habitent. Dans la langue des Othomis (tribu mexicaine), le son du *f* est purement labial, les dents n'y ont aucune part. On peut appeler cela un *f* soufflé. Les grammairiens espagnols l'appellent consonne double et l'écrivent *ph*[1]. Peut-être était-ce le son du Φ dans l'ancienne Grèce, lorsque le Π était aspiré.

Les Algonquins purs ou Chippéways ont la consonne *z* telle que nous la prononçons; les Lénâpés ne l'ont point : ils ont le *z* des Allemands et des Italiens prononcé *ts*. Quelques-unes ont le *ch* français, et plusieurs ont aussi notre *j*, que les Anglais écrivent *zh*. Les Chippéways n'ont point le *ch* (kh) guttural allemand; les Lénâpés,

---

[1] Voyez *Catecismo y declaracion de la doctrina cristiana en lengua Otomi, con un vocabulario del mismo idioma*, por el R. P. Fr. Joaquin Lopez Yepes. Mexico, 1826.

au contraire, l'ont. Nous ne trouvons dans aucune de ces langues les voyelles *u* et *eu* de la langue française; elles ont presque toutes les voyelles nasales *an* et *on*. Les Abénaquis particulièrement et les tribus du nord en général les font beaucoup sentir. Le père Rasles les écrit par *an* avec deux points sur la dernière lettre. Les Anglais, et surtout les Allemands, le font rarement remarquer; ils écrivent *an*, *on*, les Anglais quelquefois *ang*, *ong*. Nous avons connu un Abénaqui qui s'appelait *Nia-man-man-rigounant*; il prononçait son nom comme un Français l'aurait fait, seulement avec plus de force et faisant sentir le dernier *n*.

Les Indiens de la famille algonquine articulent distinctement; ils prononcent les voyelles très ouvertes et leurs syllabes sont accentuées. Ils ont l'accent *appuyé* et l'accent *frappé*; le premier se place sur les voyelles longues, comme dans l'italien *quando*, *quello*; mais ils ne doublent point les consonnes, ce que les Italiens appellent *battere*. L'accent frappé se place sur les voyelles brèves, comme dans les mots anglais *èver*, *nèver*, et dans l'italien *dirò*, *farò*. Ce qu'il y a de plus remarquable dans leur accentuation et qui leur est commun avec tous les Indiens de l'Amérique du nord, c'est la manière dont ils prononcent la dernière syllabe des phrases, surtout dans leurs discours oratoires. Ils jettent cette syllabe en avant avec force, d'une manière qu'on ne peut comparer à rien qu'aux commandemens de l'exercice militaire; celui qui a entendu un major de régiment dire : *portez armes*, peut se former une idée assez claire de cette manière d'articuler la dernière syllabe d'une phrase ou d'un discours; il y a une sorte de préparation sur les syllabes précédentes.

Nous avons observé qu'en général la prononciation des Indiens du nord est plus forte et plus dure que celle des tribus méridionales; cependant le huron nous a paru très doux; mais l'abénaki et les langues de l'ancienne Acadie ont quelque chose de plus sauvage que les autres que nous avons entendues. Les langues des habitans des montagnes paraissent aussi plus rudes que celles des habitans des plaines.

―

CHAPITRE VII.

Etymologie.

Nous appelons *étymologie* la connaissance des mots d'une langue ou d'une famille de langues, sous le rapport de leurs origines et de leurs affinités. Cette matière ne peut pas être traitée pour les langues américaines de la même manière que pour celles d'Europe. Il ne peut pas s'agir ici de langues-mères ni de langues-filles, car sur plus de soixante idiomes ou dialectes qui composent ou ont, il n'y a pas encore long-temps, composé ce que nous appelons la famille algonquine, comment peut-on connaître celles qui ont précédé les autres? Comment peut-on distinguer les langues anciennes d'avec les langues modernes? Nous ne pouvons voir ici que des langues-sœurs et jamais nous ne découvrirons non seulement la souche commune d'où ces langues sont issues, mais pas même la filiation immédiate d'une seule d'entre-elles. Le délaware et le minsi, par exemple, sont deux dialectes de la langue de la tribu lénâpé; le troisième, celui des Unalachtigos, nous est entièrement inconnu ; nous n'en possédons pas même le plus petit mot ; quelle raison avons-nous donc d'accorder la priorité à l'un plutôt qu'à l'autre? serait-ce parce que Zeisberger et Heckewelder ont écrit sur le premier que nous lui donnerions la préférence? Mais si Vater ou Abel Rémusat, ou quelque autre génie de cette trempe, nous eût donné une grammaire du second ou du troisième, par la même raison nous devrions mettre celui-là au-dessus des deux autres, et seulement parce que nous le connaîtrions mieux ; mais ce n'est pas ainsi qu'il faut raisonner.

Nous ne pouvons pas dire que telle langue

américaine est dérivée de telle autre. Tout ce que nous pouvons faire est de les diviser en familles étymologiques, et nous ne manquerons pas de moyens pour cela.

La différence frappante qui existe entre les mots des diverses familles de langues américaines, et le peu qu'elles empruntent les unes des autres, en quoi elles diffèrent essentiellement de celles de l'Europe et de l'Asie occidentale, est le plus certain de ces moyens. La famille iroquoise, par exemple, ne peut jamais être confondue avec la famille algonquine. A peine trouve-t-on dans l'une et dans l'autre deux ou trois mots qu'on puisse extraire de la même racine. Leur physionomie d'ailleurs est si dissemblable que l'œil un peu exercé ne peut s'y tromper; tandis qu'il n'en est pas tout-à-fait de même dans les dialectes qui proviennent de la même souche, quoique cette souche soit inconnue. Le vocabulaire comparatif de ces deux familles de langues que nous joignons à ce mémoire mettra ces faits en pleine évidence.

Il y a d'autres signes distinctifs au moyen desquels on peut facilement reconnaître les langues de la famille algonquine. Une foule de mots analogues existent dans presque toutes; ceux qu'on ne rencontre pas dans l'une se trouvent dans l'autre, sinon sous leurs formes simples au moins sous des formes composées. A la vérité, quelques-unes de ces langues ont des mots qu'on ne peut pas rapporter à d'autres; ces mots anomaux se remarquent principalement au nord dans les langues acadiennes, et au sud dans celles que l'on appelle *pampticoughs* et *powhatan*, idiomes peu connus et qui forment les extrêmes limites, où ces langues probablement commencent à dégénérer; cela ne doit pas nous paraître extraordinaire, quelques-unes sont entièrement éteintes.

D'autres signes encore servent à distinguer cette famille de langues. Les pronoms personnels et possessifs sont les mêmes sous leurs formes d'affixes et de suffixes.—*N* ou *ni* représente la première et *k* ou *ki* la seconde personne; *ou*, *o*, *w* représentent la troisième, dans les noms comme préfixes, dans les verbes le plus souvent placés à la fin du mot sous des formes aisément reconnaissables. *Ak*, *og* sont presque partout les signes du pluriel. En voilà assez pour les distinguer de celles des nations voisines.

En examinant attentivement le Vocabulaire sous la marque B, on pourra se former une idée assez juste de la manière dont les mots passent d'un idiome dans l'autre, et on se convaincra de l'affinité qui existe sous le rapport étymologique, entre les trente langues, ou environ, dont nous avons donné des exemples. On verra le même mot passer, *per saltum*, du nord au sud et de l'est à l'ouest, tandis que la même chose sera exprimée par différens mots dans les langues voisines. Sans doute, il y a des subdivisions à faire dans cette famille, mais cette classification n'est pas exigée de nous et ne fait pas partie de l'objet de ce mémoire.

Les langues algonquines, non plus que celles des Hurons et des Iroquois, ne paraissent pas avoir subi de grands changemens depuis deux cents ans qu'elles nous sont connues. Le vocabulaire de La Hontan peut encore servir aujourd'hui, à peu de chose près, pour la langue des Algonquins propres, des Chippéways et des Outawas. Il y a quelques années que nous trouvant avec des sauvages Wyandots (qui sont le même peuple que les Hurons), nous les étonnâmes beaucoup en parlant leur langue au moyen du dictionnaire du père Sagard [1], que Charlevoix a beaucoup trop déprécié [2]. Ils entendirent parfai-

---

[1] *Dictionnaire de la langue huronne*, par Fr. Gabriel Sagard, récollet de Saint-François, de la paroisse de Saint-Denis. Paris, 1632, in-12. Cet ouvrage est communément relié avec « *le Grand voyage au pays des Hurons*, » par le même auteur.

[2] Les Jésuites et les Franciscains étaient jaloux les uns des autres en Canada, comme ils le furent à la Chine.

tement ce que nous leur lûmes, et leur interprète nous en donna l'explication, en anglais, entièrement conforme à celle du livre que nous tenions à la main. Cet auteur, dans sa préface, compare la langue huronne à celle des Epicérys (tribu aujourd'hui éteinte) et des Canadiens ou Montagnets afin de faire voir combien elles diffèrent les unes des autres. « Les Hurons, dit-il, appellent un chien *gagnenon*; les Epicérinys *arionce*; les Canadiens ou Montagnets *alimoy*. Pour dire ma mère en huron, on dit *andouen* et en canadien *necaoui*[1]; il est aisé de reconnaître dans *arionce* et *alimoy*, *alum*, *arum*, *anum*, dont nous avons parlé dans le chapitre précédent, et dans *nicaoui* le *nigaous* des Abénaquis, et le *n'gahowés* des Lénâpés (voyez le Vocabulaire au mot *mère*), un peu variés par la différence des dialectes et peut-être aussi par les formes grammaticales, sinon par l'oreille et l'orthographe de l'écrivain. Ce qu'il y a de remarquable c'est que, dans ce long espace de deux siècles, l'iroquois et le huron d'un côté, et les langues algonquines de l'autre ne se sont nullement rapprochés par l'adoption des mots de leurs langues respec-

[1] C'est que les Hurons étaient de la famille iroquoise, et les Epicérys ou Epicérinys, ainsi que les Canadiens ou Montagnets, de la famille algonquine, ce dont le bon père ne se doutait pas.

tives, quoiqu'ils habitassent le même pays et malgré leurs fréquentes communications mutuelles, tant en paix qu'en guerre. C'est un phénomène qui nous paraît bien digne d'attention.

Cependant certaines tribus ont adopté plusieurs mots des langues européennes. Les Micmacs[1] se saluent en disant *boujourti* (bonjour à toi); ils appellent un chapeau *monchapoug*, n'oubliant point d'adjoindre le pronom préfixe. Ils ont aussi emprunté des mots anglais; ils disent *blakit* pour *blanket* (une couverture) et *djackit* pour *jacket* (un gilet).

Les Abénaquis[2] ont aussi introduit dans leur langue beaucoup de mots français et anglais. Les premiers ont principalement trait à la religion; ils disent, *angéri*, ange, *nécommunicoussi*, je communie, *confesséouiarmé*, se confesser, *sancté* (de sanctus) jour de fête, etc. Ils ont aussi des mots français d'une autre espèce : ils appellent une monnaie de cuivre *soumarkinak*, une bouteille *potanié*, etc. Leurs mots anglais ont en général rapport à l'agriculture et au commerce, comme *manni*, de l'argent (money), *kaous*, bœuf ou vache (cow), *ahassou*, cheval (horse), *coucou*, chaudière (cook); *pikess*,

---

[1] *Massachusetts Hist. coll.* vol. 6.
[2] Rasles, *Dictionnaire abénaqui*.

cochon (pigs); *cabits*, choux (cabbage); etc. Enfin, dit le père Rasles, ils appellent du blé français *igriskarnar* (english corn).

Nous ne nous arrêterons pas plus long-temps sur ce sujet, que nous avons traité en détail dans les observations qu'on trouvera parsemées dans notre vocabulaire comparatif et raisonné; il contient ce que nous pourrions dire de plus sur la partie étymologique de ces idiomes. Nous ne parlerons pas non plus ici de la manière dont les mots en général se forment dans les langues algonquines, parce que nous croyons que cela appartient à la partie idéologique ou grammaticale de ce mémoire qui va suivre.

CHAPITRE VIII.

Idéologie.

Nous voici arrivé à la partie la plus importante de ce mémoire, celle qui est proprement et purement grammaticale. Nous croyons avoir, par les observations précédentes et les deux vocabulaires qui y sont joints, atteint, autant qu'il est en nous, le but proposé par la commission; quant à la partie lexicographique, la tâche qui nous reste à remplir est infiniment plus ardue. Nous allons cependant faire notre possible pour y parvenir, non sans solliciter beaucoup d'indulgence.

La marche que nous nous proposons de suivre est de traiter successivement et séparément de chacune des parties qui, de temps immémorial, ont été considérées par les grammairiens comme composant ce qu'on appelle *le discours*, ou, pour parler avec plus de précision, *le langage*. Cette division en huit ou neuf parties est une admirable analyse de la pensée humaine et nous paraît encore plus applicable aux idées qui se présentent à notre esprit qu'aux langues qui s'efforcent de les exprimer. Car il y a telle partie du discours, l'article, par exemple, dont certaines langues sont entièrement dépourvues ; toutefois on le trouve en analysant la pensée, et lorsque la langue ne l'exprime pas, l'esprit le sous-entend. De même, il existe des langues où ces parties sont confondues dans les mots, comme ils le sont dans les idées avant que l'analyse les ait développées; c'est ce qu'on pourra observer d'une manière bien frappante dans les langues dont nous traitons; mais il est impossible de parvenir à analyser les formes de ces langues autrement qu'en analysant les idées qu'elles rappellent et qu'elles rendent présentes à l'esprit. Lorsque, dans une langue indienne, nous voyons un groupe d'idées rassemblées et, pour ainsi dire, agglomérées sous la forme d'un seul mot, ce n'est qu'au moyen des élémens que ce mot renferme que nous pouvons connaître sa signification. Nous appliquerons donc aux idées la division de ces élémens que les grammairiens ont appliquée aux mots, et de là nous passerons aux formes dont ils sont revêtus, soit séparément par une méthode analytique, soit par une confusion apparente, au moyen de ces formes polysynthétiques qui dominent plus ou moins dans toutes les langues de l'Amérique.

Mais avant de procéder ainsi analytiquement, nous croyons devoir jeter un coup d'œil rapide qui embrasse dans leur ensemble les langues dont nous avons à parler.

CHAPITRE IX.

Coup d'œil général sur les langues algonquines.

Pour se former une juste idée de la manière dont ces langues sont composées, il faut se transporter en esprit à l'époque de leur formation. Nous ne sommes pas ici à la recherche de faits pour soutenir un système établi *a priori;* nous cherchons, au contraire, une théorie qui puisse nous conduire à l'origine de ceux que nous avons sous nos yeux. C'est de faits actuellement existans, que nous tirons des conséquences sans lesquelles il nous semble impossible de rendre compte de la cause de leur existence. Sans doute, nous pouvons nous tromper; nous ne prétendons pas plus à la connaissance du passé qu'à celle de l'avenir; mais nous croyons au pouvoir du raisonnement et d'une saine logique, pour nous rendre compte de choses que nous n'avons pas vues nous-même; ce pouvoir, à la vérité, est très borné, mais enfin, on peut approcher plus ou moins de ses limites : au reste, que notre théorie soit vraie ou fausse, notre objet n'étant que de faire connaître, par son moyen, ce qui existe, elle aura toujours rempli notre intention.

Nous supposons donc nos Algonquins au milieu de leurs forêts, tels que le *mutum et turpe pecus* dont parle Horace, ne possédant pas encore l'usage de la parole. Ils sont doués, comme aujourd'hui, de sens physiques exquis; ils ont la vue perçante, l'oreille fine et la mémoire tenace; et ils ont toutes ces choses par une raison bien simple, parce qu'elles sont nécessaires à leur conservation. Les voilà maintenant qui cherchent à se faire entendre et à se communiquer leurs besoins. Ils ont épuisé la langue des signes, et elle ne leur sert à rien dans l'obscurité. Que vont-ils faire pour parler? leurs organes ne sont pas encore habitués à articuler des sons, mais ils essaient. Chacun fait un mot à sa manière, qu'il accompagne de signes, et qu'on entend en partie par intuition. On a dit que toutes les langues ont dû être, dans leur origine, monosyllabiques; nous ne voyons aucune raison pour qu'il en ait été ainsi; les premiers mots, peut-être, probablement même, ont été de simples articulations. Quelques nations, comme les Chinois, s'en seront tenus là et auront composé leurs mots et leurs phrases en unissant des monosyllabes; mais il n'y a aucune raison de croire que tous les peuples aient suivi cette marche, et la diversité des langues nous prouve évidemment le contraire, surtout si nous considérons la tendance manifeste qu'elles ont toutes à conserver leur structure et leur organisation primitives. Mais revenons à nos Algonquins.

Dans les commencemens ils auront eu beaucoup de synonymes, parce que chacun se sera exprimé à sa manière. Tous ces mots auront été reçus dans la langue; toutefois ils auront acquis, peu à peu, des significations moins vagues, et chacun aura trouvé sa place; si trois ou quatre mots signifiaient à la fois *manger*, *faim*, *viande*, *fruit*, on les aura appliqués, par un accord tacite, chacun à une partie de l'idée générale qui était : « J'ai faim, donnez-moi de la viande ou du fruit à manger. » La jonction de ces mots en plus ou moins de syllabes, aura formé de nouvelles combinaisons, au moyen desquelles de nouvelles nuances ou de nouveaux groupes d'idées auront été exprimés ou rappelés à l'esprit. Tout cela aura été l'ouvrage non d'un seul homme, mais de tous à la fois, chacun y aura contribué de sa part.

Les Indiens, surtout ceux qui sont chasseurs et nomades, n'ont pas une tête bien analytique. Ils se sont bientôt embrouillés dans la formation de leurs mots : recevant leurs idées en groupes, ainsi que la nature nous les présente, ils ont voulu les exprimer à la fois avec toutes leurs parties, telles qu'ils les apercevaient. Ont-ils voulu, par exemple, donner un nom à un certain arbre, ils n'ont pas pensé à le désigner simplement par le fruit, ou par quelque autre apparence unique; mais ils on dit : *l'arbre portant tel fruit et dont les feuilles ressemblent à telle, chose*[1], et ils ont cherché à exprimer tout cela par un seul mot. Mais comment faire? S'ils joignaient tous ces mots ensemble, ils en auraient un nouveau d'une longueur énorme; et puis, leur nouvelle langue, abondant en consonnes, n'était pas heureusement formée pour une pa-

[1] Ne nous semble-t-il pas ici entendre les botanistes, expliquant en latin leurs nomenclatures? que n'essaient-ils de longs mots à l'algonquine?

reille jonction. Alors, ils ont pris quelque chose de chaque mot, et par la réunion et l'intercalation des syllabes, et même de sons simples tirés de la phrase qu'ils avaient choisie, ou plutôt des mots incohérens qui la présentaient à leur esprit, ils ont formé un nom propre composé de ces différentes parties d'idées; et pour celles qu'ils n'ont pu y faire entrer, l'ellipse est venue à leur secours. Ils ont voulu trop exprimer à la fois, et avec le moindre nombre de mots possible; ils ont souvent manqué leur but : ils ont fait des mots plus longs qu'une phrase n'aurait été; ils en ont de dix syllabes et même au-delà, et les monosyllabes sont très rares dans ces langues. L'abécédaire lénâpé de Zeisberger offre, sur 3585 mots, 74 monosyllabes, 419 dissyllabes, 954 mots de trois, 974 de quatre, 766 de cinq, 241 de six, 111 de sept, 31 de huit, 11 de neuf et 3 de dix syllabes. Il ne paraît pas que cette langue en ait de plus longs; au reste, on voit que les mots qui excèdent cinq syllabes ne sont pas, comparativement, très nombreux. L'abécédaire dont nous parlons est bien loin de contenir tous les mots de la langue.

D'illustres savans ont pensé, comme nous l'avons déja observé, que toutes les langues avaient été monosyllabiques dans leur origine; celles des Indiens ne paraissent pas confirmer cette hypothèse. Ce qui nous paraît le plus probable, est que les langues, comme le monde, ont commencé par le chaos, et ont acquis de la régularité plus tôt ou plus tard, sous une forme ou une autre, selon le génie des peuples, leurs situations ou leurs besoins. Celles des Indiens de l'Amérique du nord ont retenu beaucoup de ce genre chaotique[1] qui a dû présider à leur formation. Les parties du discours y sont entremêlées d'une manière qui fait croire qu'elles n'ont pas toujours été soumises aux règles qui les gouvernent actuellement et qui, introduites peu à peu, n'ont pu que modifier, sans le détruire, le système de formation des mots qui paraît avoir prévalu dès le commencement.

Ce système polysynthétique est ce qui caractérise les langues algonquines, ainsi que toutes celles de l'Amérique, et influe nécessairement sur leurs formes grammaticales, qui ne diffèrent

---

[1] La plus forte preuve qu'on puisse donner du mélange d'idées qui a existé au temps de la formation de ces langues, est le nombre de mots qu'elles ont pour exprimer la même chose, selon les circonstances qui l'accompagnent. Il y a un verbe pour dire « j'ai envie de manger de la viande, » et un autre pour « j'ai envie de manger de la soupe ou de la bouillie; » un mot, pour une plaie faite avec un instrument tranchant; un autre, pour une plaie faite avec un instrument contondant; ces langues généralisent rarement. Voyez ci-dessus, chap. III.

que dans les détails. Nous avons, dans le quatrième chapitre de ce mémoire, donné des exemples de ce système tirés des deux langues de ce continent les plus éloignées l'une de l'autre; nous allons maintenant, par d'autres exemples, faire voir comment il opère dans celles dont nous parlons.

Qu'on ne dise pas que ce système est celui de toutes les langues barbares; les Chinois ont été barbares autrefois, et cependant ils en ont suivi un tout opposé. La civilisation n'a pas pu changer l'organisation primitive de leur langue; elle a dû être, dans son origine, ce qu'elle était il y a quatre mille ans, et ce qu'elle est encore aujourd'hui.

CHAPITRE X.

Formation des mots des langues algonquines.

Nous ne parlerons pas ici des pronoms inséparables, ni des formes au moyen desquelles le pronom possessif se joint au nom substantif; et la personne ou la chose régie par le verbe, et celle qui régit, se trouvent réunies dans le même mot. Ces formes existent dans les langues savantes de l'Asie et dans beaucoup d'autres, et elle se rencontrent quelquefois même dans la langue française. Lorsque pour *mon amie*, nous disons *m'amie*, ou plutôt *mamie* (car l'apostrophe n'est que pour les yeux); nous employons une forme algonquine. Elle est, cependant, si opposée au génie de la langue que la plupart écrivent *ma mie*. On dit à un enfant : *Votre mie vous appelle.*

Nous allons plus loin encore; nous joignons aussi le pronom au verbe; lorsque nous disons : *On t'appelle, tu m'étourdis;* nous faisons de l'algonquin sans le savoir. Otez les apostrophes qui ne disent rien à l'oreille, et vous avez l'accusatif pronominal préfixe, et le nominatif par forme d'inflexion. Le *tu* qui précède n'est qu'une répétition; car, changez le mode et mettez le verbe à l'impératif, en disant : *Ne m'étourdis pas;* le pronom *tu* se trouve exprimé par la désinence du mot *étourdis* à la seconde personne du singulier [1]; de sorte que voilà la forme algonquine tout entière : c'est ainsi que ce qui paraît étrange dans les langues des autres peuples, se trouve quelquefois dans la nôtre,

[1] C'est encore plus frappant au pluriel; par exemple dans vous *l'aimez; ez* est la forme de la seconde personne au nominatif (*vous*), qui est répété par tautologie au commencement de la phrase; *l* est l'abbréviation de *le* ou *lui*. Faisons-en un mot algonquin, en supposant le français une langue sauvage, non écrite, nous aurons *lémé*, pour *vous l'aimez*. Dans l'ancien français on supprimait le pronom *vous*.

et plus souvent, peut-être, qu'on se l'imagine.

Ces formes pronominales dans les noms et les verbes ne sont qu'une faible partie, une suite naturelle de l'organisation de nos langues indiennes. Ce système polysynthétique domine non seulement dans les noms, les pronoms et les verbes, mais aussi dans toutes les parties du langage, à l'exception des interjections, encore celles-ci sont-elles quelquefois exprimées par des formes, comme le vocatif de la langue latine, où la désinence du nom fait sous-entendre l'interjection *ó*. Nous allons donner des exemples de cette manière de former les mots, qui est, en général, la même que nous avons exposée dans notre quatrième chapitre, surtout dans les exemples que nous avons donnés de la langue du Groenland. Ceux qui vont suivre seront tirés de différens idiomes de la famille algonquine, et nous commencerons par le lénâpé, parce qu'il nous est le plus familier.

1° *Langue lénâpé.*

Chingoteney, grand village.—Formé de *chingué*, grand, et *oteney*, village.
Chingiwilenno, grand homme.—De *chingué*, grand, et *lenno*, homme; *wi*, particule euphonique.
Lachsuwilenno, le héros, l'homme terrible, ce-

lui qui fait peur (à l'ennemi).— De *lachsu*, effrayant, effroyable; *lenno*, homme; *w*, pronom inséparable, *il* ou *lui*; *i*, euphonique.

Pilápé, jeune homme non marié. —De *pilsit*, chaste, et *lénápé*, homme; retranchant la dernière syllabe du premier mot et la première du second. De ce mot on a fait *pilawetschitsch*, un jeune garçon, un adolescent, et *pilawetit*, un petit garçon.

Quitagischgook, espèce de serpent qui vit sous terre, et ne sort que la nuit.— De *quitamen*, craindre; *gischgu*, le jour, la lumière, et *achgook*, serpent. On observera dans les deux dernières syllabes, le rapprochement de la première de *gischgu* et de la dernière d'*achgook*, et en même temps comme les dernières syllabes de ces deux mots se confondent.

Nadholineen, amenez le canot —Ce mot est formez des suivans : *Naten*, amener, apporter; *amochol*, canot;

neen, forme transitive du verbe qui signifie *à nous*, comme *milineen*, donnez-nous. La syllabe *hol* est seule conservée du mot *amochol*; *i* est euphonique.

Nadholawal, il a traversé la rivière en canot, ou, il est venu en canot. — Forme verbale des mots précédens.

N'schingiwipoma, je n'aime point à manger (à vivre) avec lui. — Ce mot est formé de *schinginamen*, ne pas aimer, précédé du pronom inséparable de la première personne *n'*, et de *pomauchsin*, vivre; *wi* est une syllabe qui réveille plusieurs idées; le *w*, (ou) pronom inséparable de la troisième personne, soit au commencement, soit à la fin de la forme verbale, réveille l'idée de *lui*, et *wi*, celle d'*avec*, se trouvant dans plusieurs mots composés, tels que, *witschewot*, celui qui va avec lui; *witschewil*, allez avec moi, etc. Voyez le même mot dans la langue chilienne, ci-dessus, chap. IV.

Amanganaschquiminschi, chêne à larges feuilles, appelé chêne espagnol (spanish oak). Les feuilles de cet arbre ont la forme d'une main.

Voici les mots dont ce nom est composé : *Amangi*, grand, gros, large; *achpansi*, tronc d'arbre dont on a fait au pluriel, *achpanschiall*, bois, *du bois*, pris collectivement; *nachk*, main; *im*, *quim*, terminaison des noms des fruits à coque, comme *m'sim*, noix de l'arbre appelé *hickory; ptuckquim*, noix commune; *wapim*, châtaigne.

On voit aisément dans ce nom les mots *amangi*, *nachk*, et la terminaison *quim*; mais il est remarquable que du mot *achpansi*, tronc d'arbre, on n'aperçoit que la dernière, encore est-elle pour l'euphonie changée de *si* en *schi*, comme dans le mot achpanschiall, mentionné ci-dessus. Nous allons voir maintenant le nom du fruit de cet arbre.

Wunachquim, gland du chêne espagnol. — Ce mot est formé de *wunipak*, feuille; *nachk*, main, et la terminaison *quim*, indiquant l'espèce de fruit. On observera que le mot *feuille* ne se trouve pas dans le nom de l'arbre, mais seulement dans celui du fruit.

Par les exemples ci-dessus, on doit voir la difficulté de trouver la racine de mots ainsi composés; presques toutes les syllabes sont radicales, étant extraites de différens mots, quelquefois comme dans le français, l'anglais et généralement les langues d'Europe, de mots pris dans un autre idiome, ou dont le simple n'est plus en usage. Ce qui augmente les difficultés, c'est que des syllabes qui appartiennent à un grand nombre de mots, et souvent de simples sons, sont significatifs, et il faut savoir les distinguer d'avec ceux qui ne sont qu'euphoniques; car les Indiens tiennent beaucoup à l'euphonie, ce qui fait que souvent une lettre ou un son d'une syllabe radicale est changée en un autre, comme *s* en *sch*, ainsi que nous avons vu ci-dessus.

Cela n'empêche pas cependant, qu'il n'y ait des mots dont la racine principale est facile à découvrir, et dont la famille est très nombreuse ; nous allons en donner un exemple :

De *wulit*, beau, bon (le καλος des Grecs), sont formés les mots suivans :

Wulik, le bon, le beau, le bien.
Wulaha, meilleur (forme comparative très rare).
Wulisso, joli.
Wulissowagan, la beauté.
Wulantowagan, la grace (au physique).
Wulamoeyu, c'est vrai. ⎫
Wulamoewagan, la vérité. ⎬ Ici il faut admirer la jonction de l'idée de *beauté* à celle de *vérité*.
Wulatenamuwi, heureux.
Wulatenamoagan, bonheur.
Wulapensowagan, bénédiction.
Wulapan, belle matinée.
Wulichen, ⎫
Wulihilleu, ⎬ c'est bon, c'est bien.
Wulittol, ils sont bons.
Wulikeu, cela croît, prospère, va bien.
Wulichsin, parler bien.
Wulelendam, se réjouir.
Wulamalsin, ⎫
Wulatonamin, ⎬ être heureux, content.

Wulandeu,
Wuligischgu, } un beau jour.

Wulapeyu, juste, honnête. (Encore l'idée du beau).

Wuliwatam, avoir du bon sens.

Wuliachpin, être en bon lieu.

Wulilissin, bien faire.

Wulilissik, soyez sage, conduisez-vous bien.

Wulinaxin, paraître bien.

Wulineichquot, cela paraît bien.

Wulatopnachgat, une bonne parole.

Wulatopnamik, de bonnes nouvelles.

Wulelemileu, c'est étonnant.

Wuliwichinen, reposer bien.

Welsit manitto, le bon, le grand esprit.

Ce mot *wulit* entre de plusieurs manières dans la composition des mots, comme dans *kuligatschis* (kouligatchis), ta jolie petite patte; *k* est le pronom possessif de la seconde personne; *ouli* est abrégé de *wulit,* joli; *gat* est la dernière syllabe de *wichgat,* pied ou patte, et *chis* est une terminaison diminutive.

Le mot *wulit* n'est pas le seul qui ait ainsi des dérivés directs, puisque tous les adjectifs et beaucoup de verbes en ont plus ou moins. On peut citer, entre autres, le mot *machtit,* mauvais, d'où *machtitsu,* vilain, sale, *machtesinsu,* laid, *matschi manitto* ou *machtando,* le mauvais esprit, le diable. Nous citons ce mot pour rendre hommage à la sagacité de M. de Volney, qui a observé que, dans ces langues, la lettre *m* au commencement d'un mot indique presque toujours quelque chose de mauvais, de méchant, de désagréable. Cette observation est parfaitement juste, on pourrait la confirmer par une foule d'exemples tirés des différentes langues de la famille algonquine; mais ce serait alonger ce mémoire inutilement. M. Heckewelder et tous les indianologues américains conviennent de la vérité de ce fait.

2. *Langue algonquine propre ou chippéway.*

Nous ne pouvons pas faire mieux connaître la manière dont s'opère la formation des mots dans cette langue qu'en traduisant quelques extraits de ce que dit M. Schoolcraft dans l'ouvrage dont nous allons parler. M. Schoolcraft est un Américain des Etats-Unis, qui habite aujourd'hui le territoire de Michigan[1] et a passé la plus grande partie de sa vie dans les états de l'ouest au service du gouvernement. Il a épousé une femme de race mêlée, dont la langue naturelle est le chippéway, que lui-même possède parfaitement. Il joint à cela un esprit philosophique et

---

[1] Depuis peu érigé en Etat.

beaucoup de connaissances acquises. Nous n'avons pas l'honneur de le connaître personnellement; nous n'en jugeons que par sa réputation et par ses ouvrages.

Il a publié récemment une relation très intéressante[1] d'un voyage d'exploration qu'il fit en 1832 par ordre du gouvernement pour découvrir les sources du Mississipi, qu'il a découvertes effectivement. Dans cette relation, il donne le commencement d'un cours de leçons sur la langue chippéway qui n'en contient malheureusement que deux, où il ne traite que du nom substantif, mais d'une manière qui fait désirer la continuation de cet ouvrage. Nous nous plaisons à rendre justice au talent distingué de cet écrivain; on en pourra juger par les extraits qui vont suivre.

Dans la première de ces deux leçons, M. Schoolcraft dessine à grands traits le caractère général de l'idiome dont il traite, caractère qu'on peut appliquer à toutes les langues de la famille algonquine. « Les inventeurs de cette langue, dit-« il, paraissent avoir eu principalement en vue

---

[1] *Narative of an expedition thro' the upper Mississipi to Itasca lake, the actual source of this river, embracing an exploratory trip thro' the St.-Croix and Burntwood or Broule (bois brûlé) rivers, in* 1832 *under the direction of* Henry R. Schoolcraft. New-York, Harper et Brothers, 1834.

« d'exprimer succinctement et avec le moins de
« mots possible, les idées qui ont prédominé dans
« leur esprit. De là la concentration est devenue
« le trait du langage. Le pronom, l'adjectif, l'ad-
« verbe, la préposition, quoique dans certains
« cas on puisse s'en servir sous une forme
« disjonctive, sont principalement employés
« comme des matériaux au moyen desquels l'o-
« rateur est à même de remplir la trame com-
« pliquée du verbe et du substantif. Rien dans
« le fait ne peut être plus dissemblable que la
« langue considérée dans son état primitif et
« élémentaire, dans un vocabulaire, par exem-
« ple, où les mots sont donnés sous leurs formes
« simples, et la même langue, lorsque ces élé-
« mens sont amalgamés dans les formes usitées
« du discours. Cet amalgame peut être comparé
« à un tableau où l'opale, le carmin et la céruse
« ne sont plus reconnaissables comme des sub-
« stances distinctes, mais où chacune de ces
« couleurs a contribué à l'effet général. Le pein-
« tre seul possède le principe par l'application
« duquel on a ôté à tel élément et ajouté à tel
« autre, de sorte que ces objets, discordans en
« apparence, forment un tout concordant et
« dont les parties sont en harmonie. »

« On doit s'attendre, continue notre auteur,
« qu'une telle langue ne peut qu'abonder en

« mots dérivés et composés, qu'elle a des règles
« pour transformer les verbes en substantifs et
« les substantifs en verbes, pour concentrer la
« signification des mots sur un petit nombre de
« syllabes et même sur une simple lettre ou si-
« gne alphabétique; qu'elle a des méthodes pour
« la contraction et l'augmentation des idées com-
« binées sous la forme d'un mot; et enfin, si
« je puis m'exprimer ainsi, des routes secrètes,
« des chemins de traverse, pour arriver plus tôt
« à des modes d'expression également neufs et
« intéressans. Pour parvenir aux mots primitifs
« il faut suivre et démêler un fil entortillé, et
« l'analogie est notre seul guide. Il faut dé-
« pouiller les mots de ces syllabes ou particules
« accumulées qui, ainsi que les molécules de la
« matière physique, sont agglomérées autour
« des racines primitives; ce n'est qu'à l'aide
« d'un procédé semblable que le principe, la
« méthode, qui préside à cet amalgame, ce fil
« secret qui fait mouvoir toute la machine,
« peut être cherché non sans peine et avec quel-
« que espoir de succès. »

A la fin de la seconde leçon, l'auteur revient
encore sur ce sujet. « Les mots de cette langue,
« dit-il, sont d'une nature si variable et si
« *transpositive* que, de même que les pièces sur
« l'échiquier, leurs syllabes élémentaires peu-

« vent être changées de place à la volonté du
« joueur, pour former de nouvelles combinai-
« sons et s'accommoder à de nouvelles circon-
« stances, pourvu toutefois qu'il se conforme à
« certaines règles dont l'application, après tout,
« dépend beaucoup de la volonté et de l'habi-
« leté du joueur. Ce qu'il y a de plus surpre-
« nant, c'est que toutes ces combinaisons, toutes
« ces modifications de l'objet, ces distinctions
« de la personne, du temps et du lieu, n'empê-
« chent pas qu'on ne fasse usage, sous leurs
« formes élémentaires et disjonctives, de l'ad-
« jectif, du pronom, du verbe et des autres
« parties du discours, qui sont ici entremêlées,
« sous des formes variées, dans la contexture
« du nom substantif [1]. »

Il est curieux de comparer ce que nous venons de lire avec ce que le père Charlevoix,
il y plus d'un siècle, disait de la langue des
Hurons [2] : « Cette langue, dit-il, est d'une
« abondance, d'une énergie et d'une noblesse
« qu'on ne trouve peut-être réunies dans au-

---

[1] Il faut observer que l'auteur ne traite ici que de cette partie du discours.

[2] *Journal d'un voyage dans l'Amérique septentrionale*, adressé à Mme la duchesse de Lesdiguières, lettre 12e, mai 1721. (Hist. de la Nouvelle-France, t. V, p. 289-290.)

« cune des plus belles que nous connaissions.
« Dans le huron, tout se conjugue; un artifice
« que je ne vous expliquerais pas bien y fait
« distinguer des verbes les noms, les pronoms,
« les adverbes, etc. Les verbes simples ont une
« double conjugaison, l'une absolue, l'autre
« réciproque. Les troisièmes personnes ont les
« deux genres, car il n'y en a que deux dans
« ces langues, le genre noble et le genre igno-
« ble[1]. Pour ce qui est des nombres et des
« temps, on y trouve les mêmes différences
« que dans le grec. Par exemple, pour raconter
« un voyage, on s'exprime autrement si on l'a
« fait par terre ou si on l'a fait par eau; les ver-
« bes actifs se multiplient autant de fois qu'il y
« a de choses qui tombent sous leur action;
« comme le verbe qui signifie *manger* varie au-
« tant de fois qu'il y a de choses comestibles.
« L'action s'exprime autrement à l'égard d'une
« chose animée et d'une chose inanimée : ainsi,
« voir un homme et voir une pierre, ce sont
« deux verbes. Se servir d'une chose qui appar-
« tient à celui qui s'en sert ou à celui qui en
« parle, ce sont autant de verbes différens. ».

Passant de là à la langue algonquine, il dit :

---

[1] C'est ainsi que les auteurs français appellent ce que nous nommons les genres *animé* et *inanimé*.

« Il y a quelque chose de tout cela dans la lan-
« gue algonquine; mais la manière n'en est pas
« la même et je ne suis nullement en état de
« vous en instruire. » Il paraît qu'il avait peu
de connaissance de cette langue, car tout ce qu'il
dit de la langue huronne peut également s'y appliquer : il y a plus que *quelque chose de tout
cela*.

En comparant cette description avec celle de
M. Schoolcraft, on voit le progrès qui a été fait,
depuis le commencement de ce siècle, dans la
connaissance du caractère et de la structure
singulière de ces langues, qui auparavant n'at-
tiraient aucune attention et qui cependant le
méritent bien, sous le point de vue de la grammaire générale et de l'histoire du langage humain[1]. Mais il ne faut pas nous écarter davantage
de notre sujet.

---

[1] Ce fut Maupertuis qui, le premier, proposa d'étudier les langues des peuples barbares, pour y découvrir de nouvaux *plans d'idées;* mais ce trait de génie ne fit pas fortune. Turgot tourna les *plans d'idées* en ridicule, et le ridicule, alors, décidait de tout en France. (Voy. OEuvres de *Turgot,* Paris, 1808, vol. II, p. 104-105). MM. Adelung et Vater sont les premiers qui ont mis cette théorie en pratique dans leur admirable MITHRIDATE, en développant la structure et les formes grammaticales de toutes les langues connues.

M. Schoolcraft ne donne point d'exemples de cette formation de mots qu'il décrit avec tant de clarté et d'élégance; il les réserve sans doute pour quelque autre partie de son ouvrage. Il est déja évident que cette méthode polysynthétique est la même dans cette langue que dans le lénâpé, et nous pouvons ajouter dans tous les autres idiomes de cette famille, autant qu'ils sont parvenus à notre connaissance; nous pourrions par conséquent nous dispenser d'en dire davantage à ce sujet. Cependant, pour satisfaire au vœu de la commission, nous allons présenter quelques mots de la langue chippéway, formés sur le principe que nous avons exposé, auxquels nous en joindrons quelques-uns tirés des autres dialectes. Nous alongerions inutilement ce chapitre si nous voulions traiter de la même manière chaque idiome en particulier; d'ailleurs nous n'en aurions pas toujours les moyens; des vocabulaires (tels qu'on les fait ordinairement) ne suffisent pas pour cette tâche.

Kcetckwao (kitikouaou) [1], tu es une femme.

Ce mot chippéway est formé de *keen* (kin), pronom personnel de la seconde personne, et de *iqué, ikoué*, femme (voyez le Vocabulaire);

---

[1] Nous traduisons les mots du mieux que nous pouvons en orthographe française.

o, ou est une forme de l'adjectif qui réveille l'idée d'une manière d'être, ce qui fait que, dans la langue lénâpé, au lieu d'*ikoué* on dit *ochqueu* (ochquéou), ce qui est un substantif à forme adjective; le *t* au lieu du *n* après *ki* est euphonique; c'est comme qui dirait, mais en un seul mot : toi être femme; en mauvais latin, *tu mulierata*, la terminaison adjective suppléant au défaut du verbe substantif, qui n'existe pas dans ces langues.

De même, *je suis un homme*, se dit en chippéway *eendaninneneew* (indenininiou)[1], de *nin*, je ou moi et *inini*, homme. La première lettre de *nin* est supprimée, et le *d* ou *t* (car les Indiens prennent souvent l'une de ces consonnes pour l'autre) est ajouté à cause de l'euphonie. Par la même raison, la première lettre d'*inini* est changée en *e* pour éviter la trop fréquente répétition de la même voyelle. La finale *iou* est la forme adjective et veut dire *je suis*.

Les Lénâpés disent *lenno n'hackey*, un homme est mon corps ou mon corps (est) un homme (voyez le Vocabulaire au mot *corps*). Mais cette différence ne fait rien au système général de formation des mots de la langue. Il est

---

[1] Il faut prononcer dans ces langues *in* comme en latin, et non *ain* ou *ein*, comme en français.

curieux d'observer les différens expédiens que ces Indiens ont adoptés pour suppléer au verbe *être*, qui leur manque. Les Narragansetts disent *n'inn* ou *ninin* (*ego vir*), moi homme (voyez encore le Vocabulaire au mot *homme*). Dans ces deux dernières langues, l'idée de l'existence n'est pas exprimée, l'ellipse y supplée.

Nous allons maintenant donner un exemple tiré de la langue des Outawas, comparée avec celle des Ménoménis.

Wachemaunet (ouatchimânet), à qui est ce canot?

Ce mot outawa est composé du pronom relatif *wahne* (ouâni), qui; du mot *chemaune* (tschimâni), canot; et de la forme interrogative *et*; ce qui fait *à qui canot?* Dans la langue des Ménoménis, ce mot est différemment composé. Ils disent: *wahotoshiawik* (ouahotosoyâouik), dont la dérivation est celle-ci: *wah*, pronom relatif employé interrogativement; *otos*, formé de *oos*, canot; *t* intercalé pour l'euphonie; et *ayawik*, forme du verbe *neendiah* (nindayâ), je possède, *habeo, possideo*. Ce n'est point notre verbe auxiliaire *avoir*; ces langues ne l'ont point.

Revenons au chippéway.

Oninjima signifie, dans cette langue, le mot *main*, pris dans le sens absolu et sans relation avec quoi que ce soit. On se sert rarement de ce mot dans cette forme; on en extrait des syllabes pour former d'autres mots; on dit *nininj*, ma main; *kininj*, ta main, et c'est ainsi que nous l'avons mis dans le Vocabulaire, parce que c'est la forme la plus usitée. Nous allons voir maintenant l'usage qu'on en fait.

Kisoghéninjénin, je te prends par la main.

Ce mot est formé de *sogénaut* (soghénât), prendre, gripper, serrer, et d'*oninjima*, main; *ki* est le pronom personnel de la seconde personne, *toi*; *in* est une forme verbale; la syllabe *en* qui précède n'a point de signification.

Sogininjinitizoyan, si je me prends par la main.

Forme du verbe au mode subjonctif.

Soginikénin, prends-le par la main.

Pour analyser ce mot, il faut savoir que *nik* signifie main, dans la langue des Ménoménis.[1] (Voyez le Vocabulaire.) Ainsi, voilà un mot chippéway formé d'une racine qui appartient à un autre idiome. Nous allons faire voir la même chose dans la langue abénaquise.[2]

---

[1] Ce nom vient de *malomin*, qui, en algonquin, signifie *folles avoines*; c'est celui qu'on donne aussi à cette tribu de sauvages.

[2] Nous nous servons de ce mot après le P. Charlevoix. Il dit : « les Souriquois, que nous avons ensuite appelés Micmacs; ensuite, unis avec leurs voisins, nations

Dans cette langue, le mot *retsi* signifie *main*; en y ajoutant l'article ou le pronom préfixe, on fait *méretsi*, la main; *néretsi*, ma main, etc. Avec un adjectif on le compose ainsi : de *ouanbighen*, blanc, et de *retsi*, on fait *biretsi*, main blanche, retenant seulement la syllabe *bi* du mot qui signifie *blanc*; avec la forme adjective, on dit *biretsio*, la main blanche; et avec des formes verbales, on fait *niouanbiretsa*, j'ai les mains blanches. Mais nous voulons faire voir comment on extrait des racines d'autres langues.

Nesaghipédinénan, je le prends par la main.

Ici, on voit que *saghi* est le *sogi* du chippéway, et signifie *prendre*; la signification de ce mot est la même dans les deux langues; mais où est le mot *main*? il n'y a pas un vestige de *retsi*, pas une syllabe qui le rappelle; à sa place, on trouve *ped*, extrait de *peden*, qui, dans la langue des Souriquois, signifie *main* (*népéden*, ma main) (voyez le Vocabulaire). Ce mot ne se trouve plus dans la langue des Abénaquis dans sa forme simple; mais il y est demeuré dans les mots composés. La même chose arrive fréquemment dans nos langues d'Europe; mais on n'y est

abénaquises. » *Histoire de la Nouvelle France*; liv. 3. sub anno 1611.

pas aussi embarrassé que dans les langues sauvages pour en découvrir les origines.

De cette manière de former des mots par l'accumulation des idées, il résulte qu'il existe dans ces langues des mots d'une longueur excessive, et il est très remarquable que ces mots sont le plus fréquemment des substantifs qui expriment, par abstraction, les affections de l'ame, ou les qualités morales, et en général ce que nous appelons des idées abstraites. On pourrait supposer que ces mots ont été formés les derniers ; nous en donnerons quelques exemples.

Langue lénápé.

Machelemuxowagan, l'honneur, l'être honoré.
Gettémégélémuxowagan, l'être traité avec tendresse.
Amangachgénimgussowagan, l'être élevé par la louange.
Mamachtschimgussowagan, l'être insulté.
Machélémoachgénimgussowagan, l'être honoré et loué.

Il faut observer, cependant, que nous manquons de substantifs pour exprimer ces idées ainsi combinées dans nos langues d'Europe.

Langue de Massachusetts.

Musquanitammouonk, colère.
Nummusquanitammouonkgannum, notre colère.
Ummusquanitammouonkgannou, leur colère.
Nannauuonnittuonk, protection.
Menaonchummouonk, tradition.
Pomantamouonkané, aventures, événemens de la vie.

Ces substantifs ne sont pas cependant toujours les mots les plus longs de ces langues : il y a dans le chippéway des formes verbales de treize et quatorze syllabes. Le mot le plus long que nous connaissions dans les autres langues, est dans celle de Massachusetts, et a onze syllabes que voïci :

1.   2.   3.   4.   5.   6.   7.   8.   9.   10.   11.
Wut-ap-pe-sit-tuk-quis-sun-noo-weh-tunk-quoh.

Ce mot est extrait de la traduction de la Bible par Eliot; c'est le passage de l'Evangile selon saint Marc, c. 1, v. 40, *et genu flexo,* que la Bible anglaise, qui est le texte de M. Eliot, rend par *and kneeling down to him,* « et se mettant à genoux devant lui. » Il m'est impossible, faute de renseignemens suffisans, d'analyser ce long mot; je remarquerai seulement que le mot *sit,* pied, s'y trouve compris; mais de combien d'idées le mot entier ne doit-il pas être composé!

Les trois mots de dix syllabes, dans l'abécédaire lénâpé de Zeisberger, sont les suivans :
Schiwelendamowitchewagan, le repentir.
Gettémakitschitanengussihump, tu étais un pauvre esclave.
Machélémoachgénimgussowagan, louange (déja mentionné ci-dessus).

Dans la langue mexicaine, les substantifs abstraits sont aussi exprimés par de longs mots :
Cannempapaquilitzli, vanité.
Tlallamiquitzli, pensée.
Tetlayeyecalhuilitzli, location, louage (de maison, etc., etc.)[1].

Comme nous ne traitons pas de la langue mexicaine, nous nous dispenserons de plus amples citations.

Ainsi, nous avons essayé (plus longuement peut-être que clairement) de faire connaître, aussi en détail qu'il nous a été possible, la méthode singulière que les Indiens en général, et en particulier ceux de la famille algonquine, emploient pour la formation de leurs mots. Cette méthode, dit M. Schoolcraft, est sujette à des règles, et cependant, la transposition et le chan-

---

[1] *Vocabulario de la lengua castellana y mexicana*, por Fr. Alonzo de Molina, de la orden de S. Francisco. Mexico, 1571 (in-folio, très épais).

gement des syllabes, l'organisation du mot, pour ainsi dire, est à la volonté de l'orateur, de même que le joueur d'échecs peut disposer des pièces de son échiquier. Ces deux assertions paraissent contradictoires et demandent à être conciliées : c'est ce que nous allons tâcher de faire.

Les règles dont nous parle le savant indianologue sont sans doute celles de la grammaire, que nous allons bientôt exposer, et peut-être quelques règles de syntaxe, mais en petit nombre. Aussitôt qu'un mot est formé, il est substantif, adjectif, verbe, participe; enfin, il appartient à quelqu'une des parties du discours, telles que la langue les comporte; sans cela, il ne serait pas un mot, mais un son, ou une suite de sons, qui n'aurait aucune signification certaine. Pour lui donner ce caractère, il faut nécessairement se conformer aux règles qui gouvernent les différentes parties de la langue; mais l'organisation intérieure du mot est à la discrétion de l'inventeur. S'il a des règles à suivre, ce sont des règles de goût et non de grammaire. Presqu'entièrement, c'est l'oreille qui en décide; les changemens et transpositions de syllabes et de sons restent à sa disposition, comme les inversions des mots de la langue latine sont à celle de l'homme qui parle ou écrit dans cet idiome. Pourvu que ce dernier observe les règles de la grammaire et de la syntaxe, son goût décide du reste, et la même phrase peut être dite de différentes manières par différens orateurs ou écrivains; et comme un grand nombre de mots composés des Indiens sont des phrases, on peut leur accorder la même latitude. C'est ainsi que nous croyons pouvoir expliquer les assertions en apparence contradictoires de M. Schoolcraft. Nos observations sur les mots composés des langues sauvages nous ont convaincu que leur formation n'est sujette qu'à très peu de règles purement syntactiques.

Nous allons maintenant nous occuper de la grammaire proprement dite de ces langues; on sera étonné d'y voir, pour ainsi dire, disparaître ces combinaisons étranges, cette licence de langage que nous venons de décrire. On y reconnaîtra au contraire des formes régulières ressemblant en beaucoup de choses à celles des langues que nous appelons sémitiques, ce qui a fait croire à quelques savans que la race américaine était descendue des anciens Hébreux, mais ces ressemblances partielles sont bien loin de prouver cette généalogie qui paraît maintenant abandonnée. Si l'on considère ces langues sous le seul point de vue grammatical, on sera bien loin de soupçonner la manière dont se sont formés les mots qui les constituent; celle-ci peut être appelée le *régime intérieur*, tandis que les formes de la grammaire sont le *régime extérieur* de ces idiomes, lequel a seul, pendant long-temps, attiré l'attention du monde savant. Nous allons le développer du mieux qu'il nous sera possible, afin qu'on puisse connaître, dans son entier, une famille de langues qui ne peut être comparée à aucune autre que nous connaissions hors du continent américain et des îles qui sont considérées comme faisant partie de cet hémisphère.

CHAPITRE XI.

De l'article.

L'article, soit défini, soit indéfini, est une partie constituante de la pensée, mais il ne l'est pas nécessairement du langage; s'il n'existait pas dans le groupe de nos idées, les mots ou les signes qui le représentent n'auraient aucune signification et ne réfléchiraient rien à l'esprit. C'est l'analyse de la pensée qui nous l'a fait découvrir. Plusieurs langues, telles que le latin, le russe et un grand nombre d'autres, n'ont point d'articles, tandis que le grec et la plupart de nos langues d'Europe sont pourvus de cette partie appelée du *discours*, proprement dans quelques langues, improprement dans d'autres; c'est que la pensée a été différemment analysée par les différens inventeurs des langues, et que celles-ci ont été formées selon leurs diverses perceptions. L'article n'est pas essentiel dans une langue, parce qu'il se sous-entend facilement ; s'il en était autrement, pas un idiome n'en serait privé.

Les langues algonquines ont l'article ; ce qui fait voir que cette perception n'a pas manqué à leurs inventeurs ; mais ils en font rarement usage, parce qu'ils ont découvert aussi qu'on pouvait s'en passer facilement. Les grammairiens Eliot et Zeisberger ne l'ont pas même aperçu, c'est pourquoi il n'en ont pas parlé. Des indianologues plus récens ont enfin découvert son existence [1], cachée sous une forme concrète qui fait qu'elle avait jusque-là échappé à l'œil de l'observateur.

Cet article est *mo*, abrégé de *monko* qui, dans la langue des Massachusetts, signifie *ceci* ou *cela*; il se trouve dans toutes les langues de cette famille, soit sous sa forme propre *mo*, soit sous celle encore plus abrégée de *me* (e muet) ou *m'*,

---

[1] Voyez les notes sur la grammaire de la langue de Massachusetts, par Eliot, dans le 9ᵉ vol. de la 2ᵉ série des *Collections de la société d'histoire de Massachusetts*, p. xiv-xv, et dans la dernière édition de cette grammaire par M. Pickering, imprimée séparément.

étant presque toujours employé comme préfixe : en voici quelques exemples qui prouveront en même temps sa dérivation.

Kah monko nnih } et cela arriva ou fut ainsi.
Onk mo nnih } (Eliot, traduction de la Bible.)

Metah,   le cœur, ou *un* cœur.
Kesteah pakke metah, cor mundum crea in me.
          Ibid., Ps. 50. v. 12. (Sec. Vulg.)

Metah doit être prononcé *m'tée* ou *m'dée*. Nous allons donner des exemples de cet article dans d'autres langues, joint au mot *arbre*.

Lénâpé.	M'hittuck.	Heckewelder.
Minsi.	Michtuk.	Idem.
Mahican.	Mitouk.	Edwards.
Shawanos.	Mitiki.	Barton.
	M'quama	Johnston.
Potewotami	M'quam	Barton.

Dans le Vocabulaire on trouvera beaucoup de noms substantifs avec *m* préfixe.

Mais, comme nous avons dit, on se sert rarement, dans ces langues, de l'article comme tel, et dans plusieurs dialectes, la lettre, ou plutôt le son *m* qui le caractérise, s'est confondu avec le nom substantif de manière à en faire une partie intégrante. Dans la langue lénâpé on dit *hittuk*, arbre; *m'hittuk*, l'arbre ou un arbre; *n'hittuk*, *k'hittuk*, mon, ton arbre, etc.; mais dans l'idiome chippéway, selon M. Schoolcraft, on dit *mittig*, arbre; *ni*, *ki mittig*, mon, ton arbre, etc. Au lieu de l'article indéfini, ajoute ce savant écrivain, on se sert du numéral *paizhik* (pêgik), qui signifie *un*. Ainsi, en chippéway comme en français, on dit *un arbre, un homme*. D'un autre côté M. Eliot, dans sa grammaire de la langue de Massachusetts, nous donne *me* (e muet) comme représentant l'article défini et indéfini. Il en donne des exemples : *metah* (m'tée), le cœur; *nuttah* (n'tée), mon cœur, etc; et *menutcheg* (m'natcheg), une main; *nunnutcheg* (n'natcheg), ma main, etc. On ne le reconnaissait pas dans les autres langues, et on disait généralement qu'elles n'avaient pas d'article, M. Heckewelder lui-même était de cette opinion jusqu'à ce qu'il fût convaincu du contraire par les recherches des philologues.

L'article se trouve dans plusieurs autres langues du continent américain, mais non dans toutes; dans celle des Othomis (tribu mexicaine), il s'exprime par *na* : *na hay*, la terre; *na metsi*, la glace; *na ghi*, le sang; etc. (Voyez la grammaire de Molina).

CHAPITRE XII.

Des genres et des nombres.

Les genres et les nombres diffèrent si essentiellement dans les langues américaines de ce qu'on appelle ainsi dans celles de l'ancien continent, que nous croyons devoir faire connaître, avant d'aller plus loin, en quoi consistent ces différences si remarquables, d'autant plus qu'étant applicables à toutes les parties du discours, qui ne sont pas dans la classe des particules, nous ne serons pas obligé de nous arrêter, pour donner ces explications, lorsque nous aurons à parler des noms et des verbes, et l'application de ce que nous allons dire en deviendra plus facile ; nous avons donc jugé plus convenable de consacrer à ces modifications d'idées un chapitre séparé : nous commençons par les genres.

Ce n'est point, dans les langues algonquines, le sexe qui détermine les formes grammaticales qu'on nomme *genres* ; on ne donne point de forme ou de terminaison sexuelle aux objets qui n'en sont pas susceptibles. On ne dit point *un* lit, *une* table, *un* miroir, *une* glace ; on ne met point, comme dans certaines langues, une femme et une fille au genre neutre ; on ne fait point de la lune un être mâle, et du soleil ur être femelle ; tous ces embarras qui proviennent de l'adoption d'un faux principe pour la classification des êtres dans l'origine des langues, n'existent point dans celles de nos sauvages. Comme il n'y a rien dans la nature qui ne soit ou animé ou inanimé, ils ont adopté ces deux grandes classes dont la grammaire s'est emparée, elle a appliqué à chacune d'elles des formes distinctives et en a fait ce que nous appelons des *genres*.

En parlant ainsi, il est bien loin de notre pensée de vouloir jeter du ridicule sur aucune langue existante ; elles ont toutes leurs beautés et leurs défauts ; nous voulons seulement faire voir comment la nature a opéré dans l'origine du langage ; elle a suggéré aux uns ce qu'elle a laissé ignorer aux autres. Si les peuples sauvages ont été heureux d'apercevoir cette belle division des choses naturelles et de l'appliquer à leurs langues, ils ne l'ont pas été de même lorsqu'ils n'ont pu découvrir le verbe substantif *être* et séparer ainsi l'idée de l'existence de toutes les autres avec lesquelles elle est nécessairement liée. L'absence d'un mode simple, pour exprimer la plus noble, la plus grande et la plus compréhensive des idées, de ce verbe appelé *auxiliaire* à si juste titre, est peut-être la principale cause de l'embarras qui les a forcés à recourir à des formes si compliquées, n'ayant pu trouver le fil au moyen duquel ils seraient aisément parvenus à sortir de ce labyrinthe. Nous reviendrons sur ce sujet en parlant du verbe.

Le genre, dans les langues algonquines, est donc *animé* ou *inanimé*. Les missionnaires français disent le genre *noble* et le genre *ignoble*; mais ce qui fait la distinction entre ces deux genres n'est pas la même chose dans tous les idiomes. Selon Eliot, le premier ne comprend, dans le massachusetts, que les êtres vivans; les arbres et les plantes sont censés inanimés. Les parties du corps entrent aussi dans cette catégorie, n'importe que l'animal soit vivant ou mort. Mais dans la langue lénâpé, selon Heckewelder, tout ce qui vit ou végète appartient au genre animé, excepté seulement les herbes et les plantes annuelles. Les parties du corps sont aussi de ce genre, tant que le corps est vivant et qu'elles y sont attachées; il en est autrement lorsqu'il est mort ou qu'elles en sont séparées. Ces différences n'affectent point le principe général sur lequel la distinction des genres a été établie.

Les formes indicatives du genre diffèrent dans chaque partie du discours à laquelle elles s'appliquent. Nous en parlerons à leurs places respectives; nous ferons connaître en même temps celles qui servent à distinguer les sexes lorsque le cas l'exige.

Les formes expressives du nombre sont singulièrement variées dans cette famille de langues; elles ont, comme les nôtres, le singulier et le pluriel; elles n'ont point le duel des Grecs; elles ont à sa place un pluriel spécial qui peut s'appliquer à deux personnes comme à un plus grand nombre; il a un sens plus étendu que le duel, et cependant restreint. Ces langues ont deux pluriels que les indianologues américains appellent le pluriel *général* et le pluriel *particulier*. M. Schoolcraft croit qu'on doit dire le pluriel *inclusif* et le pluriel *exclusif*; mais cela nous paraît assez indifférent. Gilii, en parlant de la langue des Tamanaques, tribu de l'Orénoque, où ces formes sont en usage, appelle la dernière le pluriel *déterminé*[1] et cette dénomination en vaut bien une autre; mais celle de *particulier* a prévalu. Nous allons rendre compte de la nature de ces deux pluriels et de celle de leurs formes séparées et combinées.

Le pluriel général est toujours pris dans un sens illimité; le pluriel spécial, au contraire, l'est toujours dans un sens restreint; il ne comprend que ceux qui sont assemblés ou conversent ensemble, ou qui font le sujet de la conversation. Ainsi, quand on dit *nous*, sous la

---

[1] *Saggio di storia americana*, vol. 3, p. 163 et 181.

forme spéciale, on entend nous deux, nous trois, nous quatre, nous qui sommes ici assemblés, nous les Lénâpés, nous les Mahicans, nous les Abénakis; et le nom ou le verbe ainsi formulé n'est jamais compris dans un sens absolument général. Cette espèce de pluriel nous paraît supérieure au duel des Grecs qu'elle contient, parce que les entretiens entre les hommes ne se passent pas toujours en dialogues, et que nous ne voyons aucune raison de limiter cette spécialité à deux personnes. On pourrait croire que le duel n'a été inventé que pour les amans et les époux.

On ne s'attendra pas, peut-être, à trouver ce pluriel spécial dans la langue française; cependant on en fait tous les jours usage lorsqu'on dit *nous autres, vous autres*; et les Italiens de même, lorsqu'ils disent *noi altri, voi altri*. — *Nos otros* et *vos otros* ont presque chassé *nos* et *vos* de la langue espagnole. Ni les Français, ni les Italiens, ni les Espagnols probablement ne se doutent pas qu'en parlant ainsi ils se servent d'une forme de langage qui appartient de droit aux peuples sauvages qui, s'ils ne l'ont pas inventée, l'ont au moins les premiers réglée, étendue et introduite systématiquement dans leurs idiomes. Ainsi, comme nous l'avons déjà observé, on fait de l'algonquin en français et dans d'autres langues plus souvent qu'on ne se l'imagine.

Les naturels des îles du Grand Océan, ainsi que nous en avons été informé par un respectable et intelligent voyageur qui a résidé plusieurs années à Taïti et s'est beaucoup occupé de la langue de ces peuples, ont non seulement le duel, mais encore le *triel* (si on peut se servir de ce mot), qui s'applique à trois personnes comme le duel à deux. Ils ont aussi le pluriel spécial ou exclusif pour un plus grand nombre, mais ils en font rarement usage.

Toutes ces formes de langage appartiennent à la grammaire générale, comme beaucoup d'autres que cette science ne s'est pas encore appropriées, parce qu'elles ne se trouvent pas dans les langues usuelles ou savantes, ou qu'elles y sont cachées et inaperçues. Si nous ne nous trompons pas, la grammaire générale ou philosophique demande à être refondue.

Il nous reste encore quelque chose à dire au sujet des nombres dans les langues algonquines. Elles ont des formes au moyen desquelles elles peuvent en réunir deux en un seul mot. Par exemple, le mot qui signifie *mon père* est composé de deux singuliers, celui du pronom et celui du substantif; *notre père* (parlant de Dieu, le père de tous les hommes) présente le singulier joint au pluriel général; le même mot adressé à un frère ou à une sœur donne, sous une forme différente, le singulier et le pluriel spécial conjoints; enfin, le mot qui signifie *nos pères*, suivant le sens dans lequel il est pris, reçoit la forme de l'un ou de l'autre des deux pluriels; nous ne connaissons rien de semblable dans les langues de l'ancien hémisphère. Nous donnerons des exemples de ces formes, lorsque nous viendrons à parler des parties du discours auxquelles elles peuvent s'appliquer.

CHAPITRE XIII.

Du nom substantif.

Le nom substantif est rarement employé seul dans cette langue; on lui adjoint presque toujours le pronom possessif préfixe, c'est-à-dire, lorsque l'objet que le nom représente en est susceptible; ainsi, en chippéway, on dit *nôs*, mon père; en lénâpé, *nooch;* et en mahican, *nogh;* la consonne *n* représentant le pronom possessif de la première personne. M. Edwards, qui a écrit sur cette dernière langue, qu'il avait apprise dans son enfance, affirme qu'il est impossible de parler autrement, et que celui qui dirait *ogh* tout seul devant des Mahicans, se ferait infailliblement moquer de lui. M. Heckewelder, au contraire, dit que le mot *ooch*, pris séparément, signifie *père*, dans la langue lénâpé; et M. Schoolcraft en dit autant du chippéway. Il est possible qu'ils aient tous raison, chacun dans la langue qui lui est familière; ce qui paraît certain, c'est que dans toutes ces langues, le nom substantif demande presque toujours à être accompagné du pronom préfixe.

Ce qu'on appelle *cas*, dans les langues grecque et latine, n'est dans le fait que des terminaisons ou désinences du nom substantif, tenant la place des prépositions ou particules qui, autrement, l'accompagneraient. En grammaire générale, le nombre de ces cas ou désinences n'est pas déterminé; il pourrait exister telle langue où il y en aurait autant que de prépositions. La langue latine en a six; le russe en a sept; les langues appelées tchoudiques en ont de dix à quinze. Les Algonquins, en général, n'en ont qu'un proprement dit, qu'on peut appeler le *locatif:* il indique la place ou la localité du nom. En langue lénâpé, il se termine en *ink* ou *unk*; ainsi, on dit : *uteney*, ville, *utenink*, en ville; *wachtschu*, montagne, *wachtschunk*, à, sur ou de la montagne. En chippéway, le locatif se termine en *eng*, *ing* ou *ung*, suivant la voyelle terminant le mot qui reçoit cette forme. Il est inutile d'en donner des exemples. Ce cas locatif paraît exister dans toutes les langues algonquines avec des terminaisons analogues.

Au lieu du vocatif, on emploie une forme verbale qu'on applique au nom substantif; elle varie selon les nombres. Ces formes, qu'il est inutile de préciser davantage, tiennent la place du verbe être : ainsi, lorsqu'on dit ô mon dieu! c'est comme si on disait : ô toi *qui es* mon dieu! Nous en donnerons un seul exemple. Dans la langue lénâpé, *nihillaliyénk* est le vocatif pluriel de *nihillalid*, seigneur ou maître, et signifie ô notre seigneur! Ce nom substantif se conjugue ou se décline, comme on voudra l'appeler : *nihillalid, nihillalquonk, nihillalat*, il est, ou celui qui est mon, ton, son maître; et au pluriel *nihillalquenk, nihillalqueek, nihillalquichtit*, il est, ou celui qui est notre, votre, leur maître. Ainsi se mêlent les formes des différentes parties du discours. Le même mot est souvent substantif et verbe; et dans le fait, tous les verbes peuvent prendre la forme substantive, et les substantifs la forme verbale; c'est que, dans l'origine de ces langues, les mots ont dû servir de noms et de verbes tout à la fois; les différentes formes sont venues successivement, et conservent encore des marques de l'état primitif du langage. Ainsi nous disons *manger*, *le manger*, etc.

Le génitif dont l'objet est de faire connaître avec précision la relation qui existe entre deux substantifs, se reconnaît dans ces langues par la place du substantif auquel cette forme doit appartenir, et qui précède toujours l'autre. Ainsi, quand on dit : Pierre livre, on entend : le livre de Pierre. Souvent on ajoute au premier nom la forme pronominale de la troisième personne; cette forme, en chippéway, est *o;* ainsi, o Pierre livre, exprime encore avec plus de précision : le livre de Pierre; c'est comme si on disait : son Pierre livre, ou Pierre son livre. Cette forme de génitif se trouve dans la langue anglaise : *Peter's book*, pour *Peter his book*, Pierre (c'est) son livre; le verbe *être* est sous-entendu.

Le datif, l'accusatif et toutes les idées accessoires du nom qui, dans la plupart des langues de l'Europe, sont représentées par des prépositions, et pourraient l'être, comme elles le sont quelquefois par des cas ou désinences, ne varient point, en général, la forme des noms dans les langues algonquines; mais l'idée accessoire est représentée par une forme du verbe. Ainsi, pour exprimer la phrase : je donne à Pierre, on dit en lénâpé : *Pierre n' milan*, Pierre je lui donne, appliquant au verbe la forme dative du substantif. Il en est de même, lorsqu'il s'agit d'une forme accusative; pour dire : j'aime Pierre, on dit : Pierre je l'aime, *Pierre n' dahoala* ; c'est comme, si en latin, au lieu de : *Petrum amo* ; on disait : *Petrus amum*, appliquant au verbe la forme accusative du nom substantif; *amum*, alors, serait abrégé de *amo eum*.

Cependant, on peut, pour l'élégance du langage, ajouter encore une forme pronominale au nom substantif, et il paraît que cette manière de parler est communément en usage dans le chippéway ; ainsi, dans cet idiome, on dit : *Pontiacan*[1] *w'emittigojiwog ogisakian*[2]. Nous allons analyser cette phrase.

Pontiacan, pontiac, eux.

Ouimittigojiouog, les Français. *Og* en chippéway, *ah* en lénâpé est la terminaison indica-

---

[1] M. Schoolcraft écrit *Pontiacun*; mais nous sommes convaincu que son *u* muet n'est ici que l'*à* bref français. Nous ne suivons pas toujours servilement l'orthographe anglaise, afin d'être mieux compris, et de faire ressortir nos analogies. La lettre *n* dans *Pontiacan*, doit se prononcer ; la voyelle n'est point nasale.

[2] M. Schoolcraft écrit *sagian*, mais on sait que dans ces langues le *g* et le *k* se confondent souvent dans la prononciation. La Hontan écrit *sakia*.

tive du pluriel du genre animé. Nous ne connaissons pas l'origine du nom ici donné aux Français.

Ogisakian, il les aimait. *O* en chippéway et *w* en lénâpé, est le signe préfixe de la troisième personne dans les deux nombres, *an*, signifie la même chose au pluriel dans une forme transitive du verbe; *sak, saki, sakia* est la racine du verbe *aimer*; *gi*, préfixe, indique le prétérit.

Ainsi, la phrase entière signifie :

Pontiac eux les Français il les aimait. La terminaison *an* fait accorder le substantif avec le verbe.

Pontiac était un célèbre chef de sauvages, qui, après que les Français eurent perdu le Canada, combattit encore long-temps contre les Anglais, pour l'indépendance des tribus indiennes.

Zeisberger n'indique pas cette double forme dans sa grammaire lénâpé, mais il en fait souvent usage lorsqu'il écrit ou traduit dans cette langue. Il dit, par exemple : *Dabidall patamawos tpisqui*, Dieu répéta à David, *patamawos wtellawall Abrahamall*, Dieu dit à Abraham; *all* est la désinence pronominale *il*, ou *lui*; dans la première de ces phrases, elle est seulement adjointe au substantif; dans la seconde, au substantif et au verbe, qui ainsi s'accordent.

Voilà tout ce qui a rapport, dans les langues algonquines, à ce qu'on appelle *cas* dans les langues savantes de l'Europe. Il n'est pas difficile, cependant, mais dans un sens différent, de former des *déclinaisons* dans les idiomes sauvages. M. Schoolcraft en compte six dans le chippéway qui, par différentes désinences, font connaître le nombre du substantif joint aux formes pronominales : ainsi, mon père, son père, nos pères, etc., exprimés en un seul mot, auront chacun une désinence particulière, qui distingue à la fois le nombre et la personne. Il en est de même des déclinaisons pour les genres ; mais tous ces détails, excellens pour ceux qui veulent apprendre à parler ces idiomes, ne serviraient pas beaucoup à en faire connaître le caractère grammatical, qui est l'objet de ce mémoire[1]. Il suffit de savoir que les genres et les nombres se désignent par des inflexions du mot principal ; et souvent du nom et du verbe pour la concordance[2] ; nous aurons assez occasion

---

[1] Les différences dans les désinences qui donnent lieu à M. Schoolcraft d'en former différentes déclinaisons, sont, en général, euphoniques, et dépendent de la voyelle ou de la consonne qui précède l'inflexion du mot, et par conséquent la gouverne.

[2] On ne s'attendrait pas à trouver des *concordances* dans des langues qu'on appelle *barbares*.

de les faire connaître, ou au moins les principales.

Le genre, comme nous l'avons dit, est animé ou inanimé. Cela n'empêche pas qu'il n'y ait des manières de désigner les différences de sexe, lorsqu'il le faut. Cela se fait quelquefois en donnant un nom différent à l'animal mâle et à l'animal femelle, comme quand nous disons *cerf* et *biche*; mais, le plus souvent, on fait précéder le substantif du mot homme ou femme, ou du mot mâle ou femelle.

Nous allons en donner quelques exemples tirés de la langue des Chippéways.

Dans cette langue, *yábé* (que M. Schoolcraft écrit *iabsai*) signifie mâle, et *nójé* (qu'il écrit *nózhai*) signifie femelle.

nós, mon père, *ninyah*, ma mère.
niningwan, mon gendre *nissim*, ma bru.
ogima, chef de tribu, *ogimakwa* (ojimacouê), la femme d'un chef (d'ickouê, femme).
addik, un renne. *neetsháni* (nitchani), sa femelle.
animoos (animous), chien, *kiskishai* (kiskiché), chienne.

On fait le plus souvent précéder le nom des

animaux du mot mâle, ou du mot femelle que nous avons donnés ci-dessus.

Le même système a lieu dans les autres langues : en lénâpé on dit *chans*, frère aîné ; *mis*, sœur aînée ; *lennochesmus*, frère cadet ; *ochquechesmus*, sœur cadette ; de sorte que le mot *chesmus*, qui seul signifie frère aîné, joint au mot *lenno* (homme) signifie frère cadet ; et joint à *ochqueu* (femme), sœur cadette ; de même, on dit *noschik*, mon oncle, *n'piwitak*, ma tante. Quelques animaux ont des noms différens, selon leur sexe ; mais la plupart se distinguent par *lennowechum* (mâle), et *ochquechum* (femelle), qui précède le nom générique de l'animal. Il serait facile de multiplier ces exemples dans les différens idiomes ; mais on ne verrait partout que le même système très peu varié dans les détails.

Le genre proprement dit (animé ou inanimé)[1] n'a point au singulier de forme qui lui soit propre, ce n'est qu'au pluriel qu'il se distingue par

---

[1] En chippéway, selon M. Schoolcraft, il y a quelques objets qui, quoiqu'ils n'appartiennent pas proprement au genre animé, en reçoivent, cependant, les formes, tels que les serres de l'aigle, les pattes de l'ours, les cornes des quadrupèdes, le castoreum du castor, les ongles de l'homme, l'écorce extérieure des arbres, etc. Ce sont des titres de noblesse grammaticale.

des inflexions que nous allons faire connaître en parlant des nombres.

Le nombre, non plus que le genre, n'a aucune forme distinctive au singulier; le pluriel seul reçoit les désinences qui indiquent à la fois ces deux modifications de l'idée. On connaît le singulier par l'absence des formes du pluriel, et le genre par la nature de l'objet, de sorte que la distinction qui existe entre le genre animé et l'inanimé paraît être purement de luxe. Si elle frappe l'imagination comme plus belle que celle des genres sexuels, on peut dire aussi que celle-ci est plus nécessaire pour l'intelligence du discours, on l'a seulement portée trop loin en l'appliquant à des objets qui n'ont point de sexe[1].

Nous parlons ici seulement des substantifs sous leur forme simple et nominative. Ils ont au pluriel une désinence indicative du genre, mais

---

[1] Cette distinction de sexe pour les objets inanimés est néanmoins dans la nature. En anglais, un vaisseau, une montre, sont souvent considérés comme du genre féminin, on dit familièrement *she*, elle, lorsqu'on en parle. C'est que ce sont des objets auxquels on s'attache, on en fait, pour ainsi dire, sa maîtresse; ainsi c'est dans les affections humaines qu'on peut trouver l'origine de plusieurs modes d'expression qui nous paraissent bizarres, même dans nos langues.

qui désigne en même temps le nombre, puisqu'elle le distingue du singulier qui n'en a aucune. Dans la plupart de ces langues, cette désinence est en *ak*, *og* pour le genre animé, et en *ash*, *all*, *ar*, *an*, pour le genre inanimé. En voici quelques exemples :

Genre animé pluriel.

		Pluriel.
Lénâpé.	Tscholens, oiseau.	Tscholensak.
	Tipas, volaille.	Tipâsak.
Abénaki.	Sipsis, oiseau.	Sipsissak.
Massach.	Wosketomp, homme.	Wosketompaog. — L'*a* prononcé *é* est euphonique.
	Mittamwossis, femme.	Mittamwossisog.
	Ox, bœuf.	Oxesog. — C'est un mot anglais introduit dans la langue et pluralisé par Eliot.
Mahican.	Nemannauw, homme.	Nemanwauk.

Genre inanimé.

		Pluriel.
Lénâpé.	Achsin, pierre.	Achsinall.
	Wikwam, maison.	Wikwahemall. — *He* est ici pour l'euphonie.
Abénaki.	Wigouam, maison.	Wigouamar.
Mahican.	Ukisk, son œil.	Ukiskouan.

On voit que ces différentes terminaisons reçoivent des modifications euphoniques; cela est particulièrement sensible dans le chippéway où les terminaisons *ag* (genre animé) et *an* (genre inanimé) se changent en *eg*, *ig*, *og ug*, et en, *in*, *on*, *un*, selon la voyelle qui précède : ainsi, de *ojee*, mouche, on fera *ojeeg* ; de *iskodai*, feu (inanimé), on fera *iskodain*, etc. Mais ces détails nous mèneraient trop loin.

Nous n'avons parlé jusqu'ici que du substantif dans sa forme simple et primitive, mais lorsqu'il est joint au pronom possessif, il se décline d'une manière qu'il serait difficile de faire comprendre autrement que par des exemples. Il reçoit des inflexions auxquelles nous ne connaissons rien d'analogue dans les langues de l'ancien monde. Au singulier, il n'en reçoit qu'à la troisième personne, et cette terminaison est toujours du genre inanimé. Dans les différens pluriels, ses désinences représentent le genre, et sont variées de façon à faire distinguer les différences entre le singulier joint au pluriel, le pluriel joint au singulier et le double pluriel. La distinction entre le pluriel général ou inclusif, et particulier ou exclusif, n'a lieu dans les noms, comme dans les verbes, qu'à la première personne. Enfin, les exemples suivans, tirés des idiomes chippéway et lénâpé feront mieux connaître ce mode étrange de déclinaison, qu'aucune explication que nous en pourrions donner.

DÉCLINAISON PRONOMINALE

Du mot *père*, *os* en chippéway, *och* en lénâpé.

1. Singulier.

Mon, ton, son.

Chippéway.	Lénâpé.	
Nós,	nôch,	mon père.
Kós,	kôch,	ton père.
Osan,	ochwall,	son père à lui ou à elle.

Cette désinence *an* ou *all* est, comme on voit, du genre inanimé, quoique le mot *père* soit du genre animé. La terminaison *an*, en chippéway, n'est autre chose que le changement ordinaire du *l* en *n*. Dans d'autres langues, c'est *r* qui prend la place.

2. Singulier joint au pluriel.

Mes, tes, ses.

Chippéway.	Lénâpé.	
Nósug (nôsak),	nôchuwak,	mes pères.
Kósug (kosak),	kôchuwak,	tes pères.
Osun (osan)	ochwawall,	ses pères à lui ou à elle.

Ici, le chippéway *ug*, *un*, que nous croyons devoir être prononcé *ak*, *an*, est l'*ak* et *all* des Lénâpés; on remarquera que les deux premières personnes sont au genre animé; la troisième seulement au genre inanimé.

3. *Pluriel joint au singulier.*

Notre, votre, leur.

Chippéway.	Lénâpé.	
Nosinan,	nochena,	notre père (à nous autres).
Kosinan,	kochena,	notre père (à tous).
Kosiwa,	kochuwa,	votre père.
Osiwan,	ochwawall,	leur père.

On voit ici que le *n*, dans le chippéway, et le *l* dans le lénâpé sont quelquefois supprimés; *euphoniæ gratiá*.

4. *Double pluriel.*

Nos, vos, leurs.

Chippéway.	Lénâpé.	
Nosinanig,	nochenana,	nos pères (à nous autres).
Kosinanig,	kochenana,	nos pères (à tout le monde).
Kosiwag,	kochuwak,	vos pères.
Osiwan,	ochuwawawall,	leurs pères.

Le redoublement de la syllabe *wa* ne se trouve pas dans le chippéway, comme dans le lénâpé;

c'est peut-être une faute d'impression; nous serions porté à croire que les Chippéways disent *osiwawan*, leurs pères, pour distinguer ce mot d'*osiwan*, leur père. Mais nous avons suivi M. Schoolcraft pour le chippéway; pour le lénâpé, M. Zeisberger qui ne donne pas cependant toutes ces formes dans sa grammaire. Nous y avons suppléé par ses traductions.

Nous ne donnerons pas de même les six déclinaisons de M. Schoolcraft, pour les raisons que nous avons déja expliquées; nous ne comptions pas même donner celle-ci lorsque nous avons commencé ce chapitre, mais une plus mûre réflexion nous a fait comprendre qu'elle était essentielle pour la connaissance du génie de ces langues, qui ont toutes des formes analogues. Elle nous servira aussi pour l'intelligence des verbes, dont les formes ont quelquefois de singuliers rapports avec celles du nom substantif.

Par exemple, dans la langue chippéway, la terminaison *bun* jointe au substantif, indique que la personne ou la chose dont on parle n'existe plus. Ainsi on dit: *nôs*, mon père, *nosíbun*, feu mon père (*i* euphonique); *Pontiakibun*, feu Pontiac; *mittig*, arbre, *mittigóbun* (*ó* euphonique), arbre mort; *akkik*, chaudron, *akkikobun*, chaudron qui n'est plus, etc. Ceci, par soi-même, ne mérite peut-être pas d'être mentionné, mais ce qu'il y a de remarquable c'est que cette terminaison *bun*, dans les verbes, est celle du plus-que-parfait tant du subjonctif que de l'indicatif, et pour toutes les personnes, excepté la troisième personne du pluriel.

Dans la langue lénâpé, on ne se sert pas de la même forme pour faire entendre qu'une personne n'existe plus ; on dit *nochéna*, notre père, *nochéninga*, notre père défunt, etc. Mais la terminaison *panné*, qui est évidemment le *bun* ou plutôt *ban* des Chippéways, est employée au plus-que-parfait des verbes, dans les deux modes et pour toutes les personnes, excepté la troisième du pluriel. Ce n'est point ainsi, non plus, qu'on distingue dans cette langue les substantifs inanimés vivans de ceux qui n'existent plus ; on préfixe la syllabe *as* au nom des herbes végétantes, et *ga* à celles qui ne végètent plus ; ce dernier préfixe vient du verbe *gachtatawossin*, être sec ; il y a d'autres formes pour dire un soulier, un chaudron vieux, usé, etc. ; mais partout où *panné* se trouve, il indique la cessation d'existence.

Nous pourrions faire une foule de rapprochemens semblables si ce mémoire ne devait pas avoir une fin. Il faut aussi terminer ce long chapitre. Nous serons obligé quelquefois de revenir sur le substantif en parlant des autres parties du discours, tant elles rentrent toutes les unes dans les autres. Nous ne nous flattons pas d'avoir encore trouvé une bonne méthode pour la grammaire des langues indiennes.

Il n'y a point dans ces langues de degrés de comparaison ; on se sert des adverbes *plus*, *moins*, *très*, *beaucoup* : elles ont des diminutifs mais point d'augmentatifs, à moins qu'on ne considère comme tel l'adjectif *grand* joint au substantif avec ou sans crase, comme nous l'avons fait voir au chapitre X.

Les diminutifs sont des monosyllabes suffixes comme *tit*, *tes* ; ils diffèrent selon le genre animé ou inanimé.

On sent bien qu'il est impossible d'entrer dans plus de détails et de suivre ces différentes formes dans un grand nombre de langues ; c'est leur caractère grammatical qu'il faut peindre, et nous ne pouvons le faire ici qu'à grands traits, en montrant les différences essentielles lorsqu'elles se présentent.

Il nous reste à parler des numéraux ; nous n'avons pas beaucoup à dire sur ce sujet. Dans notre Vocabulaire A, nous donnons les noms de nombre d'un à trois mille en deux dialectes, dont l'un algonquin et l'autre iroquois, et on peut voir, par ces exemples, la manière dont ces mots se forment dans les langues indiennes du nord de l'Amérique. Dans notre Vocabulaire B, nous entrons dans plus de détails et nous expliquons, autant qu'il nous est possible, le mécanisme des noms de nombre depuis un jusqu'à dix, dans toutes les langues algonquines qui nous sont connues. Ce qui nous a paru le plus remarquable, c'est de trouver dans plusieurs de ces langues le même système de numération qu'on observe dans les chiffres romains. (Voyez ce Vocabulaire aux mots six, sept, huit, neuf.)

Nous pourrions entrer dans plus de détails, mais il ne nous paraît pas qu'ils puissent jeter beaucoup de lumière sur le génie de ces langues, qui est l'objet principal de ce mémoire. Nous allons passer à des sujets plus importans.

CHAPITRE XIV.

Du pronom.

Il est dans la pensée humaine un point principal, une idée mère autour de laquelle, comme de leur centre, se rassemblent et s'agglomèrent toutes les autres. Cette idée est celle de l'*existence*. Dans nos signes d'idées appelés langues, elle est partout exprimée ou sous-entendue. Quand nous disons *un homme, un arbre*, nous sous-entendons que cet homme, que cet arbre est ou existe, et il en est de même lorsque nous représentons cet homme ou cet arbre sous la forme d'un pronom personnel ou relatif : *il, cela*, équivalent à *il est, cela est*; l'idée de l'existence est toujours au fond de notre pensée; elle est plus aisée à remarquer dans le verbe que dans les autres parties du discours : *je marche, je souffre* peuvent se traduire par *je suis marchant, je suis souffrant*; comme nous traduisons en français les verbes latins *ægroto, vigilo*, par *je suis malade, je suis éveillé*. Il n'y a peut-être rien de neuf dans cette observation, mais elle servira à expliquer ce que nous allons dire.

Ce fut une sublime invention que celle de l'homme qui, dans l'origine des langues, trouva le moyen de dégager, par une subtile analyse, cette idée centrale de celles qui l'environnent; de l'homme qui, le premier, proféra les mots *être* et *je suis*, dans le sens abstrait qu'ils ont dans les langues de l'ancien monde. C'est un élément de la pensée qui, semblable au feu dans le monde physique, donne la vie et le mouvement au monde moral des idées, mais qui est souvent caché dans les mots, comme le feu dans les substances qu'il anime. Pour bien comprendre tout le mérite de cette invention, que l'usage et l'habitude nous empêchent de discerner complètement, il faut voir ce qu'ont fait les sauvages de l'Amérique du nord.

Il faut se les représenter au berceau de leurs langues, cherchant à analyser les groupes d'idées qui se présentent à leur esprit et à en simplifier l'expression. Ils sont parvenus à en extraire : *je suis*, *cela est*; mais ils n'ont pu aller plus loin. Ce petit groupe contient deux idées dont l'une matérielle, *je* ou *moi*, et l'autre immatérielle, *être* ou *exister*. Ils n'ont pu concevoir séparément l'idée abstraite ou immatérielle, et ils se sont arrêtés à celle qui était accessible à leurs sens. Cependant l'idée abstraite était dans leur esprit; mais elle y était confondue avec l'autre, comme elle l'est dans celui du paysan illettré quand il dit : *je dors*, il ne se doute pas qu'il pense : *je suis dormant*, et que, dans la rapidité de son imagination, il saute à pieds joints sur l'idée abstraite pour se prendre à celle qui est purement physique. Ainsi, les Indiens ne pouvant porter leur analyse plus loin, ont saisi seulement le pronom et l'ont adopté pour représenter la double idée que leur esprit n'a pu développer.

Mais cette idée de l'existence, sous quelque forme qu'elle se présente, est le ciment de la pensée et par conséquent du langage; il est impossible de former un jugement et de le revêtir de mots, sans qu'elle s'y trouve exprimée ou sous-entendue; au défaut d'une forme plus simple, les Indiens d'Amérique ont adopté celle du *pronom* parce que, sans l'exprimer séparément, il présente à leur esprit cette idée mère, sans laquelle aucune langue ni la pensée elle-même ne pourrait exister. C'est la première de nos sensations.

Pour nous expliquer plus clairement, prenons des exemples tirés de la langue latine. Quand on dit : *mortuus est*, personne ne peut douter que l'idée de l'existence ne soit comprise dans la phrase, puisque le mot *est* la représente directement; mais quand on dit *decipitur*, où est alors cette idée? Elle est dans la dernière syllabe *ur*, qui est en partie une forme pronominale, et ainsi les deux idées se trouvent confondues comme dans les langues indiennes. Le mot latin, de même que le mot indien, ne les réveille pas moins toutes deux dans l'esprit de l'auditeur autant qu'il est nécessaire pour l'intelligence de ce qu'on veut faire entendre. La traduction française *il est trompé* ne fait pas un effet différent. L'oreille intérieure, l'oreille mentale entend à demi-mot : La pensée vole, la parole chemine.

On trouvera plus d'une fois l'application de ces principes dans la suite de ce mémoire; c'est pourquoi nous nous sommes permis cette digression.

Le pronom, par lui-même, n'offre rien de remarquable; il ne devient vraiment intéressant que lorsqu'il est joint aux autres parties du discours. Cependant il convient d'en dire au moins quelque chose afin de présenter un tableau de ces langues aussi complet que la nature de ce travail le permet.

M. Eliot, dans sa grammaire de la langue de Massachusetts, ne considère pas le pronom comme une partie du discours; il n'en parle que comme d'une forme possessive du nom et du verbe, et c'est en effet le rôle principal qu'il joue dans ces langues. Cependant nous croyons devoir en traiter séparément, d'abord parce que le pronom a des formes séparées qui lui sont propres, quoiqu'on en fasse rarement usage; et quand même il en serait autrement, nous pensons que, dans plusieurs cas, la méthode ordinaire des grammairiens est la meilleure pour arriver du connu à l'inconnu. On sait ce que c'est qu'un pronom et l'idée qu'il représente; le tout est de suivre cette idée sous différentes formes, mais toujours sous le nom que la science lui a approprié.

Il n'y a point de différence dans ces langues entre le pronom personnel et le pronom possessif sous la forme inséparable; on les distingue par le sens de la phrase et par les désinences nominales ou verbales du mot auquel ils sont joints.

Le pronom est séparable ou inséparable; la première de ces formes est rarement en usage et ne l'est que dans le sens personnel; cependant il convient de la faire connaître. On sent bien que nous ne pouvons pas la donner dans un grand nombre de langues; nous nous contentons d'en choisir trois très éloignées l'une de l'autre. La première, au nord-est, est le dialecte penobscot du micmac ou abénaki; la seconde, au nord-ouest, est l'algonquin propre ou chippéway, et la troisième, au sud, est le lénâpé. On verra que, quant à ce pronom, ces langues ne diffèrent pas beaucoup les unes des autres.

PRONOM PERSONNEL SÉPARABLE.

Singulier.

Je ou moi; tu ou toi; il, lui ou elle.

Penobscot.	Chippéway.	Lénâpé.
Nin,	*nin*,	*ni*.
Kil,	*kin*,	*ki*.
Nekham,	*win* (ouin),	*neka* ou *nekama*

Pluriel.

Nous autres; nous tous; vous; ils, eux ou elles.

{ *Ninou*,	*ninowin*, }	*niluna*. }
{ *Kinou*,	*kinowin*, }	*kiluna*. }
Kilou,	*kinowa*,	*kiluwa*.
Nekhamon,	*winowa*,	*nekamawa*.

Nous nous sommes rapproché autant que nous l'avons pu de l'orthographe française : *in* n'est point nasal ; *w* représente *ou* consonne, comme dans *oui*.

Le pronom inséparable, qui est à la fois personnel et possessif, est dans toutes ces langues, *ni*, *ne* (e muet) ou *n'* à la première personne du singulier et du pluriel exclusif (nous autres); et *ki*, *ke* ou *k'*, à la seconde personne tant du singulier que du pluriel, et à la première du pluriel général ou inclusif. On s'en sert comme préfixe dans les noms et dans les verbes; à la troisième personne, on préfixe quelquefois *o* ou *w*, au singulier; souvent, on rejette ce pronom à la fin du mot, sous la forme pronominale, *o*, *ou*, *eu*, *ew*, qui signifie en même temps *il est;* au pluriel, la forme suffixe est *ak*, *og*, *ug*, *wah*, *wog*, *wug*, selon l'orthographe qu'on emploie; nous avons déja vu ces formes dans les noms substantifs ; pour certains temps du verbe, on emploie *ek*, *eg*, *ik*, *ig*; en général, c'est le *k* ou le *g* dur qui indique à la fin des mots la troisième personne du pluriel. Il y a dans les verbes d'autres terminaisons que ce n'est pas ici le lieu d'indiquer.

Il serait trop long de faire connaître toutes les combinaisons du pronom; il faudrait des explications à chacune, comme pour celle-ci tirée de la langue lénâpé :

Singulier. Pluriel.

Népé, moi aussi.   *Népéna*, nous autres aussi.
Képé, toi aussi.   *Képéna*, nous tous aussi.
Epeu, lui aussi.   *Képewo*, vous aussi.
                      Képoak, eux aussi.

Nous allons maintenant essayer d'expliquer, non sans quelque difficulté, ce que les Indiens entendent par cette forme de pronom. *Epit* est un adverbe qui signifie là; on en a fait le verbe *n'dappin*, je suis là (adsum), et le pronom *népé*, moi aussi (j'y suis, me voilà). Il y en a un autre dont l'idée se combine avec ce pronom, c'est le verbe *venir*; à la troisième personne du singulier, on dit : *peu* (péou), il vient; et au pluriel, *peouak*, ils viennent; ainsi ce pronom peut signifier à la fois : *nous sommes ici, nous venons*. Si César eût parlé lénâpé, il aurait dit à Brutus : *Képé n'Broutian!* Toi aussi, mon cher Brutus, tu viens (pour m'assassiner)! Cependant Zeisberger qui savait parfaitement la langue lénâpé, traduit ce pronom par moi aussi, toi aussi, etc. On demande où est le mot qui signifie *aussi*, pour justifier cette traduction? ce mot est *wak*, qui signifie en latin *ac, et, etiam, quoque*; on ne le trouve point dans ce pronom [1], excepté à la troi-

[1] Nous disons *pronom* : mais la grammaire n'a pas en-

sième personne du pluriel, et on sait que *wak* et *ak* sont des terminaisons ordinaires de cette troisième personne, dans les noms et dans les verbes. Comment toutes ces idées se combinent-elles dans la tête d'un Indien ? Il faudrait être un Indien pour le dire ; il faudrait être encore habile philologue et profond métaphysicien, et nous ne prétendons à aucune de ces qualités. Peut-être qu'en examinant nos propres langues, nous trouverons des combinaisons, sinon semblables, au moins analogues. Comment *Hôtel-Dieu* nous rappelle-t-il l'idée d'un *hôpital*, et *sage-femme* celle d'une *accoucheuse* ? Et dans le mot *accoucheur*, où trouve-t-on les idées d'*enfant*, de *naissance*, et même celle de *femme* ? que de peine il faudrait pour expliquer cela à un Lénâpé, eût-il l'esprit le plus subtil et le plus pénétrant, fût-il un Locke ou un Mallebranche ! C'est qu'il est très difficile de détourner la pensée humaine de la route qu'elle est accoutumée à suivre, et de la faire entrer dans une voie qui lui est inconnue. La seule réponse que nous puissions faire à la question que nous avons anticipée est celle-ci : on est convenu que *népé* réveillerait l'idée de *moi aussi*, et encore plusieurs autres ; comme en français les mots *cent*, *sang*, *sans*; *ces*, *ses*,

core donné de nom à la jonction de cette partie du discours avec l'adverbe.

c'est, qui, à l'oreille (et les Indiens n'ont point de langue oculaire), réveillent une foule d'idées entièrement disparates.

Cependant, il y a peut-être moyen de trouver une explication plus satisfaisante. La vie des Indiens se passe presque tout entière à la guerre ou à la chasse; un Indien aura dit : allons à la guerre ou à la chasse; un autre aura répondu : j'y vais ou je viens; et un troisième aura dit : *n'pomsi*, j'y vais, ou *n'pa*, je viens; toute la bande voulant exprimer son assentiment, on aura formé de l'un ou l'autre de ces deux mots le pronom *népé*, pour signifier *moi aussi*, je vais ou je viens, sous-entendant à la guerre ou à la chasse; peut-être même quelque tribu aura dit *n'pé*, je viens, au lieu de *n'pa*; et le mot à la fin se sera généralisé et appliqué, comme aujourd'hui, à tous les cas où on consent de se joindre à d'autres. Nous ne donnons ceci que comme une conjecture; mais elle nous paraît assez probable; c'est dans les mœurs et les usages des nations qu'on trouve le plus souvent les étymologies de leurs langues.

On voit où nous entraînerait le désir de citer beaucoup de semblables combinaisons, qu'on rencontre à chaque pas dans les langues indiennes; nous sommes obligé de choisir, ne perdant pas de vue l'objet principal qui est de faire connaître le génie et le caractère grammatical de cette famille de langues. Nous n'avons rien de plus à observer au sujet du pronom personnel et possessif, sinon que le genre n'y est point exprimé : il se trouve dans les désinences des noms et des verbes auxquels il est joint, et dans le verbe lui-même, ainsi que nous l'expliquerons à sa place.

Les indianologues des Etats-Unis ont beaucoup agité la question de savoir si le pronom relatif *qui* existe dans les langues indiennes ; ce qui a donné lieu à cette dispute de mots, car elle n'est rien autre chose, c'est que le mot *auwen*, en lénâpé ; *owa*, en ménoméni ; *howan*, en massachusetts, et les mots analogues dans les différens idiomes, signifient à la fois *qui* et *quelqu'un* (aliquis). On aurait tort d'attribuer cela à la pauvreté de ces langues ; ce n'est qu'une combinaison d'idées à laquelle nous ne sommes pas habitués ; il ne serait pas impossible d'en trouver de semblables dans nos langues civilisées. Voici, par exemple, une phrase anglaise qui se présente très à propos.

I say *that that* is the man *that* made *that* picture.

Je dis que c'est l'homme qui a fait ce tableau.

A présent, voici la phrase littéralement traduite :

Je dis *que* (that) *cela, ceci,* ou *celui-ci* (that) est l'homme *qui* (that) a fait *ce* (that) tableau.

Ainsi, voilà le mot *that* qui signifie à fois que, qui, ce, cela, ceci, ou celui-ci; la phrase n'est pas élégante, on pourrait la mieux tourner; mais enfin, elle est anglaise; elle doit suffire pour justifier nos Algonquins, pour épargner à leurs langues l'épithète de *barbares*, et pour faire voir qu'en fait de confusions d'idées, nous n'avons pas toujours besoin d'aller chez les Algonquins pour en trouver des exemples.

Il est certain que les langues de ces peuples sont formées sur des *plans d'idées* entièrement différens des nôtres. Nous aimons à répéter, malgré Turgot, cette heureuse expression de l'illustre président de l'académie de Berlin; on va en voir un nouvel exemple dans la manière dont ce même pronom relatif *qui*, auquel on ne peut refuser cette signification, devient verbe et se conjugue dans la langue lénapé. Du mot *auwen*, on fait le verbe *ewenikia*, qui je suis? *auweni*, qui est-il? *auwenik*, qui sont-ils? et on peut varier cette phrase, ou plutôt ce mot, suivant les temps et les modes. On voit encore ici l'idée de l'existence, inséparable de la pensée de ces langues et inséparable dans leurs mots.

En voilà assez au sujet des pronoms; on pourra comprendre, par ce que nous avons dit, comment les idées qu'ils représentent, se peignent dans l'esprit de nos sauvages, et de quelle manière elles s'expriment.

CHAPITRE XV.

De l'adjectif.

Les auteurs qui ont écrit sur les langues de cette famille, ne sont pas d'accord sur la question de savoir si l'adjectif pur et simple existe ou non dans ces idiomes. Edwards, dans ses observations sur le mahican, qu'il avait appris dans son enfance, décide expressément en faveur de la négative. Eliot, qui a traduit la Bible en massachusetts, nous dit, au contraire, qu'il y a des adjectifs dans cette langue, et qu'ils sont susceptibles des formes du genre, dont il donne des exemples. Zeisberger, dans sa grammaire lénâpé, dit qu'il a hésité sur cette question; mais qu'il s'est enfin décidé en faveur des adjectifs simples, quoiqu'ils ne soient pas nombreux, ni souvent mis en usage, et qu'il soient tous susceptibles des formes du verbe, mais pas également dans tous les modes et dans tous les temps.

Après avoir mûrement réfléchi sur cette matière, nous nous sommes vu obligé d'adopter l'opinion du docteur Edwards, que l'adjectif pur et simple n'existe pas dans les langues algonquines, mais que l'idée que cette forme présente à l'esprit d'une qualité du nom substantif, est combinée avec celle de l'existence; qu'on ne dit pas : *blanc, noir, bon, mauvais*; mais il est, ou je suis blanc, noir, etc.

Ce que la plupart des auteurs, qui ont écrit sur cette matière, appellent l'adjectif simple dans ces langues, n'est autre chose que le verbe impersonnel : il est bon, mauvais, etc. Ce qui a embarrassé ces auteurs, c'est que la terminaison la plus ordinaire de la troisième personne du singulier dans le présent de l'indicatif des verbes, est : *o, oo, ou, u, eu, ew*; nous disons le plus souvent, car il y en a d'autres que nous croyons inutile de détailler ici. Les écrivains anglais et allemands, pleins de l'adjectif de leurs propres langues, ont voulu le trouver partout où le mot qui en exprimait l'idée, n'avait pas une terminaison strictement verbale. Ainsi, Zeisberger, tout en hésitant, a cru pouvoir considérer comme adjectifs purs et simples ceux qui se terminent par *i, wi, en* ou *k*, précédé ou non d'une voyelle; mais, quand il vient ensuite à parler de ce qu'il appelle avec raison des verbes adverbiaux, il place dans cette catégorie toutes ces terminaisons et beaucoup d'autres : et des adjectifs qu'il ne conjugue pas en entier, il fait des verbes impersonnels, et les traduit par : il est bon, mauvais, blanc, noir, etc. D'un autre côté, Eliot, en voulant donner des exemples d'adjectifs purs, donne au genre animé: *wompesu*, blanc; *mouisu*, noir; *menuhkisu*, fort, et *nouchumwisu*, faible; qui tous ont la forme verbale *u* (ou), et signifient évidemment : il est blanc; il est noir; il est fort; il est faible. On voit ici ce que nous avons déja observé, l'idée de l'existence qui se présente partout dans ces langues, mais combinée avec d'autres, parce que les inventeurs du langage n'ont pas su l'extraire de la masse complexe de leurs pensées, et la présenter séparément et distinctement à l'esprit.

Quant aux désinences du genre dont ces adjectifs verbaux sont en effet susceptibles, elles ne font rien à la question, puisque les désinences de genre appartiennent au verbe, aussi bien qu'au substantif et à l'adjectif.

Nous ne voulons pas dire, cependant, que l'idée verbale : *il est, cela est,* se présente toujours à l'esprit d'un Indien, lorsqu'il désigne par des mots la qualité des objets. La forme verbale ne le frappe que lorsque le sens de la phrase l'exige. On n'analyse pas les mots quand on parle; l'usage l'emporte sur la forme et, dans toutes les langues, telle idée est souvent réveillée par un mot qui semble signifier toute autre chose; nous en avons déja donné des exemples, nous nous dispenserons d'en citer davantage. C'est ce qui fait que, quoique l'adjectif pur n'existe pas ici dans la forme du langage, il existe dans la pensée de celui qui parle et de celui qui écoute; et le verbe qui est compris dans le mot, ne se présente à l'esprit que lorsque le sens de la phrase l'exige.

L'usage de l'adjectif pur est rarement nécessaire dans ces langues, tant elles sont susceptibles d'une infinité de combinaisons d'idées sous la forme de mots; les Indiens ont, comme nous, des noms substantifs dans lesquels l'idée de l'adjectif est comprise; tels sont : *vieillard, barbon, adolescent* (à la fois adjectif et substantif), *cheval, jument, poulain, ânon, dindonneau, cadavre, squelette*, et une foule d'autres qu'il est inutile de spécifier.

Voici la manière dont ils joignent l'idée de l'adjectif à celle du substantif ou du verbe; ces exemples sont pris de la langue lénâpé.

De *kikey* ou *kikei*, vieux (il est vieux).
Kikeyin (verbe), — être vieux.
Kikeytschik (pluriel) — de vieilles gens.
Kikeilenno, — un homme vieux, avancé en âge.
Kikeyochqueu, — une vieille femme.
Kichéchum, — un vieux quadrupède.
Kikehelleu, — un vieil oiseau, etc.

Ils disent aussi :
Mihillusis, — un vieillard.
> *Mihil, nihil*, racine de plusieurs mots qui rappellent l'idée de supériorité, de maîtrise. Les Indiens respectent beaucoup la vieillesse, mais dans les hommes seulement.

Chauchsisis, — vieille femme.
> De *chowiey*, vieux, dans le genre inanimé. Idée de mépris.

Mihilluschum, — vieux quadrupède mâle.
Chauchschachum, — vieux quadrupède femelle.
> *Chum* est une terminaison qui s'applique aux quadrupèdes, et *helleu* aux volatiles.

Au genre inanimé ils disent :
Chowiey, — vieux, il est vieux.
Chowigawam, — vieille maison. (Wigwam, maison.)
Chohakihacan, — vieux champ. (De hacki, terre.)
Chowaxen, — vieux souliers. (Maxen, soulier.)
Chowasquall, — vieilles herbes. (De maskik, herbe.)
> On voit ici la désinence du genre, *all*, la même que celle du pluriel.

Il y a différens mots pour *vieux*

par l'âge, et *vieux* par l'usage, un mot différent selon la chose dont on parle, et la manière dont elle est employée; ainsi, on dit :

Metchihilleu, — vieux, usé, parlant d'une hache ou d'un autre instrument tranchant.

Pikihilleu, — détérioré par l'usage.

Lokihilleu, déchiré, tombant en morceaux, etc.

De *wuski,* jeune, nouveau; on forme de la même manière des substantifs composés; il y a aussi des mots particuliers pour exprimer les différens âges des hommes et des animaux.

Voici d'autres exemples tirés de la langue de Massachusetts :

Wonomayokod, — beau chemin, chemin uni.

Woni est *wulit* des Lénâpés, bon, beau, agréable.

Wonôquat, — beau temps.

Nayanat, — l'année dernière.

Kakot, — cette année, l'année présente.

Nekonishaog, — de vieux oiseaux.

On voit ici la terminaison *og*, *ak*, du genre animé; il faut observer que cette distinction n'a lieu qu'au pluriel dans les substantifs et dans les adjectifs; c'est ce qui fait que, dans les verbes, on a été obligé d'inventer une autre manière de distinguer les genres, comme nous le verrons à sa place.

Mais, nous nous apercevons que ces exemples de détails ne nous apprennent rien de bien remarquable relativement au caractère et au génie de ces langues. La forme verbale de l'adjectif est tout ce que cette partie du discours a d'intéressant dans la considération de cet objet. Nous nous arrêterons donc ici, et passerons au verbe, qui mérite bien autrement notre attention.

CHAPITRE XVI.

Du verbe en général.

Nous avons dit plus plus haut que l'immense complication des verbes indiens n'est point ce qu'il y a de plus remarquable dans ces langues, ni ce qui les distingue le plus des autres qui nous sont connues. Cette complication se retrouve en effet, à un moindre degré à la vérité, dans un grand nombre d'idiomes de l'hémisphère oriental, dans l'hébreu, par exemple, et généralement dans les langues appelées sémitiques. On y trouve la jonction, sous une forme verbale au moyen de préfixes et de suffixes, de l'objet ou de la personne qui agit, et de celui sur lequel l'action a lieu; on y trouve des verbes causatifs, réfléchis, et bien d'autres manières de concentrer dans une seule parole une multitude d'accessoires de l'idée verbale; mais ces langues manquent de ce moyen inépuisable de composer les mots qui fait le caractère vraiment distinctif des langues indiennes et auquel doit être, au moins en partie, attribuée la grande multitude de leurs verbes, qui n'en est dans le fait qu'une conséquence.

Le verbe, dans ces idiomes, est le chef suprême du langage; il attire dans son cercle magique, toutes les autres parties du discours, et les fait agir, mouvoir, souffrir et même exister de la manière et dans la situation qu'il lui plaît. Un savant philologue des Etats-Unis a comparé le verbe des Indiens à Atlas qui porte le monde sur ses épaules; si une langue peut être comparée à un monde, cette comparaison nous paraît extrêmement juste; le verbe peut la porter tout entière dans son vaste sein. Le même philologue fait monter les formes du verbe, dans l'idiome chippéway, à six ou huit mille[1]; c'est-à-dire, qu'elles sont innombrables.

---

[1] *Chippeway first lessons in spelling and reading; published by order of the Baptist Board of Missions;* by Edwin James. M. D. (sans date ni lieu d'impression).

Nous croyons en avoir dit assez dans ce mémoire pour faire comprendre ce qu'est le verbe dans les langues algonquines. Son mécanisme est celui des affixes et de l'intercalation des syllabes joint à celui des inflexions. Cependant, ce mécanisme demande à être connu dans sa marche et dans ses détails. Nous ne croirions pas avoir rempli le désir de la commission, si nous nous arrêtions ici : elle voudra voir ces verbes pour ainsi dire en action, afin de s'assurer par elle-même des faits que nous avançons ; c'est ce que nous tâcherons de faire dans les chapitres suivans, autant que les bornes de ce mémoire nous le permettront. Le présent chapitre est destiné à quelques observations générales.

La première chose qui frappe dans le système verbal des langues algonquines est l'absence totale des verbes dits substantifs ou auxiliaires *être* et *avoir ;* les idées qu'ils représentent sont comprises dans les formes du verbe; mais elles ne sont nulle part séparément ou abstraitement présentées à l'esprit. Les Indiens ont une foule de verbes où l'idée de l'existence est exprimée d'une manière concrète. Ils ont : *Je suis ici, je suis debout* (sto), *je suis vivant, je suis bien, je suis mal.* Enfin, ils combinent cette idée avec toutes les circonstances de la vie. Ils ont le verbe *avoir* dans le sens de *tenir, posséder;* et ces verbes diffèrent selon le genre de possession, absolue, temporaire, etc.; mais il leur manque les verbes abstraits et justement nommés auxiliaires, qui facilitent l'expression dans tant de langues.

Plusieurs indianologues ont cru, sur la foi de quelques paradigmes, que le verbe *être* dans son sens absolu, se trouvait dans plusieurs de ces langues. La question a été long-tems agitée, et à la fin on a trouvé le moyen de la décider d'une manière qui ne laisse plus de doute. On a cherché dans la Bible indienne d'Eliot, la traduction du célèbre passage : *ego sum qui sum*. (Exod. III, 14.), et on a trouvé *nen nutinniin, nen nutinniin;* on a cherché aussi dans le même livre, la traduction du passage *ego* (sum) *sicut vos*, dans l'épître de saint Paul aux Galates, ch. 4, v. 12, et on a trouvé *nen neyané kénaau;* on a envoyé ces deux passages ainsi traduits aux missionnaires les plus instruits dans les langues algonquines, et ils ont trouvé que le premier signifiait : *je fais, je fais*[1]; et le second : *nous*

---

[1] Abel-Rémusat, dans sa Grammaire de la langue chinoise, cite une forme d'expression dans laquelle l'idée *d'être* et celle de *faire*, paraissent être confondues; c'est le mot *wéi* qui, dit-il, peut se rendre par *être;* mais signifie proprement *faire*. Il l'applique à cette phrase : Hoci était

nous ressemblons ou *je vous ressemble*, et que ni l'un ni l'autre n'exprimait l'idée abstraite de l'existence. On a ensuite demandé à ces missionnaires et à d'autres, enfin à des Indiens de traduire littéralement le passage : *ego sum qui sum*, ils ont tous reconnu leur impuissance, et déclaré unanimement que le verbe substantif *être* n'existe point dans ces langues sous une forme abstraite et séparée [1].

Nous avons cru, pendant quelque temps, que c'était à l'absence de ce verbe substantif que devait être principalement attribuée l'étonnante complication, non seulement du verbe, mais d'autres parties du discours dans les langues indiennes; une plus mûre réflexion nous a fait appercevoir de notre erreur : nous avons observé que ce verbe manque aussi dans les langues polynésiennes, et que cependant elles sont de la plus grande simplicité dans leurs formes et dans leur

---

(ou faisait) véritablement un homme. (Voy. Gram. chin. p. 65.) Nous disons de même en français, il *fait* nuit, il *fait* jour, pour il *est* nuit, il *est* jour. Quelle est donc la relation entre l'idée d'*être* et celle de *faire* ? Nous soumettons cette question aux philologues.

[1] Voyez *Collections of the Historical Society of Massachusetts*, second series, vol. 9, append. p. XXIV, et vol. 10, p. CXII, où l'on verra que ce verbe paraît manquer généralement dans les langues des Indiens des deux Amériques.

structure[1]. D'un autre côté, l'hébreu qui, quoiqu'il soit considéré comme une langue simple, a cependant beaucoup de formes indiennes, possède le verbe substantif dans toute sa gloire, puisque c'est à cette langue qu'appartient le nom de *Jehovah* qu'on dit signifier : *Celui qui est, qui fut, et qui sera*. Enfin, la langue basque dont le système verbal est entièrement fondé sur les deux verbes *être* et *avoir*, est une des langues les plus compliquées qui existent. Tout s'y conjugue, dit-on, jusqu'aux lettres de l'alphabet. Nous ne citons ce dicton que pour donner une idée de son extrême complication. Après avoir réfléchi sur tout cela, nous sommes arrivé à la conclusion : qu'il ne faut pas trop se hâter de généraliser.

Condillac a supposé que, dans l'origine des langues, le verbe *être* aurait été inventé avant tous les autres, et que ceux-ci auraient été for-

[1] Un voyageur éclairé dont nous avons déjà fait mention, nous a assuré que le verbe *être* ne s'y trouve point sous sa forme abstraite. M. Mariner qui, à la suite de sa description des îles Tonga, a donné une grammaire abrégée de la langue de cet archipel, dit seulement que le sens du verbe substantif est presque toujours (*mostly*) enveloppé dans les formes des autres verbes ; mais il ne dit point que ce verbe y existe sous la forme simple. Voyez *An account of the natives of the Tonga Island*, etc. by William Mariner. London, 1817, vol. 2, p. 374.

més de son union avec des substantifs : Ce verbe, dit-il, joint à *œil* aura signifié *voir*, joint à *oreille*, il aura signifié *entendre*, etc.[1] Ce n'est pas, selon nous, la marche qu'ont suivie les formateurs des langues américaines; nous ne voulons pourtant pas dire que d'autres peuples n'aient pas procédé selon la méthode de Condillac; nous sommes toujours convaincu que toutes les langues, dans leur origine, n'ont pas été formées sur le même modèle, et que leur structure et leur organisation ont dépendu, en grande partie, du génie et de l'intelligence de ceux qui les ont inventées, à quoi on peut ajouter des circonstances locales qui ont pu contribuer à les modifier; après tout nous en revenons à notre adage qu'il ne faut pas se hâter de généraliser.

Il paraîtrait, en comparant le génie et les formes des différentes langues, que des peuples dont les idiomes entièrement dissemblables quant à leur structure, ont cependant, en les formant, tendu au même but, mais par des moyens directement opposés. Les Chinois, par exemple, et les Algonquins ont voulu également transmettre leurs idées aussi rapidement qu'il leur a été possible; les premiers, plus intelligens et doués d'une plus

[1] *Cours d'études* (Grammaire). C. 8.

vive imagination, ont adopté le système des monosyllabes, et leur perception facile leur a suggéré l'usage fréquent de l'ellipse. Le Chinois, au moins à ce qu'il nous paraît, par la lecture de grammaires et d'autres ouvrages qui ont été écrits sur cette langue, car nous ne prétendons nullement au titre honorable de sinologue, sous-entend beaucoup plus qu'il n'exprime ; sa langue est brève et rapide, et transmet les idées avec vitesse d'une intelligence à l'autre ; les Indiens, moins délicatement organisés, ont voulu tout dire et tout exprimer à la fois; à mesure qu'ils ont saisi un groupe, une masse d'idées, ils ont fait un mot pour la représenter, tandis que les Chinois ont saisi la portion du groupe qui leur a paru le plus propre à le réveiller tout entier, se reposant sur leur sagacité pour deviner ce que le mot ne représentait pas ; de là sont résultées la simplicité d'une de ces langues, et la complication des autres ; mais l'objet des deux peuples a été le même. C'est donc dans le caractère des nations, modifié par le climat et d'autres circonstances, qu'il faut chercher la cause des différences si frappantes qui existent dans la structure de leurs idiomes.

Quoi qu'il en soit, c'est dans la richesse des mots et la variété des formes grammaticales qu'existe le caractère principal des langues algonquines, et c'est surtout dans le verbe que ce caractère se déploie C'est là qu'on voit les idées présentées en masse, chaque groupe avec un mot qui lui appartient en propre. S'agit-il de *manger*, il y a, en lénâpé et en chippéway, un verbe pour dire je mange de la soupe, de la bouillie, etc. C'est comme si on disait pour l'un : je *mâche*; et pour l'autre : j'*avale*. En abénaki, je mange, se dit *némitsési*; je mange cela, *némitzi*; je mange du poisson, du chien, des légumes, *némouhank*; je mange de l'Iroquois (la chair d'un Iroquois prisonnier), *némouhanouk*. On ajoute le substantif après ces verbes, pour distinguer plus particulièrement l'espèce de nourriture qu'on prend, à moins qu'on ne veuille s'en tenir à l'expression générale du verbe. On dit encore dans cette langue : *négadotamen*, j'ai envie de manger; *nénobatsihan*, je lui donne à manger; *nouripoudéran*, je lui mets la nourriture dans la bouche; *nouitsipouman*, je mange avec lui; *nabîpou*, il mange vite; *nénoudappi*, je ne mange pas assez, etc.

En lénâpé on dit : *n'mitzi*, je mange; *n'mamitzi*, je suis dans l'action de manger; *n'dappi mitzi*, je viens de manger; mais cela se dit seulement si le lieu où l'on a mangé est proche, et qu'on vienne de le quitter; si, au contraire, on vient de manger à quelque distance, il faut dire: *n'dappa mitzi.*

Ces langues sont plus ou moins riches de ces verbes composés; comme les Indiens inventent des mots à volonté, il n'est pas étonnant que telle tribu ait tels mots dont d'autres ne font pas usage; il serait très difficile de former là-dessus une comparaison entre elles; mais ce dont on peut être assuré, c'est que le système est le même dans toutes, et que les différences entre elles ne sont que des variétés.

La langue des Abénakis est celle qui nous fournit le plus de ces verbes qu'on peut appeler spéciaux; nous allons en citer quelques-uns, dont l'idée principale est le verbe *penser;* on verra par là, en partie, la vaste variété de manières dont cette idée modifiée et combinée avec d'autres, peut être présentée à l'esprit. La syllabe *an* est toujours nasale :

Je pense, — néderitéhansi, ou nédererdam.
Je pense à cela, — nétépitéhandamen, — genre noble.
— nékéritébanman, — genre ignoble.
Je pense à lui, — némikouitéhanman.
Je pense pour lui, — némikouitchandamaouan.
Je cesse de penser à lui, — nédékouimoutéréman.

J'ai des pensées plus justes de lui, — nouédéréman, ou noudanioui nédédoudéreman.

Je dis ce que je pense, — nésanbikérousi, ou nésanboué.

Je fais cela dans ma pensée, — nékisitéhandamen.

J'ai des pensées de frayeur, — néhouankoutaïtéhansi.

J'ai des pensées de crainte, — nédaskouitéha.

— d'inquiétude, — négaghiouansi.

— de paix, de douceur, — némennitéhansi.

J'ai de bonnes pensées, — nouritéhé.

— de mauvaises pensées, — nemetsitéhansi.

— de mauvaises pensées de lui, — nouritéhanman.

P. Rasles.

Cette langue a aussi certaines manières de parler pour les hommes et d'autres pour les femmes. Le P. Rasles dit quelquefois, à la suite des mots Indiens, *ait vir, ait mulièr;* cependant, cela ne s'étend pas bien loin. En voici un exemple qui suffira pour en donner une idée; il y a un verbe qui signifie : *je n'ai pas beaucoup d'esprit ;* un homme dira : *nénananbasanbaï ;* une femme : *nénananbaseskouaï.* M. Heckewelder nous a assuré que rien de pareil n'existe dans la langue lénâpé, ni dans le chippéway, ni dans aucune des langues plus méridionales. Il est propable que cette différente manière de parler entre les hommes et les femmes est particulière aux langues de l'ancienne Acadie; on la trouve aussi chez les Caraïbes. Voyez la grammaire et le dictionnaire du P. Breton[1].

On croira, peut-être qu'au milieu de cette multitude de mots formés d'une manière aussi singulière, les Indiens ne peuvent pas s'entendre, et que leur mémoire ne peut suffire à les retenir; cependant il est très certain qu'ils s'entendent parfaitement, et que leur imagination est accoutumée à saisir les idées que ces mots représentent. Pour s'en convaincre, il ne faut que jeter les yeux sur nos propres langues, toutes remplies de mots empruntés aux langues étrangères, et qui n'ont aucune analogie de sons les uns avec les autres. Quelle analogie y a-t-il, par exemple, entre les mots : *feu*, *brûler*, *ardeur*, *incendie*, *combustion*, tous présentant la même idée-mère, et qui, cependant, n'ont aucune affinité étymologique. On comprend maintenant comment les Indiens peuvent retenir ceux qu'ils composent avec au moins une certaine méthode.

Admettons, cependant, que cette manière de

---

[1] *Grammaire de la langue caraïbe*, par le R. P. Raymond Breton, de l'ordre des frères prêcheurs, etc. Auxerre, 1667.

Dictionnaire de la même langue, par le même auteur. Auxerre, 1665.

former les mots soit aussi sauvage et aussi barbare qu'on pourra se l'imaginer; admettons que les mots indiens soient un chaos informe, un dédale duquel il est impossible de se tirer, on n'en sera que plus étonné, lorsqu'on verra sortir de ce chaos, de ce dédale, des formes grammaticales aussi régulières que celles des plus belles langues de l'antiquité. Le mot, il est vrai, quant à son étymologie et à la manière de le former, est pour nous un monstre privé de lumière; mais une fois qu'il est composé et sa signification entendue, l'obscurité cesse, la lumière brille, l'ordre et la méthode règnent partout. Le nom se décline, le verbe se conjugue, et tout devient désormais soumis à des règles fixes et invariables. Les rapports entre les idées paraissent maintenant dans le plus grand jour. C'est ce phénomène qui distingue ces langues de toutes les autres; tant d'arbitraire dans la formation des mots, tant de régularité et de système dans les formes qu'ils reçoivent, n'existent, à notre connaissance, dans aucun des idiomes des autres peuples. Nous avons déjà fait connaître une partie de ces formes, nous allons essayer d'expliquer celles du verbe; nous craignons seulement de ne pouvoir le faire aussi complètement qu'on pourrait le désirer, ni surtout aussi brièvement.

CHAPITRE XVII.

Des formes du verbe.

Nous ne pouvons donner sur ce sujet que des vues bien générales. La matière est immense, et si nous voulions l'examiner en détail, elle exigerait des volumes. Nous n'avons jamais vécu parmi les sauvages, et quand même nous l'eussions fait, nous pourrions tout au plus connaître à fond une ou deux de leurs langues, et nous serions laissé à nos conjectures sur le reste. L'étude que nous avons faite de ces idiomes, en les embrassant tous, autant qu'il a été en notre pouvoir, est peut-être la meilleure pour nous donner une juste idée de leur caractère ; mais non pour détailler correctement les différences spéciales qui existent entre elles. Ceux qui écrivent sur ces langues, ne disent pas tout et ne peuvent pas tout dire ; leur objet, à peu d'exceptions près, est différent du nôtre, et ce n'est pas sous un point de vue philosophique que la plupart composent leurs grammaires et leurs vocabulaires. Plusieurs les compilent pour s'instruire eux-mêmes, ce sont des notes qu'ils prennent à mesure qu'ils acquièrent la connaissance d'un idiome, et qui souvent sont fautives. A l'étude des livres et des manuscrits, nous avons joint des correspondances avec des personnes instruites, qui ont souvent rectifié nos premiers jugemens; nous avons conversé avec des sauvages, et avec des blancs qui ont vécu longtemps parmi eux; mais, malgré tous ces moyens, que nous avons mis diligemment en usage, notre connaissance des langues indiennes est et ne peut être que très imparfaite. Comment pouvons-nous savoir, par exemple, que telle forme que nous trouvons dans telle langue, existe ou n'existe pas dans telle autre sur laquelle nous n'avons aucun renseignement ou dont les grammairiens ont omis de parler? On voudra bien se rappeler que, dans notre Vocabulaire comparatif, nous avons des mots de trente langues ou dialectes de la famille algonquine, dont nous nous occupons ici exclusivement; il est impossible que nous connaissions les variétés de formes de toutes ces langues, de plusieurs desquelles il nous est parvenu à peine quelques mots. Mais d'après l'étude que nous avons faite, nous croyons pouvoir affirmer qu'elles sont toutes formées d'après le même système, qu'elles sont toutes susceptibles des mêmes formes, parce qu'elles ont la même facilité et la même manière de former leurs mots, et parce que leurs idées paraissent toutes suivre la même route. Si nous trouvons dans telle langue tel temps ou tel mode du verbe, et que le grammairien d'une autre n'ait pas inclus ce temps ou ce mode dans ses paradigmes, nous n'en conclurons pas que cette langue en est privée, parce que nous savons qu'il peut aisément se composer, et souvent nous trouvons dans les compilations des phrases données par les grammairiens, et dans leurs traductions en langues indiennes, des formes qui nous sont connues, et que nous savons exister dans d'autres langues, mais dont leurs grammaires ne parlent pas. C'est donc d'un point de vue élevé que nous sommes obligés de partir ; c'est pour ainsi dire à vol d'oiseau que nous devons considérer ces langues, autrement nous nous perdrions dans des détails qui ne rempliraient pas l'objet que la commission s'est proposé. On verra, par les différences que nous pourrons indiquer, combien peu elles affectent le système général de ces idiomes.

Nous allons maintenant essayer de faire connaître les différentes formes que le verbe peut prendre dans les langues de la famille algonquine.

1. *Forme substantive*. Nous appelons de ce nom toutes les formes verbales dont l'effet est de suppléer à l'absence du verbe *être*, et qui présentent à l'esprit l'idée de l'existence diversement modifiée. Comme on ne peut pas dire en deux

mots : *bonus sum, bonum est*, et que l'idée complexe que ces deux mots présentent demande à être exprimée, on en fait un verbe, que les grammairiens appellent verbe adjectif; ce que nous appelons le participe, que plusieurs grammairiens ont placé dans la classe des adjectifs, reçoit naturellement de semblables formes, et nous pouvons y appliquer ce que nous avons dit plus haut de l'adjectif, qu'il est essentiellement verbe, et que l'idée de l'existence y domine. L'adverbe, qui est l'adjectif du verbe, est joint avec lui sous une forme verbale, et forme ce qu'on appelle des verbes adverbiaux. Enfin, toutes les idées qui modifient l'existence, peuvent être exprimées sous la forme du verbe.

Cependant, le nom substantif n'est pas aussi malléable que les autres parties du discours. On fera bien *travailler*, de travail ; *boire*, de boisson, ou *vice versâ* ; car il est assez probable que ces noms sont dérivés des verbes, et non les verbes des noms ; mais on n'y joindra pas aussi facilement l'idée de l'existence. Le Lénâpé dira bien *élénâpéwi* (homo sum) en donnant au mot *lénâpé* la forme à la fois adjective, adverbiale et verbale *wi*, et le verbe pourra se conjuguer comme un autre ; mais il ne dira point *lennowi* (sum vir) ; il dira *lenno n'hackey*, mon corps est un homme, ainsi que nous l'avons expliqué dans notre Vocabulaire, au mot *corps*. C'est ici qu'on peut voir toute la matérialité de ces langues. Les Lénâpé ont cependant le mot *manitou*, que nous traduisons par *esprit*, mais il faut savoir quelle idée ils y attachent; ils croient que, dans le monde des esprits, on boit, on mange et on chasse, qu'il y a beaucoup de gibier, etc. Il y aurait beaucoup à dire sur ce sujet; on trouverait peut-être que nos langues ne sont pas aussi *immatérielles* qu'on le pense; mais ce n'est pas de cela que nous devons nous occuper.

Cependant, lorsqu'on veut exprimer, en général, l'idée du verbe *être*, combinée avec celle d'un nom substantif, on sous-entend le verbe, et on se contente de faire précéder le substantif du pronom personnel. Ainsi, en chippéway, on dit : *ni manitou*, je (suis) un esprit; *ni addik*, je (suis) un chef, etc.

Lorsqu'on ajoute l'adjectif au substantif, les deux ensemble peuvent prendre la forme verbale, pour exprimer l'idée de l'existence; ainsi le chippéway fait un verbe de : je suis le grand esprit, ou je suis dieu; voici comme il se conjugue :

Ninkitchimanitowi, je suis le grand esprit (je grand esprit).

Kikitchimanitowi, tu es —

Kitchimanitowi, il est. —

Ninkitchimanitowinin, nous sommes les grands esprits.
Kikitchimanitowinin, vous êtes —
Kikitchimanitowak, ils sont —

La forme subjonctive mérite quelque attention, parce qu'elle est en même temps adjective et participiale.

Kitchimanitowiyan, si je suis (ou moi étant) le grand esprit.
Kitchimanitowiyŏn, si tu es —
Kitchimanitowit, s'il est —

Nous nous arrêterons ici pour faire voir l'effet de cette forme subjonctive. *Gittanotowit,* ou plutôt *Kitanitowit,* est un des mots qui, chez les Lénâpés, signifie dieu ou le grand esprit; ce mot est ainsi formé : de *kitchi,* grand ou bon, on a retenu la syllabe *kit*; et de *manitou* ou *manito,* la totalité moins la lettre *m,* ce qui fait *anito,* et *kit-anito*; à quoi on a ajouté la syllabe *wit,* qui termine la troisième personne du singulier du présent du subjonctif, à laquelle, donnant la signification participiale, on fait *kit-anito-wit,* toi étant le grand esprit, ou toi qui es le grand esprit; et voilà comme, au moyen de l'existence sous-entendue, on fait un verbe d'un nom substantif, en y joignant une idée adjective qui, à la fin, disparaît et ne laisse qu'un nom appellatif, dont on fait un verbe. De la seconde personne du singulier de ce temps du subjonctif, ŏn en chippéway, an en lénâpé, on fait un nom propre décliné au vocatif.[1] : *wo kitanitowiyan*, ô Dieu! ô toi qui es le bon esprit, qui es Dieu! La même chose peut se dire en chippéway, en mettant *on* au lieu d'*an*. On peut voir par ces exemples comment les différentes formes grammaticales rentrent les unes dans les autres, et combien il est difficile de les expliquer. Nous aurions trop à dire sur ce sujet, si nous pouvions nous permettre de nous y arrêter plus longtemps; nous sommes obligé de passer outre.

2. *Forme générique, ou du genre.* — Lorsque nous parlons ici des genres, il doit toujours être entendu que nous ne parlons point des différences de sexes, mais des genres animé et inanimé. Nous avons dit précédemment, après Heckewelder et les autres qui ont écrit sur cette matière, qu'on faisait usage de différens verbes, selon qu'on les appliquait à des objets animés ou inanimés; nous aurions dû dire, pour parler plus exactement, qu'on emploie différentes formes du verbe. En effet, lorsqu'on dit en lénâpé : *Lenno newau*, je vois un homme, et *wikwam nemen*, je vois une maison, les syllabes *wau*

---

[1] Voyez ce que nous avons dit plus haut sur le vocatif, chap. 13.

(ouaou) et *en*, à la fin du verbe, ne sont que des désinences pronominales dont la première signifie : je le vois (video illum), et la seconde, je le vois (video illud). De même, en chippéway, *ninondowá* signifie je l'entends (audio illum), et *ninondán*, je l'entends (audio illud). On peut voir ici comme ces langues se rapprochent dans leurs désinences sous le rapport des sons; le *wau* des Lénâpés est en chippéway *wá*, et la syllabe *en* devient *án*. Cependant, il y a des différences : dans la langue de Massachusetts, *an*, dans les verbes, est la désinence animée, et *anum* l'inanimée; ainsi on dit : *nennadehan*, je le vois (au genre animé), et *nennadchanum*, au genre inanimé. En mahican, on dit, à peu près comme en lénâpé, *newau*, je le vois (animé), et *namen*, je le vois (inanimé). Enfin, en abénaki, on dit au genre animé : *nenamitoun*, je le vois, et *nenamihan*, au genre inanimé. La forme simple du verbe est *nenamihoué*, je vois.

Ces verbes ont chacun leur conjugaison séparée dans tous les modes et dans tous les temps.

Nous voudrions bien parler ici des nombreuses concordances que la grammaire de ces langues exige entre les différentes parties du discours, surtout entre les noms et les verbes qui doivent s'accorder en genre, en nombre et en personne ; mais il faudrait pour cela un traité de syntaxe qui n'entre pas dans le plan de ce mémoire, parce qu'il serait trop long, et demanderait une trop grande quantité d'explications. C'est pour cela que nous n'avons point parlé, à l'article du substantif, des déclinaisons pronominales du nom dans la langue des Chippéways. C'est que ces déclinaisons sont sujettes à beaucoup de variations et d'exceptions, et ne sont pas les mêmes dans ces différentes langues. En voici pourtant un exemple pris du chippéway.

Dans cette langue, le substantif *aindâd* (la syllabe *ai* doit être prononcée comme *ée* dans fée, née) signifie : *demeure, habitation*. On le décline pronominalement.

Singulier.

Aindâgân, ma demeure.
Aindâgŏn, ta demeure.
Aindâd, sa demeure.

Pluriel.

Aindâyang, notre demeure (à nous autres).
Aindâyong, notre demeure (à nous tous).
Aindâyaig, votre demeure.
Aindâwâd, leur demeure.

Singulier avec pluriel.

Aindâyânin, mes }
Aindâyonin, tes } demeures.
Aindajin, ses }

Double pluriel.

Aindâyânhin, nos demeures (à nous autres).
Aindâyonhin, nos demeures (à nous tous).
Aindâyaigin, vos demeures.
Aindâwadjin, leurs demeures.

On observera que les pronoms préfixes ne se trouvent point ici, et que les idées pronominales sont exprimées par des désinences; mais cette forme de déclinaison ne s'applique qu'à une certaine classe de substantifs : ce sont des noms descriptifs de lieux, tels que *pays, habitation, champ de bataille, étendue de territoire* pour la chasse, la pêche; le substantif *maison* n'y est pas inclus.

Les verbes doivent s'accorder en nombre, personne et genre, non seulement avec leurs nominatifs, mais encore avec leurs objectifs. Dans l'exemple que nous avons donné ci-dessus (ch. 13) : *Pontiacan wemittigajiwog ogisakian,* Pontiac aime les Français, qu'on pourrait traduire : Pontiac (illos) francigenas amat (illos); et pour imiter la phrase en mauvais latin : *Pontiacos francigenas amatos;* la lettre *n* à la fin du premier et du dernier mot, indique la troisième personne, sans désignation de nombre ni de genre; elle peut signifier : *illum, illam, illud, illos, illas, hæc,* accusatif neutre; la terminaison *og* du verbe indique le nombre pluriel, et en même temps la troisième personne, et donne le sens numéral et générique à toute la phrase. Ainsi, la lettre *n*, quoiqu'elle termine les deux substantifs, n'a rapport qu'à celui qui est l'objet de l'action, et la désinence *og* fait connaître que le verbe gouverne la troisième personne du pluriel du genre animé. Ces sortes de concordances ne s'accordent pas précisément avec celles auxquelles nous sommes accoutumés; elles sont dans le génie de ces langues et remplissent parfaitement leur objet. Mais il faut revenir aux formes du verbe.

3. *Formes positive et négative.* Le verbe, dans toutes les langues algonquines, peut se conjuguer affirmativement et négativement, et elles ont pour cela diverses formes, qui consistent généralement en désinences et intercalations de syllabes; mais ces intercalations et ces désinences varient selon les langues, les verbes, les conjugaisons, les genres, les modes, les temps, les nombres et les personnes, de sorte qu'il serait impossible de faire connaître toutes ces variétés, qui cependant ne diffèrent point, quant au principe. Quelques langues, comme le lénâpé, joignent la particule négative *atta* ou *matta*, ce qui n'est qu'une duplication, comme quand nous disons : je *ne* veux *pas*. En lénâpé, la syllabe *wi* ou le *w* seul joint à une autre

voyelle, indique la négation. En mahican, on prépose la particule négative *stà*, et on joint au verbe la syllabe *we*, comme par exemple, *wawanantam*, il rit; *stà wawanantamowe*, il ne rit pas. En massachusetts, c'est *ou* qui est la syllabe suffixe ou intercalée; *mat* est la particule négative qui, quelquefois, précède le verbe, mais c'est pour éviter l'équivoque, lorsque la syllabe *ou* ne peut pas facilement se joindre à une autre; en chippéway, c'est *duhze* (pron. dŏzi) suffixe ou intercalé, qui sert à former le verbe négatif, et quelquefois aussi, le *w* ou la syllabe *si;* mais on ne fait point précéder le verbe de la particule négative. Toutes ces variations, à chaque genre, temps, mode, etc., ne pourraient s'expliquer en détail que par une multitude de longs paradigmes qui n'entrent point dans le plan de ce mémoire, pour des raisons que l'honorable commission concevra aisément; nous croyons avoir assez fait connaître le système général qui gouverne ces deux formes du verbe.

4. *Formes active et passive.* C'est encore ici le même système, excepté que les désinences et les intercalations diffèrent, ainsi que leurs positions. *Xi, si, gussi*, en lénâpé; *go, gozi, si*, en chippéway, sont en général des indications de la voix passive; on dit, dans la première de ces langues, *n'pendamen*, j'entends (audio);

atta n'pendamowi, je n'entends pas ; *n'pendaxi;* je suis entendu; *matta n'pendaxiwi*, je ne suis pas entendu. En chippéway, on conjugue ainsi : *ninondom*, j'entends; *ninondŏzi*, je n'entends pas ; *ninóndago*, je suis entendu ; *ninóndagŏzi*, je ne suis pas entendu. La syllabe négative *wi*, et quelquefois *w*, suivie d'une voyelle, se trouve dans d'autres temps et modes du verbe ; de sorte que les formes varient selon les règles que chaque langue a adoptées ; et comme dans chacun de ces idiomes, il y a une multitude de verbes composés, tous susceptibles de formes positive et négative, et tous, excepté les verbes neutres, ayant des formes active et passive, et enfin, presque tous étant assujétis aux autres formes dont nous allons parler, on peut juger de la manière compliquée dont toutes ces syllabes, affixes et intercalées, sont mêlées avec celles qui désignent les diverses autres circonstances qui accompagnent le verbe.

Nous allons, par forme d'exemple, présenter la conjugaison du verbe *j'entends*, dans les formes active et positive, qui ne sont qu'une ; quant aux formes passive et négative, nous ne pouvons donner qu'un seul temps (le présent de l'indicatif), et cela seulement dans deux langues, le lénâpé et le chippéway, par lesquelles on pourra juger des autres. Nous ne citerons que le pluriel exclusif (nous autres), l'autre pluriel pouvant se former en changeant seulement en *k* ou *ki* le pronom préfixe *n* ou *ni*.

Exemple:

INDICATIF PRÉSENT.

J'entends, tu entends, il ou elle entend.
Nous (autres) entendons, vous entendez, ils ou elles entendent.

Langue lénâpé.

Forme positive et active.	*Forme négative.*
J'entends.	Je n'entends pas.
S. N'pendamen.	Atta n'pendamowi.
K'pendamen.	— k'pendamowi.
Pendamen.	— pendamowi.
P. N'pendameneen.	— n'pendamowuneen.
K'pendamohumo.	— k'pendamohumowi.
Pendamenowo.	— pendamowunewo.

Forme passive et positive.	*Forme passive négative.*
Je suis entendu.	Je ne suis pas entendu.
S. N'pendaxi.	Matta n'pendaxiwi.
K'pendaxi.	— k'pendaxiwi.
Pendaxu.	— pendaxuwi.
P. N'pendaxihena.	— n'pendaxiwuneen.
K'pendaxihemo.	— k'pendaxihumo.
Pendaxowak.	— pendaxiwiwak.

Langue chippéway.

Forme positive et active.	*Forme négative.*
S. Ninôndom.	Ninôndŏzi.
Kinôndom.	Kinôndŏzi.
Nôndom.	Nôndŏzi.
P. Ninôndamin.	Ninôndŏzimin.
Kinôndam.	Kinôndŏzim.
Nôndumog.	Nôndŏziwog.

Forme passive et négative	*Forme passive négative.*
S. Ninôndago.	Ninôndagŏsi.
Kinôndago.	Kinôndagŏsi.
Nôndôwa.	Nindôwăsi.
P. Ninôndagomin.	Ninôndagŏsimin.
Kinôndagom.	Kinôndagŏsim.
Nôndawawog.	Nôndôwasiwog.

On voit où nous entraînerait un plus grand nombre d'exemples.

5. *Formes transitives.* Nous appelons de ce nom, d'après les grammairiens hispano-américains, les formes qui comprennent à la fois le nominatif et l'accusatif ou datif prominal. Les auteurs de grammaires mexicaines, péruviennes et autres, appellent ces formes *transitions* (transiciones), et cette dénomination paraît avoir été généralement adoptée dans le nord de l'Amérique; c'est pourquoi nous avons cru pouvoir en faire usage.

Ces formes, qui appartiennent aussi aux langues sémitiques, sont si bien connues des savans, que nous nous dispenserons de rien dire à leur sujet; nous nous contenterons d'en offrir quelques exemples, que nous prendrons dans l'idiome chippéway; car nous ne finirions pas si nous voulions continuer d'en donner dans plusieurs langues. Ce sera le même verbe *j'entends*, avec ses différentes transitions; on verra que ce ne sont absolument que des formes pronominales. C'est toujours au présent de l'indicatif.

Première transition.

1. Je t'entends. 2. Je l'entends (illum). 3. Je l'entends (illud). 4. Je vous entends. 5. Je les entends.

Forme positive.	*Forme négative.*
S. 1 Kinôndôn.	Kinôndŏsinôn.
2 Kinôndawâ.	Kinôndŏwâsi.
3 Ninôndan.	Ninôndŏzin.
P. 4 Kinôndonim.	Kinôndŏsinonim.
5 Ninôndowâg.	Ninôndŏwasiwâg.

Ninôndowasiwan au genre inanimé que nous ne répéterons pas.

Seconde transition.

1. Tu m'entends. 2. Tu l'entends (illum). 3. Tu l'entends (illud). 4. Tu nous entends. 5. Tu les entends.

Forme positive.	*Forme négative.*
S. 1 Kinôndô.	Kinôndôwisi.
2 Kinôndôwa.	Kinôndôwasi.
3 Kinôndan.	Kinôndŏzin.
P. 4 Kinôndôwim.	Kinôndŏwisim.
2 Kinôndôwag.	Kinôndowâsig.

G changé en *n* pour le genre inanimé.

Troisième transition.

1. Il m'entend. 2. Il t'entend. 3. Il l'entend (illum). 4. Il l'entend (illud). 5. Il nous entend. 6. Il vous entend. 7. Il les entend.

Forme positive.	*Forme négative.*
S. 1 Ninôndag.	Ninôndagŏsi.
2 Kinôndag.	Kinôndagŏsi.
3 Onôndawân.	Onôndowâsin.
4 Onôndan.	Onôndozin.

P. 5 Ninôndagouan. | Ninôndagŏsinan.
6 Kinôndagowâ. | Kinôndagŏsiwâ.
7 Onôndowan. | Onôndowâsin.

Quatrième transition.

1. Nous t'entendons. 2. Nous l'entendons (illum). 3. Nous l'entendons (illud). 4. Nous vous entendons. 5. Nous les entendons.

Forme positive.   *Forme négative.*
S. 1 Kinôndonimi. | Kinôndosinonimi.
2 Kinôndowânan. | Ninôndowâsinan.
3 Ninôndamin. | Ninôndozimin.
P. 4 Kinôndonimi. | Kinôndosinonimi.
5 Ninôndowânanig. | Ninondowasinanig.

Il paraît qu'il n'y a pas de différence entre nous t'entendons et nous vous entendons.

Cinquième transition.

1. Vous m'entendez. 2. Vous l'entendez (illum). 3. Vous l'entendez (illud). 4. Vous nous entendez. 5. Vous les entendez.

S. 1 Kinôndowim | Kinôndowisim.
2 Kinôndowanan. | Kinôndowâsinan.
3 Kinôndam. | Kinôndozim.
P. 4 Kinôndowimin. | Kinôndowisimin.
5 Kinôndowawag. | Kinôndowasig.

Il paraît qu'il n'y a pas non plus de différence entre tu nous entends et vous m'entendez.

Sixième transition.

1. Ils m'entendent. 2. Ils t'entendent. 3. Ils l'entendent (illum). 4. Ils l'entendent (illud). 5. Ils nous entendent. 6. Ils vous entendent. 7. Ils ou elles les entendent.

	Forme positive.	*Forme négative.*
S. 1	Ninôndagog.	Ninôndagŏsig.
2	Kinôndagog.	Kinôndagŏsig.
3	Kinôndawawa.	Kinôndawâsiwa.
4	Onôndanêwa.	Onôndozinâwâ.
P. 5	Ninôndagŏnanig.	Ninôndagŏsinanig.
6	Kinôndagŏwag.	Kinôndagŏsiwag
7	Onôndawâwan.	Onôndowâsiwan.

Nous craignons de fatiguer le lecteur avec cette masse de paradigmes; nous en serons aussi sobre que nous pourrons. Il nous serait facile d'en faire des volumes; mais nous ne croirions point par là remplir l'objet de la commission; nous croyons qu'en voilà assez pour faire connaître le mode de composition de ces formes transitives.

6. *Formes causatives, réfléchies, réciproques, de continuité, de fréquence, d'habitude, d'affectation, de supposition*, etc. On concevra aisément que par la grande facilité de former des mots, les formes de cette nature doivent être très nombreuses dans ces langues. Nous nous contenterons de donner des exemples de quelques-unes, toujours dans l'idiome chippéway.

Je m'entends moi-même.	Ninôndas.
Forme négative.	Ninôndazosi.
Nous nous entendons (habituellement).	Ninanôndatamin.
Forme négative.	Ninanôndatisimin.
Je me fais entendre.	Ninôndomonitiz.
Forme négative.	Ninôndomonitizosi.

Je te fais entendre.	Ninôndomojiwa.
Forme négative.	Ninôndomojiwasi.
Je vous fais entendre.	Kinôndomoninim.
Forme négative.	Kinondomosininim.
Je leur fais entendre cela.	Ninôndomona.
Forme négative.	Ninôndomonag.
Tu me fais entendre.	Kinôndomoje (e muet).
Forme négative.	Kinôndomojinin.
Nous nous faisons entendre mutuellement.	Ninôndomojiwaïtizomin.
Forme négative.	Ninôndomojiwaïtizosimin.
Je fais semblant d'entendre.	Ninôndomokaz.
Forme négative.	Ninôndomokazosi.
Je suppose que j'entende.	Ninôndamitok.
Forme négative.	Ninôndajimitok.

7. *Formes pronominales, adjectives, prépositionnelles, adverbiales.* Nous avons expliqué plus haut comment les pronoms et les adjetifs prennent les formes du verbe, et comment ces derniers sont presque toujours des verbes eux-mêmes. Les adverbes qualifient le verbe, comme les adjectifs qualifient les noms substantifs. Ainsi, on peut aisément joindre l'idée de l'adverbe à celle du verbe, sous les formes du dernier, toutes les fois que ces formes peuvent s'y appliquer. Par exemple, en lénâpé, de *nallakik*, en haut de la rivière, on fait *nallahemen*, remonter le fleuve; de *petschi*, à (ad, usque), on fait *petschihilleu*, il vient (à nous); de *tanghitti*, petit, on fait *tanghelendam*, avoir une *petite* opinion de

soi-même; de *tpisgauwi*, précisément, on fait *tpisgauwichton*, faire justement, précisément ainsi.

Les prépositions se combinent avec le verbe de différentes manières. Elles s'y adjoignent, comme dans nos langues, par forme de préfixes, plus ou moins variés pour l'euphonie; mais l'idée de la préposition est assez souvent interposée dans le verbe, par des formes qui la sous-entendent. Ainsi, en chippéway, on dit *ninóndaga*, j'entends *par* quelqu'un, j'apprends *par* un intermédiaire; *ninóndáganon*, j'entends ou j'apprends *par* lui; *kinóndamon*, j'entends *pour* toi, etc. En lénâpé, de *wintschi*, avec, on fait *witen*, aller avec, *witalogen*, travailler avec, etc.

8. *Forme interrogative*. La manière d'interroger n'est pas la même dans toutes ces langues : dans celle de Massachusetts, on ajoute la désinence *as* à la forme affirmative du verbe; on dit *nouwatchanomon*, je le garde, et interrogativement, *nouwatchanomonas*, le gardé-je? En ménoméni, on ajoute *et* ou *it*, et quelquefois, seulement la lettre *t*, lorsque la forme verbale se termine par une voyelle : *kikimenémit*, me l'as-tu donné? En lénâpé, on fait usage, après la forme du verbe, de la particule *ili* (le *li* de la langue russe) : *ili kléhélékhé*, êtes-vous encore

vivant? *léhélékhé ili nitis*, mon ami vit-il encore? Enfin, en chippéway, on emploie la particule *nuh* (orthographe anglaise qu'on prononce *nŏ* ou *nĕ e* muet): *kigimina nuh*, me l'as-tu donné?

Nous aurions encore beaucoup à dire sur les formes du verbe dans ces langues; mais il faut s'arrêter quelque part, et nous terminons ici ce chapitre qui est peut-être déja trop long.

CHAPITRE XVIII.

Des modes et des temps.

Nous ne pouvons pas suivre ici la marche ordinaire des grammairiens et traiter séparément des modes et des temps, parce que cela nuirait à la clarté de ce que nous avons à dire; nous croyons qu'il convient mieux de présenter à la fois ces deux parties constituantes du verbe, afin qu'on en conçoive mieux le mécanisme. Nous laisserons seulement à part, pour le présent, l'infinitif et les participes qui sont ce qu'il y a de plus intéressant dans le verbe indien, et dont nous traiterons dans le chapitre suivant. Nous sommes obligé aussi de nous borner à une seule langue, pour ne pas nous jeter dans un labyrinthe qui n'aurait pas d'issue. Nous tirerons donc nos exemples de l'idiome chippéway et du verbe «j'entends,» dont nous avons fait usage dans le chapitre précédent. Autrement, nous courrions risque d'embrouiller la matière, et c'est ce que nous voulons éviter. On aura assez de peine à suivre les variations de forme dans un seul idiome, et les comparaisons ne serviraient à rien, puisqu'elles ne présenteraient que des changemens ou des déplacemens de syllabes. On verrait *bun*, *ban*, dans une langue; *panne*, dans une autre; *ge* ou *ke* pour *gi* ou *ki*; *og*, *ug* au lieu d'*ak*; et souvent de simples différences d'orthographe; mais partout on trouverait le même système, et des formes analogues. Nous avons, d'ailleurs, assez fait de comparaisons pour montrer en quoi ces langues diffèrent principalement les unes des autres [1].

[1] Il est à regretter que le P. Rasles ne nous ait pas donné une grammaire de la langue des Abénakis. A la vue de son Dictionnaire, cette langue paraît infiniment plus compliquée que les autres, et il est presque impossible d'en extraire quelques règles, mais le Dictionnaire de la langue huronne du P. Sagard, présente les même difficultés, et c'est ce qui a fait penser au lord Monboddo, que les langues des Indiens d'Amérique n'avaient ni ordre ni méthode. Cependant le P. Charlevoix nous assure du contraire; d'ailleurs nous connaissons la grammaire des langues de la famille iroquoise, à laquelle le huron appartient, et nous savons des Hurons eux-mêmes, que leur langue est aussi régulière

On conçoit facilement que, dans des langues aussi compliquées et aussi multiformes, le verbe doit recevoir un grand nombre de modifications. Nous nous bornerons ici à celles qui sont analogues à ce que nous appelons modes et temps dans notre système européen de grammaire. On verra que le cours des idées a été à peu près le même en Europe et en Amérique : c'est que, probablement, cette marche est dans la nature. Cependant, l'absence du temps présent, dans les verbes de quelques langues orientales, fait voir que certains peuples s'en sont écartés. Mais ce n'est pas ici le lieu de se livrer à des réflexions métaphysiques ; nous désirons seulement les faire naître dans l'esprit de plus habiles que nous, par les faits que nous allons exposer.

Ce chapitre sera consacré à la conjugaison d'un verbe chippéway, dans tous ses temps et ses modes, excepté l'infinitif et les participes. Nous ne présenterons qu'un seul pluriel, le pluriel exclusif (*nous autres*), excepté lorsque les deux pluriels diffèrent par leurs désinences ; au-

---

que les autres qui nous sont connues. Toutes ces langues paraissent n'être qu'un chaos, avant d'être débrouillées par l'analyse de leurs formes. Malheureusement ce travail n'a été fait que pour un petit nombre de ces idiomes, mais nous en avons assez pour les juger toutes, par les analogies multipliées qu'elles présentent entre elles.

trement, il n'y a que le *n* préfixe changé en *k*.

Nous prions nos lecteurs de donner une attention particulière au mode subjonctif, dont il sera beaucoup question dans le chapitre suivant.

Nous n'avons pas cru devoir suivre l'orthographe anglaise, parce que ses sons pourraient embarrasser le lecteur français, surtout par le grand nombre de diphthongues, et par les voyelles *u* et *uh*, qui représentent tantôt l'*o* bref, tantôt notre *e* muet. Nous distinguons ce dernier ainsi ĕ. Le *g* doit toujours être prononcé dur, comme en français, devant *a* et *o* : il se confond souvent avec le *k*.

I. INDICATIF.

1. *Présent.*

J'entends, tu entends, etc.

Singulier.	Pluriel.
Ninôndom.	Ninôndámin.
Kinôndom.	Kinôndam.
Nôndom.	Nondŏmôg.

Ces langues n'ont point le temps appelé imparfait; on y supplée par le prétérit.

2. *Prétérit.*

J'ai entendu, ou j'entendis, ou j'entendais.

Ninginôndom.	Ninginôndamin.
Kiginôndom.	Kiginôndam.
Ginôndom.	Ginôndomôg.

3. Plus-que-parfait.

J'avais entendu.

Ninginôndanabŏn.   Ninginôndaminabŏn.
Kiginôndanabŏn.   Kiginôndamwabŏn.
Ginôndonabŏn.   Ginôndomobonîg.

4. Futur.

J'entendrai.

Ningonôndom.   Ningonôndamin.
Kigonôndom.   Kigonôndam.
Tĕnôndom.   Tĕnondomôg.

II. SUBJONCTIF SIMPLE.

1. Présent.

Si ou quand j'entends.

Nôndoman.   Nôndomang } Excl.
               Nôndomonk } Incl.
Nôndomon.   Nôndomâg.
Nôndonk.   Nôndomoouât.

2. Prétérit.

Si ou quand j'entendis.

Ginôndoman.   Ginôndomang—onk.
Ginôndomon.   Ginôndomag.
Ginôndonk.   Ginôndomoouât.

3. Plus-que-parfait.

Si ou quand j'eus entendu.

Ginôndomambon.   Ginôndomangibon — mon-
                 gobon.
Ginôndomombon.   Ginôndomagobon.
Ginôndongibon.   Ginôndomaouâpom.

Ce mode n'a point de futur et peut facilement s'en passer. En anglais on dit : *when j come,* quand je viendrai; on dit rarement *when j shall come,* et jamais *when j will come.*

III. OPTATIF.

1. Présent.

Je désire ou je veux entendre.

Singulier.	*Pluriel.*
Niouinôndom.	Niouinôndamin.
Kiouinôndom.	Kiouinôndam.
Ouinôndom.	Ouinôndomog.

2. Prétérit.

J'ai voulu ou désiré entendre.

Ningiouonôndom.	Ningoouinôndamin.
Kigiouinôndom.	Kigoouinôndam.
Giouinôndom.	Tëouinôndomôg.

3. Plus-que-parfait.

J'eus voulu ou désiré entendre.

Ningiouinôndanabon.	Ningiouinôndaminabon.
Kigiouinôndanabon.	Kigiouinôndamouabon.
Kiouinôndomobon.	Giouinôndamobonîg.

4. Futur.

Je voudrai ou désirerai entendre.

Ningoouinôndom.	Ningoouinôndamin.
Kigoouinôndom.	Kigoouinôndam.
Tëouinôndom.	Tëouinôndomôg.

IV. POTENTIEL.

1. *Présent.*

Je puis entendre.

Singulier.	*Pluriel.*
Nindanôndom.	Nindanôndamin—kita.
Kitanôndom.	Kitanôndam.
Tanôndom.	Tanôndomôg.

2. *Prétérit.*

J'ai pu entendre.

Nindaginôndom.	Nindaginôndamin—kita.
Kitaginôndom.	Kitaginôndam.
Taginôndom.	Taginôndamôg.

3. *Plus-que-parfait.*

J'avais ou j'eus pu entendre.

Nindagenôndanabon.	Nindagenôndaminobon.
Kitagenôndanabon.	Kitagenôndamouâbon.
Taginôndomobon.	Taginôndomobonig.

Ce mode n'a point de futur.

V. OPTATIF POTENTIEL.

Présent.

Je puis désirer entendre.

Nindaouinôndom.	Nindaouinôndamin.
Kitaouinôndom.	Kitaouinôndam.
Taouinôndom.	Taouinôndomôg.

Nous ne connaissons pas d'autres temps dans ce mode; mais nous concevons qu'il est possible de les former, en intercalant la syllabe *gi* au présent et au futur, et ajoutant la terminaison *bon* au plusque-parfait; mais comme ces formes ne sont point dans nos paradigmes, nous n'avons pas cru pouvoir prendre sur nous de les inventer : cependant elles nous paraissent dans le génie de la langue.

VI. OPTATIF POTENTIEL CONDITIONNEL.

Je pourrais désirer entendre (même quand telle chose arriverait ou serait ainsi).

Nindanoouinôndom.   Nindanoouinôndamin.
Kitanoouinôndom.   Kitanoouinôndam.
Tanoouinôndom.   Tanoouinôndomôg.

Nous aurions pu donner cette forme comme un temps du mode précédent, mais comme il n'y a point de conditionnel dans les autres modes, nous avons cru devoir la présenter séparément. D'ailleurs, la forme conditionnelle n'a point de relation directe avec le temps.

IMPÉRATIF.

Nôndom,   entends.
Nondônte,   entendons.
Nôndomok.   qu'ils entendent.

Nous sommes obligé de nous arrêter ici : les verbes indiens ont tant de modes et de formes que nous ne savons pas même comment les classer. En voici une, par exemple, du verbe fréquentatif « j'entends souvent, » à laquelle nous serions fort embarrassé de donner un nom.

N'ouándomomin.	Toutes les fois que j'entends.
N'ouándomonom.	— que tu —
N'ouándongin.	— qu'il —
N'ouándomongoun.	— que nous —
N'ouándomagoun.	— que vous —
N'ouándomowadjin	— qu'ils —

Ce verbe a aussi une forme subjonctive, « si ou quand j'entends souvent, » qui est différente de celle-ci, et qui se conjugue au passé et au futur; celle-ci peut se conjuguer de même.

Les modes et les temps des verbes se forment en général, dans toutes ces langues, de la même manière, sauf la différence des désinences et des syllabes intercalées. Néanmoins, il y a quelques exceptions; ces langues ne sont pas toutes également riches en formes verbales. Zeisberger, dans sa grammaire lénâpé, ne donne ni le mode optatif ni le potentiel; celle d'Eliot, au contraire, donne le premier de ces modes dans l'idiome de Massachusetts, et ce mode est formé d'après le même système que les autres, excepté qu'on ajoute après chaque forme la syllabe *toh*, ou le le mot *napehnont* qui, dit l'auteur, signifie *utinam!* En parlant du second, il dit qu'il existe à la vérité dans plusieurs des langues de cette famille; mais que dans celle dont il traite, on exprime l'idée de la possibilité, en ajoutant aux formes du présent de l'indicatif le mot *woh* qui, dit-il, signifie la même chose que les mots anglais *may* et *can*, et énonce l'idée de *pouvoir*; ainsi, c'est une espèce de verbe auxiliaire qui ne reçoit point d'inflexions.

Le futur, dans cette langue, se rend de la même manière, en ajoutant aux formes de l'indicatif les syllabes *mos* ou *pish*, qui indiquent le temps à venir. Dans le lénâpé et le mahican, le futur se forme par la syllabe de désinence *tsch*, et quelquefois aussi par l'intercalation de syllabes négatives. Ce qu'il y a de curieux dans ces deux langues, c'est que la désinence *tsch* peut s'adjoindre indifféremment au verbe ou à l'adverbe qui le précède. Ainsi, on peut dire en mahican *kiatsch konapatamen*, tu seras toujours heureux, ou *kiat konapatamentsch*; et en lénâpé *atta n'pendamentsch*, je n'entendrai pas, ou *attatsch n'pendamen* : *atta* ou *matta* est l'adverbe qui signifie *non*.

Mais, sauf quelques exceptions de ce genre, nous ne voyons point de différences essentielles dans la manière de former et de conjuguer les verbes parmi ces divers idiomes; ils paraissent tous soumis à un système général, qui ne varie que dans quelques détails, tels que ceux que nous venons de voir.

—

CHAPITRE XIX.

De l'infinitif et des participes.

Les langues algonquines diffèrent entre elles au sujet de l'infinitif. M. Eliot, dans sa grammaire de la langue du Massachusetts, reconnaît dans les verbes de cet idiome, un mode qu'il appelle *indéfini*, et dont il donne des exemples. Ce mode se termine en *at*; ainsi on dit : *watchanonat*, garder, et *péomounat* (verbe formé de l'anglais, *to pay*) payer ; l'auteur conjugue ainsi cet infinitif, selon les formes transitives ou personnelles :

Nouwatchanokhonat,	me garder.
Kouwatchanokhonat,	te —
Ouwatchanonat,	le —
Nouwatchanokhonanonat,	nous —
Kouwatchanokhonaout,	vous —
Ouwatchanonaout,	les —

M. Eliot appelle ce paradigme le présent de l'infinitif, d'où il faut conclure qu'il peut se conjuguer au passé et au futur. M. Cotton, dans son vocabulaire de cette langue, cite un grand nombre de phrases dans lesquelles, ainsi que dans la traduction de la Bible, ce mode est employé dans le sens de notre infinitif; par conséquent, il est impossible de douter que cet idiome n'en soit pas pourvu, à moins que nous ne voulions penser que ces missionnaires l'ont modifié pour l'assimiler à leur langue, ce que nous sommes loin de présumer; nous devons dire, cependant, que le mode infinitif ne nous paraît pas être dans le génie des langues algonquines.

Nous n'avons de l'abénaki et du mohican que deux dictionnaires, à la vérité très amples : le premier, qui est imprimé, par le P. Rasles; et le second, manuscrit, par le missionnaire Schmick, et ce dernier ne contient presque que des verbes. Dans l'un et dans l'autre, le verbe est donné dans la langue de l'auteur à l'infinitif; mais les exemples sont tous dans d'autres modes. Sous le mot français *croire*, par exemple, et le mot allemand *glauben*, ces auteurs donnent un nombre de phrases formées de ce verbe; néanmoins, dans aucune de ces phrases ne se trouve une forme indienne qu'on puisse appeler proprement infinitif. Si, par hasard, ce mode entre dans la phrase française ou allemande, c'est par un mot composé, ou par quelque forme indirecte qu'il est rendu en indien. Rien ne prouve mieux l'aversion que ces peuples ont, en général, pour les abstractions. Nous n'avons malheureusement pas de grammaire de l'une ni de l'autre de ces langues, et nous manquons des renseignemens nécessaires pour nous éclairer dans les conjectures que nous pourrions faire sur une matière aussi épineuse. Rien n'est si difficile à saisir que les différentes marches suivies par les indiens, dans leurs divers idiomes, lorsqu'ils se sont trouvés embarrassés par des abstractions qu'ils n'ont pu séparer de la masse de leurs idées, et qu'ils ont, cependant, voulu faire sous-entendre.

Zeisberger, dans sa grammaire lénâpé, attribue une forme infinitive à la plupart des verbes de cette langue, quoiqu'il y en ait plusieurs auxquels il n'en donne point. Cet infinitif est, en général, formé de la première personne du singulier du présent de l'indicatif, et quelquefois de l'impératif, avec quelque modification; ainsi, de *n'mitzi*, je mange, il fait *mitzin*, manger ; d'*achpil*, impératif de *n'dappi*, je suis présent, il fait *achpin*, être présent; enfin, quelquefois il se contente de retrancher le pronom personnel préfixe : de *n'schiwelendam*, je suis triste, il fait *schiwelendam*, être triste; il donne aussi un temps passé au mode infinitif, en retranchant seulement le pronom préfixe : ainsi, *n'mitzineep* ou *n'mitzihump*, signifie j'ai mangé, et *mitzineep* ou *mitzihump* est le prétérit de l'infinitif *manger*. M. Heckewelder n'hésite pas non plus à donner un infinitif aux verbes lénâpés, comme on pourra le voir par le Vocabulaire marqué A, et par le Vocabulaire B, aux mots *dormir*, *mourir*.

Mais, lorsque ces auteurs écrivent dans cette langue, nous ne trouvons point qu'ils fassent beaucoup usage de ces formes indéfinies. Zeisberger, à la fin de son abécédaire, donne une histoire abrégée de la création en anglais et en lénâpé, on y trouvera cette phrase : « Il (Dieu) leur défendit de *manger* (du fruit) de cet arbre. » Il la traduit ainsi dans la langue indienne : *Neli hitgunk untschi w'tellapanil, katschi mitzihek*; ce qui signifie littéralement : il (Dieu) leur dit, de cet arbre ne mangez pas; *w'tellapanil*, il leur dit; *untschi*, de; *neli hitgunk*, cet arbre (le mot *hittuk*, arbre, a ici la désinence locale); *katschi*, ne (particule de prohibition); *mitzihek*, mangez (forme de l'impératif), *mitzik* ou *mitzihek*. *Katschi mitzihek* répond à l'anglais *do'nt eat*, et au latin *nolite comedere*; mais la forme de l'impératif prend ici la place de celle de l'infinitif.

Le chippéway a une forme d'infinitif qui ressemble à celle de la langue de Massachusetts, dont nous avons parlé; elle se termine en *et* (orthographe anglaise *ait*), et est ordinairement précédée de la particule insignifiante *tchi*, qu'on pourrait comparer au *to* de la langue anglaise;

ainsi, on dit : *tchi pimóset*, marcher; *tchi pimibatón*, courir; *tchi wisinit*, manger, etc. Mais cette particule n'est pas essentielle, et elle est souvent omise. Le baron de la Hontan, dans un paradigme du verbe *aimer*, en langue algonquine, à la fin de la relation de son voyage, donne pour infinitif de ce verbe, la forme du présent de l'indicatif, dont il retranche le pronom préfixe; ainsi de *nisakia*, *kisakia*, j'aime, tu aimes, etc., il fait l'infinitif *sakia*, aimer; mais ce voyageur ne savait pas la langue dont il parle; son paradigme est partout fautif; il confond les formes transitives avec les intransitives, et quoique son vocabulaire soit assez correct, il ne mérite, quant à la grammaire, aucune confiance.

Les Indiens font rarement usage de la forme infinitive; elle est trop abstraite pour eux, et ils n'aiment pas, en général, les mots qui ne sont appuyés sur rien de matériel ou de tangible. C'est pourquoi ils emploient les formes transitives du verbe. Ils ne diront point volontiers : *j'entends* ; ils préfèrent dire : *je t'entends* ou *je l'entends* ; et quoique les formes simples se trouvent dans toutes les grammaires, elles sont très peu usitées parmi ces peuples.

Par la même raison, ce qu'on appelle *participe* dans les langues indiennes ne ressemble point aux formes que nous appelons du même nom dans les autres : ceci demande quelque explication.

Le participe, dans l'acception la plus générale du mot, a deux significations très distinctes, dont l'une est adjective et l'autre substantive. Le participe latin *amans* peut se traduire en français par *aimant* et par *amant*. Lorsqu'Ovide dit : *Militat omnis amans*, on ne peut pas rendre cette phrase par : tout *aimant* est en état de guerre ; il faut dire tout *amant*. Dans ce dernier sens, les Indiens ont une espèce de participe qui leur sert en même temps d'infinitif. S'ils veulent dire : J'entends un chien aboyer, aboyant ou qui aboie, ils diront en chippéway : *Ninôndowá énimous migid* (*g* dur), ou bien : *ninôndowá éminous tchi*[1] *migid* ; ninôndôwa signifie je l'entends (audio illum) ; *énimous*, un chien ; *migid*, celui qui aboie. L'idée du pronom relatif *qui*, est comprise dans cette forme ; *migi*, sans le *d* final, signifie *il aboie* ; c'est cette consonne qui lui donne la forme participiale. En lénâpé, c'est la lettre *t* ; on dit : *n'pomauchsi, k'pomauchsi, pomauchsu*, je vis, tu vis, il vit ; *pomauchsit*, vivant, celui qui vit ; *pomauchsitpannik*, celui qui a vécu ; *pomauchsitschik*, celui

---

[1] *Tchi* indique l'abstraction, la forme infinitive ou le sens participial.

qui vivra; ces formes servent pour le singulier et le pluriel; ainsi, le *morituri te salutant* des gladiateurs à l'empereur Claude se rendrait très bien en lénâpé par *angellatschik*, ceux qui vont ou plutôt qui doivent mourir; la forme du verbe qui signifie *salutant*, détermine le nombre du participe qui le précède.

Cette forme de participe n'est pas étrangère aux langues orientales. C'est le *bayim mitsréma* de la Bible hébraïque (Exod. I, 1.) que la Vulgate a traduit par *qui ingressi sunt in Ægyptum*; en chippéway on dirait: *takochingig Egyptink*, ce qui rendrait parfaitement le sens de la phrase latine, en combinant les idées qu'elle renferme dans une seule forme grammaticale.

Le participe, dans ces langues, ne représente donc point une idée abstraite, comme en français *aimant*, *vivant*; une semblable idée n'entre point dans l'esprit des Indiens; toutes leurs formes sont concrètes, et doivent s'attacher à quelqu'un ou à quelque chose, c'est par cette raison qu'ils ont, pour rendre les abstractions, une multitude de manières qui sont très difficiles à expliquer.

Une forme participiale, par exemple, dont on ne se douterait pas facilement, est le subjonctif du verbe dont les Indiens se servent très souvent comme participe; et quelque extraordinaire que cela paraisse, c'est cependant très aisé à comprendre. La forme subjonctive est formée par l'idée de *si* ou *quand* ; si je vais ou quand j'irai à tel endroit, se rendent en indien par des formes subjonctives ; mais ces formes peuvent se traduire par un participe ; *si je vais* ou *quand j'irai* signifie la même chose que *moi allant*. Si je deviens riche, je vous ferai un cadeau ; voilà une forme subjonctive ; mais le sens sera le même si on dit : *moi devenant* ou *moi devenu* riche ; quoiqu'en français le langage ne soit pas pur, cependant la même idée se communiquera de celui qui parle à celui qui écoute ; ainsi les Indiens, au lieu de dire « allant à Paris, je *rencontrerai*, » disent : *quand j'allai à Paris* ; et de cette manière, ils font un participe du subjonctif du verbe qui frappe leur intelligence dans le sens où ils veulent être entendus.

Il serait trop long d'expliquer tous les moyens dont les Indiens se servent pour éviter l'expression des idées abstraites et les combiner avec d'autres ; nous croyons en avoir dit assez pour faire connaître la marche de leurs idées, et le système d'après lequel ils les assemblent sous différentes formes de mots.

CHAPITRE XX.

Des adverbes, prépositions, conjonctions et interjections.

Nous avons peu de choses à dire sur ces parties du discours considérées dans leurs formes simples; une longue nomenclature ne servirait à rien; elle ne nous apprendrait que des sons qui seraient sans doute utiles dans une grammaire où l'on voudrait enseigner à parler ces langues, mais qui n'ajouteraient rien à notre connaissance de leurs formes grammaticales.

L'adverbe, comme nous l'avons déja observé, qualifie le verbe de la même manière que l'adjectif qualifie le nom substantif; l'un et l'autre, par conséquent, représentent des abstractions, c'est pourquoi les Indiens en font rarement usage autrement que sous une forme combinée. L'adverbe comme l'adjectif, prend facilement les formes verbales, et les Indiens préfèrent s'en servir de cette manière. Nous avons fait voir au chapitre XVIII comment l'adverbe négatif prend la forme du futur dans la conjugaison des verbes; d'autres adverbes, et même les pronoms personnels séparables reçoivent cette forme. On dit en lénâpé *ikatsch n'dappin*, je serai là présent; réunissant la terminaison *tsch* du futur avec l'adverbe *ika* qui signifie *là* (illic). On dit encore *nekamatsch w'dappin*, il sera là, joignant la même désinence au pronom séparable *il* (ille), et au pluriel *nekamawatsch w'dappinewo*, ils seront là. L'adverbe peut prendre toutes les formes du verbe, dont il résulte une classe de verbes appelés adverbiaux. Ainsi, de *wingi*, volontiers, et *pendamen*, entendre, on fait *wingsittam*, entendre quelqu'un volontiers ou avec plaisir; de *mayawi*, bien, on fait le verbe *mayawiechton*, faire quelque chose bien. Les bornes de ce mémoire ne nous permettent pas de donner de plus nombreux exemples, qui, au reste, ne nous apprendraient rien de plus sur le système d'après lequel ces mots sont composés. Nous avons aussi fait connaître comment la préposition se joint au verbe, soit par des formes où elle est sous-entendue, soit par d'autres où elle y est jointe ou intercalée en tout ou en partie. Les Indiens ont très peu de conjonctions; ils ont des particules explétives qui servent à joindre les membres de la phrase; les Chippéways, entre autres, ont *dŏji* (duzhé) qui répond à la particule *que* de la langue latine, et jointe au nom substantif signifie *et*. Ils disent aussi *kai* (ké) comme les Grecs, mais cela ne prouve pas leur origine hellénique. Les Massuchusetts disent *kah*, qu'ils prononcent *keh*.

Quant aux interjections, elles ne reçoivent point de formes, et, par conséquent, il n'y a rien à dire à leur sujet.

Toutes les parties du discours peuvent être employées séparément, sans se servir des formes synthétiques, et on peut, par ce moyen, se faire entendre par les Indiens; mais ils n'aiment point cette manière: ils l'appellent *langage de femme*, parce que c'est ainsi que parlent les Canadiens qui ont épousé des femmes sauvages, et qui, pour se faire mieux entendre, leur répondent dans ce mauvais baragouin; c'est ainsi que parlent les voyageurs, et en général ceux qui ne savent pas parfaitement la langue. Mais le véritable Indien rejette ce langage informe; néanmoins, si un étranger le lui parle, il ne fera pas semblant de s'en apercevoir: il croirait manquer aux règles de la politesse. Les chefs indiens se font un point d'honneur de parler parfaitement leur langue; il y a parmi eux des puristes qui ne pardonneraient point une faute contre les règles de la grammaire. On pourrait expliquer par là comment Homère et Ossian ont pu composer des chants sublimes, lorsque leurs langues n'étaient pas encore écrites, si toutefois la tradition qui le suppose est véritable.

CHAPITRE XXI.

Conclusion.

Nous avons parcouru un vaste champ dont nous avons été obligé de resserrer les limites, pour ne pas fatiguer l'attention de ceux qui prendront la peine de lire ce mémoire. Nous croyons cependant en avoir dit assez pour faire connaître le *caractère grammatical* de la famille des langues qui nous a été indiquée, et avoir rempli par là, autant qu'il était en nous, l'objet que s'est proposé l'honorable commission de l'Institut de France. Si nous n'avons pas donné à notre travail toute la méthode qu'il exigeait ; si nous avons été trop diffus sur quelques points, et si d'autres ne paraissent pas avoir été suffisamment développés, il n'en faut accuser que la faiblesse de notre talent et la nouveauté du sujet que nous avons eu à traiter. Nous n'avons considéré ce sujet que dans une de ses parties ; dans son ensemble il est immense. Toutes les langues de notre univers demandent à être comparées, afin de connaître le vrai caractère grammatical et le génie de chacune ; et, remontant à leur origine, découvrir, s'il est possible, la marche des idées et les différentes manières dont elles se développent dans l'esprit humain, lorsqu'il cherche à les fixer et à leur donner des formes accessibles aux sens dont la nature nous a doués, et capables de les transmettre d'une intelligence à l'autre. C'est une noble science qui est encore au berceau, dont l'illustre Volney a senti toute l'importance et dont sa munificence va faciliter le progrès.

Le caractère grammatical des langues qu'avec plusieurs philologues américains, nous avons appelées algonquines, peut être considéré sous différens aspects parmi lesquels il en est un qui nous paraît être celui par lequel elles diffèrent de toutes les autres hors de l'Amérique. C'est la méthode dont les Indiens se servent, pour former leurs mots, non seulement par des préfixes et des suffixes, ce qui leur est commun avec beaucoup d'autres peuples ; mais par l'intercalation non seulement de syllabes, mais de simples sons significatifs au moyen desquels, comme en conviennent tous les auteurs qui, depuis deux siècles, ont écrit sur cette matière, ils peuvent former des mots à l'infini. On a demandé plusieurs fois, et on demandera peut-être encore, comment il est possible que les Indiens retiennent tous ces mots dans leur mémoire ; on dira que les sons simples peuvent représenter une foule d'idées ; et comment fera-t-on pour les discerner ? C'est, sans doute, un phénomène et nous n'entreprendrons pas de l'expliquer d'une manière satisfante; cependant, il nous semble que nous pouvons, dans nos propres langues, trouver quelque chose qui peut au moins conduire à cette explication. La lettre *n*, par exemple, est dans plusieurs langues un son qui, très souvent, fait partie des mots dont l'objet est d'exprimer une idée négative; nous le voyons dans *nolo*, *nemo*, *nullus*, *nihil*, et autres. Ne serait-ce pas cette lettre *n* qui représente à notre entendement l'idée de la négation? Il est vrai que nous ne nous en apercevons pas; mais la pensée est si rapide que l'effet seul se fait sentir, et le moyen nous échappe. Que de mots formés de cette lettre *n* qui comprennent l'idée négative, sans que nous nous en apercevions! *Nox*, la nuit, absence du jour, de la lumière; *negligo*, *non lego*, *non colligo*; et tous les mots commençant par *in*: *incapax*, *inglorius*, *infidelis*, et tant d'autres que nous pourrions citer! Le sens de la phrase aide à tout cela; mais nous ne nous arrêterons pas plus long-temps sur ce sujet, il suffit de l'avoir indiqué.

C'est cette manière de former les mots que nous considérons comme le caractère distinctif des langues de l'Amérique, et par conséquent, des langues algonquines considérées comme faisant partie de celles de ce continent. Sans doute, il existe des différences entre ces langues et les autres idiomes de cette partie du monde; mais ces différences sont moins marquées, ce sont des différences de détail qui nous auraient mené trop loin, s'il eût fallu nous en occuper, et qui, d'ailleurs, n'appartiennent point à notre sujet. La commission sentira aisément qu'elles ne pouvaient pas entrer dans le plan de ce mémoire, parce qu'elles auraient trop détourné l'attention principale, et auraient exigé, non pas un mémoire comme celui-ci, mais un ouvrage volumineux, que quelques mois n'auraient pas suffi pour produire.

Les formes grammaticales de ces langues sont parfaitement en harmonie avec la manière dont ces Indiens forment leurs mots; le même système domine partout; et partout on voit l'absence de l'esprit d'analyse. Nous avons cru, autrefois, que l'analyse avait dû précéder la synthèse; mais des études plus approfondies, et de plus mûres réflexions nous ont convaincu que les formes synthétiques qui caractérisent ces idiomes, proviennent de l'impossibilité où se sont trouvés ceux qui les ont formés, d'analyser les idées concrètes qui se sont présentées à leur imagination, et ils ont cherché à les exprimer en masses, telles qu'ils les ont aperçues.

Si la manière dont les mots indiens sont composés excite notre étonnement, les formes grammaticales qu'ils reçoivent après leur première composition, sont bien dignes de notre admiration. Il est impossible d'en trouver de plus régulières dans aucune langue du monde ; l'analogie la plus stricte y est observée, et nous ne connaissons aucun idiome dans lequel il y ait moins d'irrégularités. Cela est d'autant plus admirable que le nombre de ces formes est presque infini ; nous avons sous les yeux le paradigme d'un seul verbe, qui est bien loin de contenir toutes les formes dont il est susceptible, et qui couvre, imprimé sur deux colonnes, 36 pages in-folio. Qu'on veuille bien considérer combien de travail, de réflexion, de sagacité et de génie il a fallu, pour inventer toutes ces formes, pour changer, ajouter, retrancher ici une lettre ou un son ; là, une syllabe ; et mettre toutes les parties de ce grand tout en harmonie les unes avec les autres ! C'est cependant l'homme sauvage qui a fait toutes ces choses.

Mais ce que nous sommes loin d'admirer et ce qui donne lieu à de bien tristes réflexions, c'est le caractère tout matériel de ces idiomes qui ne nous avait jamais tant frappé que lorsque nous nous sommes occupé de ce mémoire ; il semble que ces langues n'aient été faites que pour exprimer les besoins et les passions de ceux qui les parlent. Les passions, à la vérité, sont des sentimens moraux; mais l'homme sauvage, aussi bien que l'homme civilisé, a *besoin* de les exhaler et de les communiquer à ses semblables; il a besoin de dire à ses amis que tel homme est bon, tel autre méchant, et de faire connaître ses propres sentimens d'amour, de haine, de jalousie, ses espérances et ses craintes : tout cela exige des mots capables d'exprimer des sensations morales; mais au-delà, tout, dans ces langues, a une teinte physique qui montre que la spiritualité et les abstractions qu'elle entraîne, ne sont jamais entrées dans l'esprit de ces sauvages.

Cependant, ces langues sont riches; elles abondent en mots où les idées prennent une multitude de formes, et présentent les différences et les distinctions les plus subtiles; quelle est la cause de ce phénomène? Nous n'en pouvons trouver d'autre, sinon que les idées se présentent à nous en groupes qui varient continuellement. Les Indiens ont donné une forme de langage à chacun de ces groupes, sans penser à les analyser et à en extraire les portions d'idées qui leur étaient communes, et qui les auraient dispensés d'inventer tant de mots, dont la plupart seraient alors devenus inutiles.

Il est vrai aussi que, malgré la matérialité de ces langues, les missionnaires ne trouvent aucune difficulté à faire entrer dans l'esprit de ces Indiens, les vérités les plus abstraites de la religion chrétienne ; la Bible tout entière a été traduite dans un de ces idiomes, et celui qui les a étudiés en reçoit fidèlement les impressions, quoique sous des formes différentes. Que conclure de tout cela? Nos langues, aujourd'hui abondantes en termes métaphysiques, auraient-elles eu le même caractère matériel dans leur origine, et ce caractère serait-il caché sous des étymologies qui nous sont inconnues? Ce n'est pas à nous à décider cette question ; nous nous contenterons de dire qu'elle ne nous paraît pas indigne de l'attention des savans.

On n'a pas encore en Europe des idées fixes sur le génie et le caractère des langues de l'Amérique. De Pauw, auteur des *Recherches sur les Américains*, avec plus de sagacité que de science, a deviné leur *matérialité*; mais il en a conclu qu'elles étaient pauvres, et en cela, il s'est bien certainement trompé. On a bâti ensuite sur ce système, on a raisonné *à priori*, et on a dit que les sauvages, ayant peu de besoins, avaient nécessairement peu d'idées, et qu'avec peu d'idées, il leur fallait peu de mots ; et voilà comme on trouve toujours des raisons pour soutenir, et même enchérir sur l'opinion d'un écrivain qui a fait un gros livre où il a parlé sans connaissance de cause. De Pauw a encore dit, d'après La Condamine, que les Indiens n'avaient pas de mots pour exprimer les idées abstraites ; qu'ils n'en avaient point pour *substance, durée, espace, matière*, et autres termes de nos écoles. L'abbé Clavigero, dans son *Histoire du Mexique*, a très bien répondu à cela, que les Indiens n'avaient point étudié la métaphysique, et que Cicéron lui-même, lorsqu'il voulut faire connaître à ses compatriotes la philosophie des Grecs, ne trouva pas dans sa langue, la belle langue latine ! des termes analogues aux idées qu'il voulait rendre, et fut obligé de les emprunter de la langue grecque; mais Clavigero, écrivain si savant et si judicieux, était enthousiaste de la langue mexicaine qu'il savait parfaitement ; il s'efforça de prouver qu'elle possédait des termes abstraits, tels que ceux que nos écoles ont admis dans le latin d'après Sergius Flavius, et en dépit de Cicéron qui n'a jamais fait usage des mots barbares *ens* et *essentia*. Enfin, il a trouvé dans la langue mexicaine un mot qui, dit-il, signifie *essence ;* et ce mot (*jelitzli*), selon les dictionnaires, ne signifie autre chose que le rang ou la condition d'un homme dans la société, terme nécessaire dans un état monarchique, et dans une langue qui a des verbes *révérentiels*. Clavigero trouve encore dans la langue mexicaine les substantifs *unité, binité, trinité*; mais ces mots ont évidemment été inventés par les moines espagnols qui possèdent ce pays depuis trois siècles et qui n'ont rien eu à faire qu'à ajouter aux noms de nombre la terminaison substantive *itzli*; de manière que de *cé*, un, ils ont fait *cetilitzli*, unité; d'*omé*, deux, *ometilitzli*, binité; et de *yei*, trois, *yeitilitzli*, trinité; et c'est le grand mot qu'il leur fallait, et qu'aucun missionnaire ne manquera d'inventer, s'il ne le trouve pas, dans quelque langue que ce soit, en quoi nous sommes bien loin de les blâmer.

Clavigero a été conduit trop loin par son enthousiasme pour la langue mexicaine; mais il a eu raison de dire qu'elle possède des substantifs abstraits formés d'adjectifs ou de verbes, comme *force* de *fort*, *crainte* de *craindre*, en quoi elle ne diffère pas des autres langues indiennes. Il aurait dû, cependant, ajouter que ces substantifs en mexicain, comme en algonquin, sont en général très longs, comme, par exemple, *nejoltiquipacholitzli*, repentir; *tlalticpactlacajotl*, humanité; *tlalticpacayoelcuilitzli*, avarice; *cenhuelicilitzli*, toute puissance; ce qui fait voir qu'ils ne sont pas beaucoup en usage, et que plusieurs ont pu aisément être inventés par les missionnaires, dans une langue où la composition des mots est si facile.

La langue mexicaine est riche comme les autres langues indiennes ; mais, comme elles, elle est matérielle et n'abonde pas en mots significatifs d'idées abstraites ; comme elles, elle est synthétique dans sa structure, et n'en diffère, quant à ses formes, que par des détails qui n'affectent point son génie et son caractère. Elle abonde en particules intercalées.

Si on désire connaître la belle langue du mexique, il ne faut pas s'arrêter à ce qu'en disent les grammairiens espagnols ; il faut étudier, comparer et juger par soi-même. Les pères Rincon, Galdo, Betancourt et plusieurs autres y trouvent les cinq déclinaisons et les six cas de la langue latine ; le P. Carocchi et le licencié Gastello n'y découvrent que quatre déclinaisons. Le P. Avila en admet cinq ; mais il ajoute que chaque nom peut être décliné selon chacune d'elles. Enfin, le curé don Carlos de Tapia Zenteno, finit par nous dire que tous les noms mexicains sont *indéclinables ;* mais en comparant ces diverses grammaires, et avec le secours des dictionnaires, on peut se former une juste idée de cet idiome, et on verra qu'il appartient bien décidément au système général des langues de l'Amérique.

Nous nous sommes un peu écarté de notre sujet ; mais nous avons voulu montrer que nous n'avons été mu ni par un fol enthousiasme, ni par le triste orgueil de la civilisation, dans le tableau fidèle que nous venons de faire des langues de la famille algonquine. Nous n'avons eu pour objet que ce qui nous paraît être le but du programme de la commission qui est d'éclairer par des faits l'importante question de l'origine et de la formation du langage que la philosophie s'est jusqu'à présent bornée à effleurer.

Ainsi, nous croyons avoir suffisamment fait connaître le caractère de ces langues; s'il s'agit de les distinguer par une épithète, nous n'hésitons pas à adopter celle de *polysynthétiques*, qui leur a été donné par les philologues américains, et qui nous paraît les désigner par leur différence la plus remarquable des autres langues, en exceptant seulement celles de l'hémisphère américain, qui toutes participent plus ou moins de ce caractère.

APPENDIX.

A.

VOCABULAIRE COMPARATIF

DES LANGUES

ALGONQUINES ET IROQUOISES.

VOCABULAIRE COMPARATIF

DES LANGUES ALGONQUINES

ET IROQUOISES,

A l'effet de démontrer la différence totale qui existe entre elles, quant à l'étymologie des mots.

	FAMILLE ALGONQUINE.	FAMILLE IROQUOISE.
	Dialecte lénâpé, par Heckewelder.	Dialecte onondago, par Zeisberger.
Dieu.	Gétannitowit-Patamawos.	N'ioh-Hawonéo.
Esprit.	Manitto.	Otkon.
Ciel.	Awosságamé.	Garochia.
Père.	Ooch.	Ioníhha.
Mère.	Gahees, gahowes.	Onūrha.
Fils.	Quis.	Heháwak.
Fille.	Danis.	Iehawak.
Frère.	Nimat.	Iattatége.
Sœur.	Chesmus.	Akzia.
Homme (vir).	Lenno.	Etschinak.
Homme (homo).	Lénâpé.	Ungué, ongwé.
Femme.	Ochqu'eu.	Echro.
Jeune fille.	Ochquetschitsch.	Iahagóna.
Jeune garçon.	Pilawézitsch; pilápe.	Haxháa, heháwak.
Enfant.	Amémens.	Ixháa.
Ami.	Nitis.	Orrié, ungiatschi.

	Algonquin.	Iroquois.
Tête.	Wihl.	Anúwara.
Visage.	Wuschkinkuuk.	Agáchsa.
Nez.	Wikiwon.	Onióchsa.
OEil.	Wuschkink (plur.- all).	Ogáchra.
Sourcils.	Mamawanak (plur.)	Ogonquaráge.
Paupières.	Spanquewágan.	Ogachríchte.
Oreilles.	Wittawak.	Ohúchta.
Front.	Wochgalau.	Ogônquau.
Cheveux.	Milach, miecheken.	Onuchquéra.
Joues.	Wonanno, wonan- noal (plur.)	Ejoqua, ejoquage (plur.)
Bouche.	Doon.	Ixhagachrōhnta.
Col.	Whiltangan.	Oníara.
Gorge.	Gundacan.	Ohúra.
Dent.	Wipit, Wipitall. (plur.).	Onótschia.
Langue.	Wilano.	Enáchsé.
Barbe.	Wuttoney.	Onusgéra.
Coude.	Wisquon.	Ochjōrha.
Main.	Nachk.	Eniagé.
Doigt.	Lenschkan.	Chaque doigt a un nom.
Ongle.	Wikaschak.	Eéchta.
Ventre.	Wachtey.	Otquonta.
Dos.	Wawikan.	Eschukné.
Pied.	Sit, Sitall (plur.).	Ochsíta.
Genou.	Gútgu.	Egechréna.
Peau.	Chés.	Ganéchwa.
Chair.	Ojōos.	Owáchra.
Os.	Wachgan.	Ochtiéhnta.
Sang.	M'huk, mokum.	Otquéchsa.

	Algonquin.	Iroquois.
Cœur.	Dée ou Tée.	Awériáchsa.
Lait.	Nonakan.	Omúngwa.
Ouïe.	Pendawachtságan.	Né wathónte.
Vue.	Nemhattowágan.	Ogáchra.
Goût.	Lipoquotoágan.	Né iogawi.
Odorat.	Melamoágan.	Né wagérachs.
Toucher.	Amandamoágan.	Né watthoka.
Nom.	Léwusuágan.	Gachsæna.
Cri.	Salanuīn.	Tiagocharechta.
Hurlement.	Sessalamuēn.	Né wachgæntha.
Mot.	Aptonágan.	Garrichwa.
Sommeil.	Gauwiwágan.	Gotawi, watoríssai.
Amour.	Ahottoágan.	Né ionoróchqua.
Douleur.	Wisachgamallsoágan.	Né ionnochwachtani, waorochiági.
Peine, fatigue.	Achwilulogéwágan.	Agojotéchséra.
Travail.	Mikémossoágan.	Agojotéchséra.
Mariage.	Wikindévágan.	Né ioniáki, agoniaki.
Vie.	Lehalléwágan.	Jagonhéchséra.
Taille, croissance.	Allumikén.	Zanoejatóté.
Ame.	Tschitschank.	Otkon.
Mort.	Anglowágan.	Né iawahéjé.
Soleil.	Gischuch.	Garáchqua, ontéca.
Lune.	Nipáwi gischuch.	Garáchqua.
Etoile.	Alank, alanquewak (plur.).	Otschischtenóchqua.
Vent.	Kscháchan.	Sahoté, lgarachta.
Tempête (fort vent).	Achwi kschachan.	Né gaworóntes, gaworontewano.

	Algonquin.	Iroquois.
Pluie.	Sókélän.	Né jolschtaronti.
Grêle.	Méhocquamileno.	Né owissonti (il grêle).
Neige.	Gûn, guhn.	Ogéra.
Glace.	M'hocquámi.	Owissa.
Jour.	Giéschgu.	Wæontha.
Nuit.	Tpócu.	Achsontha.
Matin.	Wápan.	Jorhæntha.
Soir.	Wulakan (le soir), Wulakannewi (au soir).	T'wazódwa, ohnezajogaràk.
Eté.	Nipan.	Gagénhé.
Printemps.	Siquon.	Tioganhónti, gaquitek.
Automne.	Tachquõak.	Ganœnager.
Hiver.	Lówan.	Góchschéré.
Année.	Gachtin.	Tschióchscrat.
Terre.	Hacki, achki.	Uchwuntschia.
Eau.	M'bi.	Ochnéca, ochnécanos.
Mer (la).	Kitahícan.	Ganíataré.
Rivière.	Sipu.	Geiháté.
Sable.	Legau.	Onéchsa.
Argile.	Siesgu, sisku.	Oláhra.
Poussière.	Pung, Pong.	Ogéchra.
Boue.	Niskassisku.	Anowāsta, otha, ohéchta.
Montagne.	Wachtschú.	Ononta.
Rivage.	Iapéwi.	Hacta, hazíacta.
Colline.	Wachtschútit (dimin.).	Onontachéra (dimin).
Vallée.	Pachsajeek.	Tiochrungwe, tionontiácu.

	Algonquin.	Iroquois.
Air.	Géschink.	Tíoaraté.
Feu.	Tendey.	Otschischta, iotécka.
Hauteur.	Hockunk, Hocquéunk.	Lanihétkè.
Largeur.	Achgáme, paámé.	T'gachrochwa.
Longueur.	Gunáquot.	Zanibòs.
Cave, Caverne.	Walak.	Toschúwé, tiogachrœnta.
Creuser.	Munhámmen.	Geihóni.
Pierre.	Achsín.	Onéja.
Or.	Wisawek, achsin (pierre jaune).	Otquechtarócu.
Argent.	Schilpel.	Ochwistanorum.
Sel.	Sikey.	Otschikéta.
Bois, forêt.	Tékené.	Garbácu.
Chou.	Kepétsché.	Awonochgéra.
Arbre.	Hittuck.	Garōnta.
Pieu, jalon.	Achpanschis.	Garōnta.
Herbe, verdure.	Mashik.	Garontóté.
Chêne.	Wunachkwiminuschi.	Garichtí.
Feuille.	Wunípak, combachquall (plur.)	Onerachtózéra.
Ecorce.	Hókees, anéchwunak.	Otquænta.
Branche.	Tuchun.	Otquéra.
Champ.	Hagihácan.	Gahúnta.
Céréales.	Malóom.	Onatschiaschok.
Raisin.	Wisachkim.	Ojinquiseré.
Poisson.	Namēs.	Otschīonta.
Ver.	Huppeechk.	Otschinungwa.

	Algonquin.	*Iroquois.*
Mouche.	Utschéwé, utsché-wak (plur.).	Otzhœnta.
Bête sauvage.	Awésis.	Guntério.
Vache.	Sisiliés, sisilwés.	Tionhosquaront.
Corne.	Schummo.	Onágara.
Cheval.	Nechnaungés.	Garontanéchqui.
Cochon.	Kuschkusch.	Quisquis.
Chien.	Mékanné, allium.	Tschierhá.
Chat domestique.	Púschis.	*Caret apud* Zeisb.
Chat sauvage.	Tschingwé.	*Caret apud* Zeisb.
Souris.	Achpoquēs, poquēs.	Zinówa.
Oiseau.	Tscholens, ak (pl.)	Tschigasko.
Plume.	Miquon, Micon.	Ochróra.
Coq.	Lennowehellau.	Gatschinak.
Poule.	Tipaas, ochqué-helleu.	Gitgit.
OEuf.	Wah, wach, wach-wall (plur.)	Onhóchsa.
Oie.	Kaâk.	Gahúchk.
Canard.	Schíhuweu.	Sórack.
Pigeon.	Amimi, mimi.	Tschiókara.
Maison.	Wikwam, wigwam.	Ganochsájé.
Porte.	Kpahũn, espándé.	Ganhóchwa.
Cour.	Aluménachk.	*Caret apud* Zeisb.
Ville, village.	Utêney.	Ganatájé, kanadajé (*indè* Canada).
Hache.	Tamahican.	Aschequéchsa.
Clou.	Makõos, m'gõos.	Garówa.
Charrette.	Tuppinktschés.	Gaseréchta.
Pain.	Achpóan.	*Caret apud* Zeisb.
Mangeaille.	Mitzéwagan.	Jix, untgaztóchqua.
Maïs.	Chásqueem.	Onátschia.

	Algonquin.	Iroquois.
Fèves, haricots.	Machksitall.	Ossahéta.
Tabac.	Kschátey.	Oyenqua.
Voleurs.	Kichgémolgut.	Enúsquas.
Misère.	Awendamoagan.	Agotendhé (être misérable).
Victoire.	Allohikoagan, patahowewagan.	Watquénnia.
Guerre.	Machtagewágan.	Waunteríos.
Guerrier.	Nétopallis.	Hosgaragéchté (il est un).
Navire, bateau.	Amóchōl.	Gahujowáno.
Baleine.	M'biak, m'biachk.	Guntschiówano.
Lumière.	Wasélénican.	Jotacharóta.
Tonnerre.	Pelhácquon.	T'gachsagajónti.
Jeune.	Wúski.	Oras.
Vieux.	Kikey (genre animé).	Oxtéa.
Haut.	Hóckunk.	Hetké.
Bas.	Hácking.	Hechtagé.
Grand.	Amangi.	Goános.
Petit.	Tangito.	Ostwi, niwáh, niagā.
Blanc.	Wapech.	Orhéstocu.
Noir.	Súckgeck.	Gazihostazi.
Vert.	Oliéhgeck.	Ozitquarócu.
Jaune.	Wisaweck.	Ozitquaróca.
Gris.	Wipúnxit.	*Caret apud* Zeisb.
Sale.	Machtítsu.	Onissérat.
Pesant.	Súckquon.	Joxté.
Humide.	Wtáchsu.	Ochránuwe, jonánawochté.
Léger.	Lángan.	Jachté.

	Algonquin.	Iroquois.
Gros, épais.	Machingué.	Gatés, goáno.
Bon.	Wulit.	Ojánéri.
Beau.	Schikí.	Ojánéri, wazœnaji.
Agréable.	Walelendamówi.	Owisquat.
Mal.	Medhiok.	Wakécké.
Mauvais.	Attawulit (non bon).	Ovisséras.
Méchant.	Manunxin.	Jacháquas.
Vif.	Lachpi.	Josnorum, gajanóri
Lent.	Tgauitti.	Scœnoáh, Jono-rongsék.
Vivre, être vivant.	Lehelléchēn, pommauchin.	Tajónké.
Etre gai.	Wawuleléndamen.	Agowíssa, owesquat.
Manger.	Mitzin.	Wauntécóni.
Boire.	Mennéen.	Echénékichré, wachnekíchré.
Chanter.	Lunsúwēn.	Jorrichéwáchqua.
Frapper, battre.	Pachgámēn.	Aguwarrié, aguwajíchté.
Dormir.	Gauwin.	Agatawi.
Prendre.	Natennúmén, Watennúmén.	Wajéhné.
Aimer.	Ahóaltin.	Schungara, Jonoróchqua.
Demander.	Najondámén.	Watgéchtat, agojéchté.
Semer.	Hagiheen, Achgicen (mettre en terre, enterrer).	Onéhha, otijizeraschóh.
Cacher.	Gandhaltūn, Gandhætton.	Wachséchta.

	Algonquin.	Iroquois.
Fondre.	Linxhúmmen.	Ochwistanáwochté
Bouillir.	Wiechenin.	Waonatschióté, ojahéss.
Donner.	Mékan, milàn.	Iáwi, wanónta.
Va-t-en, marche.	Achpāmsil (im per. d'achpamsin, marcher).	Sachtœndi (de tajochtœndi, aller).
Reste.	Nipawih.	Tischtánha tóhné.
Je	Ni.	I, aquas.
Tu.	Ki.	His, his kè (est-ce toi?).
Il.	Nécáma.	Rauha.
Elle.	Nécámá.	Auha, gauha.
Nous.	Níluna.	Ni.
Vous.	Kiluwa.	His.
Ils.	Necamáwa.	Honúhha, onúhha.
Elles.	Nécamáwa.	Onúhha.
Quoi?	Kœcu? kéku?	Or, ochte, otnahóte, nahóte.
Pourquoi?	Kœcu? untschi?	Ot garibóni.
Qui?	Auwēn?	Schu? Schune? Schunahóte?
Non.	Matta.	Iachte, ia, néto, náji.
Où?	Taān.	Gáno? Ganohoquadi?
Ici.	Sīn, júni.	Tohné.
Là.	Najīn, iun.	Néto.
Sous.	Equíwi.	Nácu.
Sur.	Wochgítschi.	Gáchéra.
En.	Talli.	(S'exprime par inflexion.)

	Algonquin.	Iroquois
Quand?	Tschingé?	Wēnto.
Avant.	Wéski.	Hiári.
Après.	Uchtonk.	Ochnage.
Comment?	Taān?	Ot? otniocht?
Ou (vel).	Schita.	Togat.

NUMÉRAUX.

	Algonquin	Iroquois
1.	N'gútti.	Skáta.
2.	Nischa.	Tekení.
3.	Nácha.	Achsó.
4.	Néwo.	Gajéri.
5.	Palénach.	Wisk.
6.	Gúttäsch.	Achiak.
7.	Nischäsch.	Tschoátak.
8.	Chaasch.	Tékiro.
9.	Pēschgonk.	Wátiro.
10.	Tellén.	Wasshé.
11.	Tellén wak n'gutti.	Wasshé skata gáchera. (Dix, un de plus ou par-dessus, etc.)
20.	Nichínachki.	T'wasshé, tekení wasshé (deux fois dix).
30.	Nachínachki.	Achso né wasshé (trois fois dix).
40.	Néwinachki.	Gajeri né wasshé (quatre fois dix, etc.)
50.	Palénachtschínaschki.	
60.	Guttaschtschínachki.	

	Algonquin.	Iroquois.
70.	Nischachtschínachki.	
80.	Chaaschtschínachki.	
90.	Peschgonktschínachki.	
100.	Guttapachki.	Wasshé né wasshé (dix fois dix).
200.	Nischápachki.	T'wænniawé.
300.	Náchapachki, etc.	Achso né t'wænniawe.
1000.	Kitapachki (le grand cent), ou Telléntschapachki (dix fois cent).	Wassé né t'wænniawé.
2000.	Nischén kitápaschki.	T'wænniawech serásshé.
3000.	Nachén kitápaschki, etc.	Achso né wenniawech serásshé, etc.

B.

VOCABULAIRE COMPARATIF

ET RAISONNÉ

DES LANGUES

DE LA FAMILLE ALGONQUINE.

INTRODUCTION.

Ce Vocabulaire contient des mots d'environ trente langues ou dialectes, tous de la famille que nous appelons algonquine. Il est formé de quarante-cinq mots français, que nous aurions bien voulu donner tous dans chacune de ces langues; mais nous n'avons pu le faire à cause de l'insuffisance des moyens à notre disposition, de sorte qu'il y a tel mot qui n'est rendu que dans quinze ou seize dialectes, et tel autre qui l'est dans vingt-neuf à trente; nous en aurions beaucoup augmenté le nombre, si nous eussions eu seulement quelques mots des langues de cette famille qui sont parlées, où qui l'étaient autrefois par des tribus indiennes, dont plusieurs sont éteintes et d'autres existent encore, dont nous n'avons pas le moindre vocabulaire. Nous ne croyons pas nécessaire de donner ici les noms de ces tribus muettes, parce que cela ne serait d'aucune utilité pour l'objet de ce mémoire.

Mais il importe de connaître les localités des nations indiennes dont il se trouve des mots dans notre Vocabulaire, afin qu'on puisse plus facilement les classer, si on le croit nécessaire, et juger de l'influence de leurs idiomes, à raison de la proximité où elles ont vécu les unes des autres. Nous allons par conséquent les diviser en familles, suivant le pays qu'elles habitent, ou plutôt, quant à plusieurs d'entre elles, qu'elles ont autrefois habité.

I. INDIENS DE L'ANCIENNE ACADIE.

Par le mot *Acadie*, nous entendons le pays que la France possédait ou réclamait autrefois sous ce nom; il comprend la péninsule appelée aujourd'hui nouvelle Ecosse, le Nouveau Brunswick, le petit territoire de Gaspé, dans le bas Canada, l'île de Terre-Neuve, et la presque totalité de l'état du Maine, qu'on appelait autrefois le pays des Etchémins, souvent mentionné dans les négociations qui précédèrent la guerre de 1756. Ce pays s'étend au sud jusqu'à la rivière de Kennebeck, appelée par les Français Kinibéqui.

Dans cette vaste étendue vivaient un grand nombre de nations indiennes, dont il ne nous est resté que les noms. Les langues de ces nations sont inconnues, mais il est à présumer qu'elles appartenaient toutes à une même famille, que nous appellerons pour le moment *Acadienne*. Nous ne connaissons que six de ces langues ou dialectes, dont nous donnons plus ou moins de mots dans ce Vocabulaire. Les nations ou tribus qui les parlent, ont été nommées par les Français Souriquois, Micmacs, Etchémins, Abénakis; les Américains les distinguent plus volontiers par le lieu de leur habitation. Nous nous servirons des unes ou des autres de ces dénominations, d'après les sources d'où nous avons tiré nos renseignemens.

1. *Souriquois.* — Nous ne savons rien de cette nation, sinon qu'elle habitait vers le Port-Royal dans la péninsule d'Acadie. Nous n'avons de sa langue, sous ce nom, qu'un maigre vocabulaire donné par Laet[1], et dont nous avons fait usage. Ce nom, au reste, a été employé assez vaguement, ainsi que celui de Micmacs.

2. *Micmacs.* — C'est encore un nom générique, qui paraît avoir été donné par les Français aux Indiens de cette contrée. Nous en connaissons trois dialectes.

Le premier est celui des Micmacs de la Nouvelle-Ecosse, c'est-à-dire, de la péninsule appelée aujourd'hui de ce nom; nous n'en possé-

---

[1] *Histoire du Nouveau-Monde.* Leyde, 1640, in-folio.

dons qu'un vocabulaire manuscrit, qui nous a été communiqué par un habitant de cette province : les mots de ce dialecte sont désignés dans notre Vocabulaire par le mot *Micmac*, avec indication de la source d'où ils sont tirés, par les lettres Ms. (manuscrit).

Le second est celui des Micmacs de l'île de Terre-Neuve. Nous avons tiré les mots de cette langue d'un vocabulaire imprimé dans le sixième volume, première série, des recueils (*collections*) de la société d'histoire de Massachusetts ; leur source est indiquée dans ce vocabulaire par *Soc. de Mass.* (Société de Massachusetts).

Le troisième enfin est celui des Micmacs de Miramichi, qui habitaient autrefois près la baie de ce nom dans la province anglaise de New-Brunswick. Les mots que nous donnons de cette langue sont tirés d'un vocabulaire manuscrit du père Maynard, missionnaire français, qui résidait autrefois parmi ces peuples. Ce manuscrit a été communiqué par le gouverneur Lincoln de Massachusetts à M. Gallatin, et à nous par ce dernier.

3. *Etchémins.*—Nous ne connaissons rien, sous ce nom, de la langue de ces peuples, que les numéraux d'un à dix, qui nous sont donnés par Lescarbot, dans son *Histoire de la Nouvelle France*, et qu'on trouvera à leur place dans notre Vocabulaire.

4. *Abénaquis*.— Cette nation est célèbre parmi les Indiens du nord de l'Amérique. Il en est souvent fait mention dans les relations de missions et de voyages. Elle s'étendait jusqu'au Canada. Les seules tribus dont la langue nous soit connue, habitaient les bords du Pénobscot et du Kennébeck, rivières de l'état du Maine.

De la langue des Indiens de Pénobscot, qui sont considérés comme une tribu des Abénaquis, nous avons seulement un vocabulaire manuscrit, qui nous a été communiqué par une dame qui habite dans leur voisinage. Il est loin d'être complet. On en trouvera des mots dans notre Vocabulaire.

Mais nous possédons, heureusement, un très ample dictionnaire de la langue des Abénaquis proprement dits qui, au commencement du dernier siècle, habitaient l'intérieur de l'état du Maine, sur les bords du Kinibéki, à environ quarante ou cinquante milles de son embouchure. Le lieu de leur habitation s'appelait et s'appelle encore Norridgewock ou Norridgewalk, et se trouve sur les cartes. Ce vocabulaire français et indien fut fait par le père Rasles, jésuite, célèbre missionnaire, qui résida long-temps parmi eux. Il fut tué en 1724 à la prise de Norridgwock, et son manuscrit tomba entre les mains des Anglais. Cet ouvrage a été conservé dans la bibliothèque de l'université de Cambridge, en Massachusetts. L'académie des sciences et arts de Boston, qui en a eu connaissance, a obtenu la permission de le faire imprimer dans ses mémoires; et il parut en 1834, dans le premier volume de la nouvelle série de cette publication, par les soins du savant indianologue M. Pickering, qui y a joint des observations et des notes très intéressantes. Ce vocabulaire, avec les observations, contient deux cents pages d'impression in-4°, à doubles colonnes. Il est fait sur le modèle de celui de la langue huronne par le P. Sagard, mais beaucoup plus ample. Il est par ordre alphabétique.

5. *Indiens de Pénobscot.* — Ces Indiens sont considérés comme faisant partie de la nation des Abénaquis. Il en reste encore quelques familles sur les bords du Pénobscot, dans l'état du Maine, au nord du Kennebeck. Nous n'avons de cette langue qu'un vocabulaire manuscrit très récent, dont nous avons fait usage.

6. *Indiens de Passamaquoddy.* — Ceux-ci habitent sur la ligne qui sépare l'état du Maine de la province du Nouveau Brunswick. Nous avons fait usage d'un vocabulaire récent, qui nous a été communiqué par M. Gallatin.

II. INDIENS DE MASSACHUSETTS.

Dans le territoire qui forme actuellement l'état de Massachusetts et celui de New-Hampshire, qui lui est adjacent, vivaient un grand nombre de tribus indiennes, dont la longue nomenclature serait ici inutile. On présume qu'elles appartenaient toutes à la famille algonquine, car les tribus de race iroquoise avaient leurs établissemens plus loin sur le Saint-Laurent et vers les grands lacs. La plus considérable de ces nations indiennes était celle des Péquot ou Péquod, contre laquelle les premiers colons du Massachusetts eurent de longues et cruelles guerres. Ils parvinrent enfin à les détruire ; de sorte qu'il ne nous reste d'eux que la mémoire des faits rapportés dans les histoires du temps. Quant à leur langue sous le nom de Péquods, nous n'en connaissons absolument rien.

Tout ce que nous savons des langues des Indiens du Massachusetts est dû aux travaux du vénérable Eliot et du ministre Cotton, son collaborateur et son ami. Le premier a traduit la Bible tout entière dans la langue qu'il appelle des Indiens, sans désignation de tribu ; le second a fait un ample vocabulaire de la même langue, ou plutôt un recueil de mots et de phrases, arrangé par ordre de matières. La Bible indienne d'Eliot a été imprimée deux fois à Cambridge, près Boston; la seconde édition, revue par Cotton, porte la date de 1685. Les exemplaires en sont maintenant très rares. L'auteur avait publié auparavant, en 1666, avec la première édition de sa traduction de la Bible, une grammaire de cette même langue, qui a été réimprimée en 1822, dans le neuvième volume de la seconde série des recueils (*collections*) de la société d'histoire de Massachusetts, avec des notes très très intéressantes de M. Pickering. Le vocabulaire de Cotton est resté déposé en manuscrit dans la bibliothèque de l'université de Cambridge, jusqu'en 1829, qu'il fut imprimé à Cambridge, par les soins du savant indianologue que nous venons de nommer. Cet ouvrage contient 112 pages in-8°.

Nous ne connaissons pas le nom distinctif de la nation qui parlait cette langue. On l'a appellée *Natick*, d'après un village où Eliot résidait et avait établi son église; mais on ne connaît pas de nation indienne qui ait porté ce nom. On dit aujourd'hui la langue des Indiens de Massachusetts. Les mots de cette langue, dans notre Vocabulaire, sont tirés de ces deux ouvrages.

III. LANGUES DE L'ÉTAT RHODE-ISLAND.

Nous suivons maintenant la côte orientale des

Etats-Unis, en allant vers le sud, jusqu'à l'état de Géorgie, où commencent les langues appelées Floridiennes; nous reviendrons ensuite au nord, d'où nous passerons à l'ouest, en longeant les grands lacs ; puis nous descendrons de nouveau vers le sud, en suivant le cours du Mississipi. L'intérieur des Etats-Unis, excepté l'état de l'Ohio et la vallée du Grand Fleuve, ne nous offre rien de remarquable.

C'est à Roger Williams, fondateur de la colonie de Rhode-Island, que nous devons tout ce que nous savons de la langue des Indiens qui habitaient autrefois ce petit état. Son ouvrage est intitulé : *Clef de la langue d'Amérique ou moyen d'acquérir la connaissance de la langue des naturels de cette partie de l'Amérique, qu'on appelle Nouvelle-Angleterre*[1]. Il ne nous donne pas le nom de la nation qui parlait cette langue; mais on les a appellés *Narragansetts*, d'après la baie de ce nom, dans le voisinage de laquelle ils demeuraient. Cet ouvrage est un recueil de mots et de phrases, semblable à celui de Cotton, mais beaucoup plus ample; il con-

---

[1] *A key to the language of America, or an help to the language of the natives in that part of America called New England*, by Roger Williams, of Providence, in New England. London, 1643.

tient 163 pages in-8°. Il fut imprimé à Londres en 1643, et en 1827, la société d'histoire de Rhode-Island l'a fait réimprimer dans le premier volume de ses *Collections*. Cette langue ressemble beaucoup à celle de Massachusetts.

IV. LANGUES DE L'ÉTAT DE CONNECTICUT.

L'état de Connecticut paraît avoir été le siège principal de la nation des Mahicans, que les Hollandais appellaient Mahikanders, et les Français Mohingans; les Anglais leur ont donné plusieurs noms, tels que Mohicans, Mohegans, Moheagans. Heckewelder nous dit que leur véritable nom est *Mahicanni*, et Edwards, selon l'orthographe anglaise, l'écrit *Muhhehaneew*, qu'il faut prononcer *Mahicani-ou*. La syllabe *ou*, *eou*, *iou* (le *io* des Abénaquis) à la fin, n'est autre chose que la terminaison verbale de l'adjectif et signifie : « *il est Mahican :* » au pluriel, on y ajoute *og* ou *ak*, terminaison ordinaire de ce nombre au genre animé, dans les langues algonquines.

Les Mahicans étaient voisins des Péquods; plusieurs écrivains veulent qu'ils aient été une tribu de cette nation; mais le fait n'est pas avéré. Ce qu'il y a de certain, c'est qu'après que les Anglais eurent vaincu et exterminé les Péquods, les Mahicans réclamèrent leur territoire comme leur appartenant. Mais on ne sait rien de la langue des Péquods, ainsi cette question restera toujours indécise.

Nous avons peu de chose sur cette langue; l'ouvrage le plus important est celui de M. Edwards, qui la possédait parfaitement. Il est intitulé : « *Observations sur la langue des Mahicans*[1]. » Il contient peu de mots de cette langue; mais il en fait connaître la structure et les formes grammaticales, ce qui lui donne une très grande valeur. Il a paru d'abord en 1788, et a été imprimé plusieurs fois depuis. La dernière édition est de 1823. Elle se trouve dans le dixième volume de la seconde série des *Collections* de la société d'histoire de Massachusetts, avec des notes savantes et extrêmement intéressantes de M. Pickering. L'ouvrage de l'auteur ne contient que 18 pages in-12. Les notes et l'appendice en ont 63.

On trouve aussi dans le neuvième volume de la première série de ces *Collections*, un mémoire sur la nation des Mahicans. Il est principalement historique, mais offre un vocabulaire assez ample de leur langue. Nous en avons aussi un manuscrit fait par M. Heckewelder.

---

[1] *Observations on the language of the Muhhekaneew Indians*, by Jonathan Edwards, D. D.

Enfin, il existe dans la bibliothèque de la société philosophique américaine, à Philadelphie, un dictionnaire manuscrit de cette langue, écrit en allemand, en deux volumes in-12, intitulé : *Miscellanea linguæ nationis indicæ, Mahican dictæ; cura suscepta à Joh. Jac. Schmick.* Ce livre qui n'a point de date, paraît avoir été écrit vers le milieu du dernier siècle. L'auteur était probablement un missionnaire morave; son ouvrage est imparfait : il a laissé beaucoup de lacunes, qu'il comptait sans doute remplir, si la mort ou quelqu'autre événement ne l'en eût empêché. Le livre est dans la forme d'un dictionnaire; mais il ne contient que des verbes avec quelques courts paradigmes, ainsi que des mots et des phrases formées de ces mêmes verbes. Il est très utile relativement à la structure de la langue et à ses formes grammaticales.

V. LANGUES DE L'ÉTAT DE NEW-YORK.

On sait que la partie occidentale de cet état, du côté des lacs, était occupée par les tribus iroquoises, appelées les cinq, et ensuite, les six nations. A l'époque de la guerre de 1756, ce territoire était considéré comme appartenant à ces peuples, sous la protection de l'Angleterre. La France en réclamait une portion, comme faisant partie de la Nouvelle-France, et y avait même des établissemens. Les bords de la rivière d'Hudson, possédés par les Hollandais, et ensuite par les Anglais, étaient peuplés principalement de Mahicans, mêlés avec d'autres nations, dont il ne nous reste que les noms. Il n'existe aucun ouvrage qui nous soit connu sur les langues indiennes de cet état, excepté celle des Mohawks, tribu iroquoise, dont il ne doit pas être question dans ce mémoire. Nous avons, cependant, un vocabulaire manuscrit de la langue des Unquachog, reste de tribu indienne qui habitait alors sur la côte méridionale de l'Ile-Longue (Long-Island). Ce manuscrit nous a été communiqué par M. Jefferson. Cet illustre citoyen possédait aussi des vocabulaires des langues des Shinicocks et des Montaks, reste de tribus qui habitaient encore sur cette même île; mais ils furent perdus avec d'autres papiers, par suite d'un accident qui lui arriva en voyage. On dit que ces trois tribus ne s'entendaient pas, lorsque chacune parlait sa langue, cela n'empêche pas que les trois langues ne pussent être de la même famille. La partie orientale de cet état était habitée par des tribus de race algonquine.

VI. LANGUES DES ÉTATS DE NEW-JERSEY, PENNSYLVANIE ET DÉLAWARE.

Nous ne parlons pas ici des Iroquois qui

avaient plusieurs établissemens en Pennsylvanie, principalement au nord-ouest, vers le lac Erié, et qui, quoique moins nombreux que les Lénâpés, soutenus par les Anglais, tenaient ces derniers dans leur dépendance; nous ne devons nous occuper que des langues de la famille algonquine auxquelles nous bornerons nos observations.

Les deux rives de la Délaware, depuis Trenton jusqu'à son embouchure, étaient habitées par des Indiens de la famille des Lenni-Lénâpés, autrement appellés les Délawares. Sur les bords de la Susquehanna, demeuraient des Nanticokès, dont il sera parlé à l'article suivant; les Lénâpés sont les seuls qui ont excité l'attention des grammairiens et des linguistes.

Cette nation proprement dite, était divisée en trois tribus, les Unami, les Unalachtigos et les Minsi ou Monsi. La première avait pour emblême la tortue, la seconde le dindon, et la troisième le loup; c'est pourquoi les Lénâpés étaient généralement appellés par les Français, *les loups*. Des Unalachtigos, il ne nous est rien resté que le nom; et nous avons seulement quelques mots dans la langue des Minsi; ils nous ont été donnés par Heckewelder, et nous montrent qu'elle différait très peu de celle des Unamis qui, selon le même auteur, étaient la tribu principale. La philologie est riche en ouvrages sur cette langue que nous devons aux missionnaires allemands Zeisberger et Heckewelder.

Le premier a publié, sous le titre modeste d'*Abécédaire* (Spelling-Book), un vocabulaire très ample de la langue lénâpé, dont la seconde édition imprimée à Philadelphie, en 1806, contient 178 pages in-12. Les mots délawares y sont expliqués en anglais. Il est à regretter qu'ils soient divisés selon le nombre des syllabes dont ils sont composés, depuis les mots d'une jusqu'à ceux de dix syllabes, de sorte qu'il faut feuilleter six tables pour trouver des dérivations et des analogies. Zeisberger a aussi composé une grammaire très étendue de cette langue; elle a été récemment traduite du manuscrit allemand, en anglais, et imprimée dans le troisième volume de la seconde série des *Transactions de la société philosophique américaine*, avec une préface et des notes, par le traducteur.

Heckewelder n'a composé sur la langue lénâpé qu'un vocabulaire assez ample, qui est encore en manuscrit. Une traduction de ce vocabulaire, où le lénâpé est comparé avec l'onondago est jointe au présent mémoire. Mais ce missionnaire a jeté une grande lumière sur la structure et les formes grammaticales de cette langue, par sa correspondance avec le secrétaire du comité d'histoire et de littérature de la société philosophique américaine, qui a été imprimée dans le premier volume des *Transactions* de ce comité. Philadelphie, 1819.

Il paraît que lorsque les Suédois occupaient le pays situé sur les deux rives de la Délaware, même lorsque William Penn prit possession de la Pennsylvanie, en 1682, les bords de ce fleuve étaient habités par une tribu de Lénâpés, différente de celle dont nous venons de parler; on les appellait Rénâpés, parce qu'ils prononçaient la lettre *R* au lieu de la lettre *L*. Nous avons dans cette langue le catéchisme de Luther, traduit par Campanius, ministre de l'église suédoise[1]; à la suite est un vocabulaire qui a été reproduit par son petit-fils Thomas Campanius, dans sa *Description de la Nouvelle-Suède*, imprimée à Stockholm en 1702[2]. Cet ouvrage a été récemment traduit en anglais et imprimé à Philadelphie, dans le troisième volume des *Mémoires de la société d'histoire* de cette ville[3].

Il existait dans le Nouveau Jersey plusieurs dialectes de la langue lénâpé, plus ou moins mê-

---

[1] Imprimé à Stockholm en 1696, in-12.

[2] *Kort Beskrifning om provincen Nya Sverige uti América*, etc.

[3] Réimprimé séparément sous ce titre: *Description of the province of New Sweden now called by the English, Pennsylvania in America*. Philadelphia, 1834, in-8°.

lés de mahican ; nous possédons, en manuscrit, un vocabulaire anonyme d'un de ces dialectes, dont nous avons fait usage sous le nom de « Délaware de New Jersey. » Laet a inséré dans son *Histoire du Nouveau-Monde*, des mots de la langue des Sankhicans, qui habitaient sur la Délaware, près de Trenton ; on en trouvera quelques-uns dans notre Vocabulaire. Le nom de Sankhicans a été aussi donné à une tribu iroquoise, qu'il ne faut pas confondre avec celle-ci ; ce mot signifie en lénâpé *la batterie d'un fusil*. Il fut probablement appliqué aux tribus indiennes qui les premières se servirent d'armes à feu.

La race des Lénâpés ne vit plus dans les pays qu'elle habitait autrefois. Ce qui en reste est dispersé et mêlé avec d'autres nations de l'autre côté du Mississipi. On en recontre dans le Texas, parmi les Camanchés ; il en reste encore quelques-uns dans le haut Canada ; mais cette race ne tardera pas à s'éteindre.

VII. LANGUES DES ÉTATS SUD, DU MARYLAND A LA GÉORGIE.

Les habitans des états du sud de l'Union-Américaine se sont très peu occupés des langues sauvages. Aussi savons-nous très peu de chose sur celles des Indiens qui habitaient autrefois ce pays; car il ne reste aujourd'hui que les races floridiennes qui existent encore dans la Géorgie et l'Alabama, et qui bientôt disparaîtront de la surface de ce territoire. Quelques familles de Tuscaroras subsistent encore en Virginie. Quelques années avant sa mort, M. Jefferson nous communiqua un vocabulaire de leur langue; mais c'est une race iroquoise, dont nous ne nous occupons pas dans ce mémoire.

Les seules langues algonquines de la partie méridionale des Etats-Unis, desquelles nous ayons quelque connaissance, sont celles des Nanticokés, des Shawanos, des Pampticoughs et de ceux qu'on appellait Pawhatans. Ce que nous en savons est bien peu chose.

Nous ne connaissons des Pampticoughs, originaires, dit-on, de la Caroline, que quelques mots répandus dans le vocabulaire comparatif du docteur Barton[1] et dans quelques autres ouvrages; autant que nous pouvons en juger, cette langue a beaucoup de rapport avec celles du pla-

---

[1] *New views of the original tribes and nations of America*, by Benjamin Smith Barton, M. D. Philadelphia, 1797. Seconde édition avec additions, 1798. L'objet de cet ouvrage était de prouver l'origine asiatique des tribus indiennes de l'Amérique, en comparant leurs langues avec celles de l'Asie, dont les mots sonts extraits du grand vocabulaire de l'impératrice Catherine.

teau du Mississipi, dont nous parlerons à leur place.

Les Shawanos, appelés par les Français *Chaouanons*, sont, dit-on, originaires de la Floride et de la Géorgie, ce que leur nom, qui signifie habitans du sud, comme celui des Abénaquis (Wapanachki) (habitans de l'est), semble confirmer ; mais il paraît qu'ils se sont considérablement étendus dans le nord, puisqu'il en est fait mention dans les écrits des voyageurs et des missionnaires français au Canada. On n'en trouve plus dans le pays primitif. En 1819, ils habitaient sur les bords de l'Ohio ; mais nous les plaçons ici à cause de l'origine qu'on leur attribue, et dont on dit avoir des preuves, ce qu'il est inutile de discuter ici. Nous observerons seulement que leur langue ne paraît pas avoir de rapport avec celle de la Floride, elle appartient évidemment à la grande famille que nous appelons algonquine, et semble être un de ses dialectes méridionaux.

Il y a un vocabulaire de cette langue, par M. John Johnston, dans le premier volume de l'*Archæologia americana*[1], imprimé à Worces-

---

[1] *Archæologia americana ; or transactions and collections of the American antiquarian society*, volume I. Worcester (Massachusetts), 1820. Cette société, à qui son fondateur, le vénérable Isaiah Thomas, auteur de *l'Histoire de l'im-*

ter, en Massachusetts, en 1820; nous en avons fait beaucoup usage. Nous en possédons aussi un en manuscrit de M. Heckewelder, qui en a composé aussi plusieurs, où il compare cet idiome avec d'autres langues de la même famille; ces vocabulaires sont restés manuscrits.

Ici commencent les langues appellées floridiennes, qui diffèrent de celles dont nous nous occupons, quoiqu'on trouve dans quelques-unes d'entre-elles, et particulièrement dans celles des Chactâs, des mots d'origine algonquine, qui font voir que cette grande famille s'est étendue autrefois bien loin dans la partie méridionale du continent. Nous allons maintenant retourner au nord, pour suivre la route que nous nous sommes prescrite.

VIII. LANGUES DE L'ANCIEN CANADA.

Par l'ancien Canada, nous entendons tout le pays que la France possédait ou réclamait sous ce nom ou celui de NOUVELLE-FRANCE, avant la guerre de 1756. Nous n'y comprenons point ce que nous avons dénommé l'ancienne Acadie,

---

primerie en Amérique a laissé un legs considérable, va reprendre ses travaux suspendus depuis quelques années. Elle possède une fort belle bibliothèque et un cabinet d'antiquités américaines.

non plus que ce qui était censé appartenir à la Louisiane. Le pays dont nous parlons est situé des deux côtés du fleuve Saint-Laurent et des grands lacs. Il s'étend à l'ouest jusqu'aux sources du Mississipi ; au nord d'un côté, jusque bien au-delà de la mer d'Hudson ; et de l'autre le long de la côte de Labrador, jusqu'au pays des Esquimaux. Au sud, il embrasse le territoire de Michigan et une partie de l'état de l'Ohio, et se prolonge très loin au nord-ouest. On sait que la partie de l'état de New-York qui borde les lacs, était occupée par la race iroquoise, qui se répandait en même temps dans plusieurs parties du Canada, où les Hurons, alliés des Français, étaient la nation la plus remarquable de cette race. Les Iroquois proprement dits habitaient au sud des grands lacs, sous la protection de l'Angleterre. Ils ont presque entièrement disparu, tandis que la race algonquine qu'ils semblaient destinés à détruire, existe encore répandue sur une vaste étendue de territoire ; mais la grande masse de ces peuples est aujourd'hui dans celui dont nous parlons.

Nous ne ferons pas l'énumération des nombreuses tribus algonquines qui n'existent plus, mais dont les noms nous sont cependant connus ; nous ne parlerons pas non plus de celles qui existent encore, mais sur les langues desquelles nous n'avons aucun renseignement, sinon qu'elles appartenaient à cette famille. Nous traiterons seulement de celles dont nous possédons au moins des vocabulaires, dont nous avons introduit des mots dans celui qui va suivre.

Nous allons nous occuper de ces différentes nations ou tribus séparément et indiquer les sources où nous avons puisé nos renseignemens sur chacune d'elles.

1° *Algonquins.*—Il s'agit ici des Algonquins purs, c'est-à-dire, de ceux que les Français ont toujours appellés et appellent encore de ce nom. Nous savons qu'il y en a dans le Canada, mais nous ne pouvons dire quel est leur nombre, ni où ils font leur demeure. Des missionnaires français ou franco-canadiens se trouvent parmi eux; mais on ne s'est pas, à ce qu'il paraît, beaucoup embarrassé de leur langue. Cependant, nous avons ouï dire qu'il en existe dans ce pays des grammaires manuscrites, et peut-être des dictionnaires. Nous sommes informé aussi qu'il existe aujourd'hui à Paris, dans la congrégation de Saint-Sulpice, un vénérable missionnaire, nommé M. Thavenet, qui sait parfaitement cette langue et qui possède, sans doute, des manuscrits précieux pour la philologie indienne. Il serait à désirer qu'il en donnât une grammaire. Au reste, nous ne connaissons rien d'imprimé ou manuscrit qui ait rapport[1] à cette langue, sinon le court vocabulaire du baron de la Hontan qui, malgré ce qu'en dit le P. Charlevoix, nous paraît très exact ; celui qui est contenu dans le voyage de Long, imprimé à Londres en 1796[2], celui d'Alexandre Mackenzie[3], et enfin celui qui nous est donné par Umfreville, voyageur anglais. Nous ne connaissons ni grammaire ni dictionnaire de cette langue. La Hontan dit quelques mots de ses formes grammaticales.

2. *Chippeways.* — Nous sommes persuadé que ces peuples sont des Algonquins, désignés ici par le nom qu'ils se donnent à eux-mêmes. Leur langue paraît être la même, sauf quelques lé-

---

[1] Depuis que ce mémoire a été écrit, nous avons été informé que ce digne missionnaire réside maintenant à Rome, où il s'occupe de travaux philologiques. On dit même qu'il compte publier une traduction de la Bible en langue algonquine, sous la protection du pape Grégoire XVI. Si ce dessein s'exécute, la communion Catholique aura aussi son Eliot.

[2] *Voyages and travels of an indian interpreter and trader, describing the manners and customs of the north American Indians,* etc. London, 1797, in-4°. Il en existe une traduction française dans laquelle on cherche vainement les vocabulaires.

[3] *Voyage from Montreal on the river St.-Laurence through the continent of north America,* etc. *in the years* 1789 and 1793. London. Cet ouvrage a eu trois éditions en Amérique ; la dernière est de New-York, 1803.

gères différences. Le vocabulaire qu'en a publié Carver[1] est tout algonquin. Cette langue, comme l'était l'algonquine il y a deux siècles, est aujourd'hui celle dont se servent les nations indiennes pour communiquer les unes avec les autres ; elle est parmi les sauvages du nord de l'Amérique, ce qu'est la langue française dans les cours de l'Europe. Ainsi, on est fondé à croire que cette langue est l'algonquin sous un autre nom : c'est l'opinion générale parmi ceux qui la connaissent.

Il n'y a pas long-temps que nous ne possédions rien de cette langue, que les vocabulaires de Long et de Carver, et un plus récent par M. Keating que nous citons; aujourd'hui, elle attire l'attention des philologues des Etats-Unis. M. le docteur Edwin James, ancien chirurgien-major de l'armée américaine, aujourd'hui médecin, résidant à Albany, dans l'état de New-York, a demeuré long-temps parmi les nations indiennes et possède parfaitement les langues chippéway et ménoméni. Nous avons de lui imprimé une longue série de paradigmes de verbes chippéways, et un vocabulaire manuscrit, dont nous avons fait usage dans le nôtre[2]. Nous avons ob-

---

[1] *Three years travels thró the interior parts of north America*, Boston, 1797. Cet ouvrage a été d'abord imprimé à Londres en 1774.

[2] Il a donné aussi un vocabulaire et quelques phrases de

tenu beaucoup de lumières de M. James au moyen d'une correspondance très active, à laquelle il a bien voulu se prêter.

Un autre philologue travaille aussi maintenant sur cette langue. M. Henry Schoolcraft, agent des Etats-Unis auprès des Indiens, lequel a résidé long-temps parmi eux, et qui faisait partie de l'expédition envoyée par le gouvernement pour découvrir les sources du Mississipi, vient de publier la relation de cette expédition[1]; il y a inséré le commencement d'une grammaire et d'un vocabulaire alphabétique (anglo-chippéway) de cette langue; mais malheureusement, la grammaire de 34 pages in-8°, ne va pas plus loin que les noms substantifs, et le vocabulaire de 8 pages s'arrête à la fin de la lettre B. Il faut

cette langue dans la relation de John Tanner; New-York, 1830; *A narrative of the captivity and adventures of John Tanner (interpreter at the saut de Sainte Marie) during thirty years residence among the indian in the interior of north America.* Il en a été publié une traduction française sous ce titre: *Mémoires de John Tanner ou trente années dans les déserts de l'Amérique du nord.* Paris, 1835, 2 vol. in-8°. Le spirituel et fidèle traducteur, M. Ernest de Blosseville, explique la raison qui l'a décidé à ne pas publier les vocabulaires.

[1] *Narrative of an expedition thrô the upper Mississipi, to Ithasca lake the actual source of this river.* New-York, 1834, in-8°.

espérer que cet ouvrage sera continué; il est très bien fait, et écrit dans un esprit vraiment philosophique. Nous avons aussi le Nouveau-Testament, traduit dans cette langue pour l'usage des missions. Le nom du traducteur n'est pas connu[1]. Avec l'aide de ces ouvrages, et de ceux qui, on peut l'espérer, les suivront, nous connaîtrons bientôt suffisamment cette langue.

3. *Outawas*, appelés par les Français *Outaouais*. — Ces sauvages résident principalement dans le territoire de Michigan et dans le Canada, vers la grande rivière qui porte leur nom. Leur langue nous était entièrement inconnue, lorsque nous avons fait la connaissance de M. l'abbé Hamelin, jeune aspirant à la prêtrise et fils d'une mère outaouaise. Il a passé deux ans à Rome, au collége de la Propagande. Il possède le français, l'anglais et l'italien, outre l'outawa, sa langue naturelle; nous avons de lui un vocobulaire de cette langue, écrit de sa main, dont nous avons fait usage dans celui-ci. M. Hamelin s'est servi de l'orthographe du continent de l'Europe. Nous avons trouvé très peu de différence entre cette langue et l'algonquine.

4. *Ménoménis*. — Pike, dans la relation de

---

[1] Nous apprenons que c'est le d[r]. James.

son voyage [1], dit que les sauvages de cette nation parlent une langue qu'aucun autre Indien ne peut entendre, et que, dans leurs communications avec les autres tribus, ils font usage du chippéway. M. le docteur James, qui a résidé long-temps parmi cette nation, et qui sait parfaitement leur idiôme, convient de ce fait; mais il dit : que la cause en vient en grande partie de leur manière d'articuler, et que leur langue écrite ressemble beaucoup au chippéway. Il nous a donné un Vocabulaire dont nous avons fait usage dans celui-ci, et qui prouve l'assertion de ce savant.

5. *Knistenaux*. — On les appelle aussi *Killistenos* et *Cristenaux*. Cela provient sans doute de différentes tribus, dont les unes prononcent leur nom par *N*, et d'autres par *L* ou *R*, ainsi qu'on le verra dans le Vocabulaire qui va suivre. Les Franco-Canadiens disent *Cristinaux*, dont les Anglais, qui aiment à abréger les mots, ont fait *Cris*, qu'ils écrivent *Crees*, suivant leur orthographe, où le double *ee* a le son de l'*i*. On appelle aussi ces Indiens *Nehetawa*; il paraît que c'est le nom que se donne au moins une de leurs tri-

---

[1] *An account of an expedition to the sources of the Mississipi and through the western parts of Louisiana*, etc. performed during the years 1805, 1807. Philadelphia, in-8º.

bus. Cette nation s'étend très loin dans le Canada, et est très nombreuse. Nous n'avons de leur langue que trois vocabulaires, l'un par Unfreville, dont nous avons déja parlé; le second par Harmon [1], et le troisième par M. Say, qui a accompagné le major Long, comme naturaliste, dans sa dernière expédition [2]. L'ouvrage de M. Harmon est très rare, l'édition entière ayant été achetée par la compagnie anglaise du nord-ouest. Nous avons fait usage de ces trois vocabulaires.

6. *Canadiens.* — Lescarbot appelle nouvelle langue du Canada, celle des sauvages qu'il rencontra sur les bords du fleuve Saint-Laurent. Jacques Cartier y avait trouvé des Iroquois, et considérait leur idiome comme la langue canadienne; Lescarbot n'ayant vu que des Algonquins, s'imagina que la langue avait changé depuis le voyage de J. Cartier; c'est pourquoi il l'appelle *nouvelle langue*. Il ne nous en a donné

---

[1] *A journal of voyages and travels in the interior of north America*, by Daniel Williams Harmon, *a partner in the north west company*. Andover (Massachussetts) 1820, 1 vol. in-8°.

[2] *A narrative of an expedition to the source of St. Peter's river, Lake Winnepeek, of the Woods,* etc. *under the command of major Long*, by William H. Keating. Philadelphia, 1824, 2 vol.

que les numéraux d'un à dix, dont nous avons fait usage. On verra que cette prétendue nouvelle langue est un dialecte algonquin.

7. *Indiens de St.-François*. — C'est une tribu de race algonquine, qui habite vers la rivière de ce nom en Canada. M. Pickering, sous l'autorité de deux missionnaires américains, a publié, à la suite de ses notes sur la grammaire d'Eliot, un petit Vocabulaire de la langue de ces sauvages, dont nous avons extrait les mots qui se trouvent dans le nôtre.

8. *Montagnards* et *Skoffies*. — Ce sont deux tribus algonquines qui demeurent à l'ouest de la mer d'Hudson. Nous n'avons qu'un vocabulaire de chacune de ces langues ; ils sont insérés dans le sixième volume des *Collections de la société d'histoire de Massachusetts* (première série). Nous les citons ainsi : *Soc. de Mass.* (société de Massachusetts).

Les Montagnards dont nous venons de parler, ne sont point les montagnards ou montagnets du Canada, de la langue desquels le P. Massé nous a donné un échantillon, qui se trouve à la fin du voyage de Champlain [1], il consiste en quelques

---

[1] *Les voyages de la Nouvelle France occidentale*, dicte *Canada*. Paris, 1632, in-4°. Dans cette édition, les prières sont précédées de : *Doctrine chrétienne du R. P. Ledesme*,

prières traduites dans cette langue; la Salutation angélique, par exemple, commence par *Ho! ho! Marie!...* Nous n'en avons pas fait usage dans ce Vocabulaire, mais nous avons cité quelquefois celui du P. Lejeune dont M. Gallatin nous a communiqué une copie manuscrite extraite de la relation de ce missionnaire. Le P. Lejeune dit que son *baragouin montagnet* était parfaitement entendu des Indiens Nipissinks, que Charlevoix dit être les Algonquins purs; le fait est que la langue algonquine avec quelques modifications, est parlée par un grand nombre de tribus qui s'entendent mutuellement, et parmi lesquels les Chippéways et les Outawas sont les plus connues.

Les Algonquins ont été connus sous différens noms; par exemple : Algoumequins, Nipissians, Epicénérii, et ce qui est indifférent sous le rapport des langues, que nous ne pouvons connaître que par des exemples bien attestés.

IX. LANGUES DE L'INTÉRIEUR DES ÉTATS-UNIS.

Nous voulons parler ici non pas des états maritimes, mais de ceux qui sont situés sur le Mississipi et l'Ohio jusqu'aux grands lacs. Depuis

---

traduite en langage canadais, autre que celui des montagnards, par le P. Brebœuf.

long-temps, on ne voit plus ou presque plus d'Indiens dans les anciens états de l'Union, si on en excepte la Géorgie et le Maine, autrefois partie du Massachusetts; nous en avons déja parlé. C'est sur les bords du Mississipi, de l'Ohio, de la rivière des Illinois et de l'Ouabache, que demeurent les sauvages de race algonquine, dont nous allons nous occuper; ils s'étendent jusqu'à la frontière des possessions anglaises, et quelques-uns plus loin, où ils se mêlent avec ceux dont nous avons désigné les langues sous le nom de celles de l'ancien Canada. Comme nous savons très peu de chose de ces langues, nous n'avons pas beaucoup à dire à leur sujet.

1. *Miamis*. — Cette nation habite sur les bords du Mississipi et des rivières qui y portent leurs eaux, dans la partie orientale de la haute Louisiane, contrée que les Franco-Louisianais appellent encore aujourd'hui *le pays des Illinois*; mais on trouve des Miamis jusque dans le voisinage des lacs Érié et Michigan [1]. Auprès d'eux sont les Piankeshaws et les Illinois, que les habitans d'origine française, vivant dans ce pays, confondent avec les Miamis, de sorte que

---

[1] Voyez la carte dans le second volume de la *Relation de la dernière expédition sous les ordre du major Long*, par M. Keating.

nous avons un vocabulaire manuscrit en français de la langue des Pians (Piankeshaws), Illinois et Mi (Miamis), que l'auteur dit être parfaitement semblables, ou ne différer que très peu. Nous ne connaissons pas l'auteur de ce vocabulaire : nous le citons sous la rubrique *Pian, Illinois* et *Mi*. De la langue des Illinois, proprement dits, nous ne connaissons qu'un seul mot, qui nous est donné par le père Hennepin, et qu'on trouvera dans notre Vocabulaire au mot *homme*. De celle des Piankechaws, nous n'avons que quelques mots, extraits de l'ouvrage de Barton, que nous citons.

Mais la langue des Miamis, grace à M. de Volney, nous est mieux connue; nous avons fait beaucoup usage de son excellent vocabulaire, que nous possédons écrit de sa main, pour M. Jefferson, qui en a fait don à la société philosophique américaine. Nous avons un autre vocabulaire de la même langue, fait par feu M. Thornton, ancien chef de bureau à Washington, et philologue distingué; sauf une orthographe particulière que l'auteur a adoptée, son vocabulaire s'accorde très bien avec celui de Volney; il faut dire cependant qu'il a été obtenu des mêmes sources : nous avons cité l'un et l'autre.

2. *Sacs* ou *Sakis*. — Nous n'avons de cette

langue qu'un vocabulaire par M. Keating, éditeur de la relation de la dernière expédition du major Long; il se trouve à la fin du second volume de cet ouvrage. Nous en avons fait usage.

3. *Mississagués; Potéouotamis; Kikapous.* — Nous n'avons rien de ces langues que les mots que nous avons extraits du vocabulaire comparatif du docteur Barton.

Ainsi nous avons présenté, sous la forme d'un Vocabulaire comparatif et raisonné, quarante-cinq mots français rendus en autant de langues indiennes, de la famille algonquine, qu'il nous a été possible de nous procurer. Nous avons, à peu de changemens près, suivi l'orthographe des auteurs des ouvrages desquels les mots ont été tirés; on connaîtra facilement par leurs noms à quelle nation ils appartiennent. Lorsque cette orthographe, surtout l'anglaise, nous a paru difficile à déchiffrer, nous avons essayé de la rendre selon la prononciation française, entre parenthèses. Ce qui nous a le plus embarrassé dans l'écriture anglaise, c'est la voyelle *u* suivie d'une consonne. Les Anglais l'appellent l'*u* bref; c'est dans le fait notre *e* muet; mais on l'emploie pour exprimer toutes les voyelles brèves, que les Anglais n'articulent presque pas en parlant. Alors l'*u* bref vient à leur secours. S'il faut écrire *tombat*, *tombet*, *tombot*, ils écrivent *tombut*. De plus la lettre *r* est presque toujours muette après *a*, à moins qu'elle ne soit suivie d'une voyelle. On interpose ce *r* pour que l'*a* n'aie pas le son d'un *é* muet. Ainsi d'*Akansas*, nom d'une tribu sauvage, on a fait *Arkansas*.

Il faut observer que le *w*, dans ce Vocabulaire, représente toujours l'*ou* consonne comme dans *oui*. Le *ch* allemand est toujours guttural; nous l'avons rendu quelquefois par *kh*, mais pas uniformément. Le lecteur suppléera aux omissions qui peuvent nous avoir échappé.

Nous espérons qu'on voudra bien nous pardonner quelques corrections et additions faites à ce Vocabulaire après coup. Ceux des langues chippéway et ménoméni par le docteur James, et celui de l'outawa, par M. Hamelin, ne nous sont parvenus que lorsque celui-ci était très avancé et déja copié. Nous n'avons pas eu le temps de le refaire. Nous écrivons au-delà des mers, relativement à la France, et le programme de la commission ne nous est parvenu que tard. Nous supplions qu'on veuille bien nous accorder quelque indulgence.

B.

VOCABULAIRE COMPARATIF

ET RAISONNÉ

DES LANGUES DE LA FAMILLE ALGONQUINE.

I. DIEU.

Les Indiens ne donnent pas comme nous à la divinité des noms propres et de pure convention ; ils l'appellent l'astre, le soleil, le grand, le bon esprit, l'esprit vrai, qui ne trompe pas ; ou bien, ils le désignent par quelques-uns de ses attributs, ainsi que nous allons voir.

1. *Astre, Soleil.*

Voyez ce mot à sa place.

Les vocabulaires ne nous indiquent que peu de nations qui désignent ainsi l'Etre-Suprême ; ce sont au nord.

Les *Micmacs* ou *Souriquois*, qui habitent la Nouvelle-Ecosse. Ils disent : *Keyshourk*, le soleil. (Voyez *Mass. hist. col.*, vol. 6, p. 18.) Un vocabulaire manuscrit écrit *Keysourk*. Les *Skoffies*, tribu voisine, disent : *Sheyshourk*. (*Mass. coll.*)

Les *montagnards* du Canada, d'après la même autorité, disent aussi *Sheyshourk*. Le petit vocabulaire joint à la relation du P. Lejeune, dit qu'ils appellent Dieu *Atahocam*, Créateur du monde. Cela est très probable, ainsi que nous le verrons par la suite.

Au sud, les Indiens qui habitaient autrefois la Virginie, et qu'on nomme *Powhatans*, nation aujourd'hui éteinte, appellaient Dieu ou les dieux, selon la relation du capitaine Smith, *okees* (*okis*). Ils appelaient le soleil *keshowges* (*kichóguis* ou *kichokis*). Le nom donné à Dieu est probablement abrégé de ce mot. Nous ne trouvons point d'autre nation qui appelle Dieu *astre* ou *soleil*.

2. *Esprit*.

Dans toutes les langues de la famille algonquine, le mot *manitto* ou *manitou* signifie esprit. Quelques nations se servent principalement de ce mot pour désigner le mauvais esprit ou le diable ; ainsi, dans le petit vocabulaire du P. Lejeune, on trouve *manitou*, esprit, diable ; *manitousiouats*, sorciers ; *manitouhhati*, jambe du diable ; mais en général, les Indiens de cette famille distinguent entre le grand ou le bon et le mauvais esprit, et les appellent tous deux *mani-*

tou, en y ajoutant une épithète. *Kitchi, ketsi* (le grand), désigne le bon, et *matchi, matsi* (mauvais), le mauvais esprit. Les Shawanós disent *wissé* ou *wishé manitou*, le bon esprit.

Nous n'avons point trouvé d'exception à cette règle, excepté dans la langue des Abénakis; où, selon le P. Rasles, Dieu s'appelle *Ketsinioueskou*, le grand génie ou esprit; et le diable *Matsinioueskou*, le mauvais génie. Nous ne savons d'où vient ce mot *nioueskou*.

Plusieurs nations, à l'aide du mot *manitou*, composent des noms à leur manière, par lesquels ils désignent la divinité. Ainsi, dans la langue lénâpé, Dieu est appellé *Getanittowit*, ou plutôt *Kittanittowit;* car les Allemands, de qui nous tenons ce mot, confondent le *G* avec le *K*. Ce mot est formé de *kitta* ou *kita*, grand, et de *manitou*, dont on retranche la première syllabe *ma*, et on ajoute *wit* à la fin du mot, terminaison adjective, qui indique un mode d'existence. Par le même procédé, on a fait *kittakima*, un grand chef ou prince, de *kitta* et *sakima*, dont nous avons fait *sachem; kittahican*, la mer, le grand océan, et plusieurs autres semblables.

3. *Noms tirés des attributs de l'Etre-Supréme.*

Patamawos (lénâpé), *Pachtamawos* (mohican), est le nom dont les missionnaires moraves se servent le plus souvent pour désigner Dieu. Ce mot, en lénâpé, est dérivé de *patamauwan*, adorer (*adorare, colere illum*), et signifie l'adorable. Dans les hymnes, les histoires de la Bible et les livres de prières, en langue lénâpé, Dieu est constamment appellé *Patamawos*, lorsqu'il s'agit simplement de le nommer. Mais il a aussi, comme dans nos langues, différentes autres dénominations, telles que *Nihillalquenk*, notre Seigneur, *Gischelemuschquenk*, notre Créateur, et plusieurs autres semblables.

Il est étonnant que, malgré la richesse des langues de l'Amérique et le grand nombre de moyens qu'elles offrent pour désigner la divinité, la plupart des missionnaires européens, dans leurs livres religieux en langues indiennes, se servent du nom propre de Dieu, chacun dans la langue qui lui est naturelle. Le P. Brébeuf emploie le mot français *Dieu*, que les Indiens ne peuvent prononcer; le vénérable Eliot lui-même, dans sa traduction de la Bible, en langue de massachusetts, rejette les mots d'origine indienne, pour introduire le mot *God*; *Dios* et *Deus* se trouvent dans presque tous les livres indiens publiés par les missionnaires espagnols et portugais. Il y a très peu d'exceptions à cette règle, et elles sont récentes. On oublie que le mot *Dieu*, *Dios*, *Deos*, viennent du latin *Deus*, et celui-ci du nom que les Grecs païens donnaient à leur Jupiter, et que le mot *God* n'est autre chose que le nom un peu changé de *Woden*, idole des anciens Scandinaves. Mais chacun semble croire que Dieu entend mieux les langues d'Europe que celles d'Amérique, et qu'il ne se reconnaîtrait pas si on le priait sous le nom de *Patamawos*, ou *Kitchi manitou*. Où l'orgueil national va-t-il se nicher? Le bon Zimmerman disait que cet orgueil existait partout, excepté chez les Suisses. Zimmerman était Suisse.

II. CIEL.

Ce mot peut très bien convenir à un vocabulaire philosophique, afin de faire voir de combien de différentes manières le même objet se présente à l'imagination humaine, et produit ce que nous appelons des *idées*, qu'on se communique ensuite au moyen de sons articulés; mais il ne peut servir que médiocrement à prouver l'affinité des peuples sauvages, qui n'ont point en général dans leurs langues l'abstraction que présentent dans les nôtres les mots *ciel*, *cœlum*, ουρανος. Pour en être convaincu il suffit de voir les différentes tournures dont les missionnaires et autres se servent pour exprimer ce mot dans les langues indiennes, et particulièrement lorsqu'ils traduisent l'Oraison dominicale. Heckewelder traduit *in cœlis*, en langue lénâpé, par *awossagame*, au-dessus des nuages; Eliot le traduit dans l'idiome de massachusetts, par *kesucquot*, parmi les astres; La Hontan, en langue algonquine, explique le mot *ciel* par *spimminkakouin*, terre supérieure, et ainsi des autres. Mais ne nous vantons pas trop de notre supériorité sur ces sauvages; la science étymologique pourrait nous offrir des rapprochemens bien curieux, et pas toujours à notre avantage. Pourquoi appelons-nous le ciel *Paradis* ? Est-ce là un de ces termes *abstraits* que nous mettons en opposition aux mots *matériels* des sauvages?

Voici ce que nous apprennent les vocabulaires sur la manière dont notre mot *ciel* est rendu dans les langues algonquines.

Mots dérivés de *kesuch* ou *gischuch*, astre, soleil.

Indiens de Narragansetts.	Kéesuch.	Soc. de Massach.
—de Massachusetts.	Késucquot.	Eliot.
—Chippéways.	Gezhigonk.	Trad. du N. Test.
—Knisténaux.	Késhik.	Mackenzie.
Unquachog (tribu qui résidait à Long Island, état de New-York)	Keisk.	
Miami.	Kéchekewé.	Volney.
Kickapous.	Kisheck.	Ms.

Délawares de N. Jersey.	Msheck.	Ms.
Abénaki.	Kizous.	P. Rasles.
Indiens de Pénobscot.	Kizus.	Hale.
Ménoméni.	Kézhik (kégik).	Docteur James.
Chippéway.	Gijik (g dur).	Docteur James.

Mots signifiant *en haut*, ou terre supérieure.

Algonquin propre.	Spimmin kakouin.	La Hontan.
Chippévay.	Spiminkakwin.	Carver.
	Eschpammink.	Heckewelder.
Mahican.	Spummunk, thpummunk.	Soc. de Mass.
Nanticoké.	Spummend.	Heckewelder.
Indiens de Pénobscot.	Spomkaik.	Ms.
Délawares de N. Suède.	Hocqué, hocquæssung.	Campanius.
Lénâpé.	Awossagamé.	Heckewelder.
Montagnards.	Washésquaw.	Soc. de Mass.

Mots dont l'origine est inconnue.

Souriquois.	Wajet.	Laet.
Shawanos.	Menquotwé.	Ms.
Outawas.	Wahwi.	Hamelin.
Powhatan.	Osiès.	Capit. Smith.
Micmacs.	Mooshkoon.	Soc. de Mass.
Skoffies.	Walk.	id.
Nanticoké.	Moosésacquit.	Ms.

Hocquæssung signifie en haut, *là haut*, ainsi que *spimmink* dans l'algonquin propre. On s'aperçoit ici qu'il existe dans plusieurs mots une différence totale entre l'algonquin propre et le lénâpé, et les idiomes qui leur sont respectivement affiliés, tandis que la ressemblance, dans le plus grand nombre, démontre une origine commune. Cependant, aucun de ces mots ne paraît appartenir aux langues de la famille iroquoise.

III. SOLEIL.

La racine des mots qui signifient astre ou soleil, dans presque toutes les langues de cette famille, est *kis*, *kisch* ou *gis*, *gisch* (selon l'orthographe allemande), ainsi qu'on va le voir :

Algonquin.	Kisis.	La Hontan.
	Kijis.	Mackenzie.
	Keesis (kisis).	Long.
Abénaki.	Kizous.	P. Rasles.
Chippéway.	Kisis, kischis.	Barton. Carver.
	Gischi (kichi).	Heckewelder.
	Geesessey (kisessi).	Long. — Il ex-

plique ce mot par grande lumière, et donne pour *lumière* deux mots entièrement différens; cependant il peut avoir raison, tant ces langues ont de synonymes.

Outawa.	Kisis.	Hamelin.
Mémoméni.	Kézho (kijo).	Docteur James.
Lénâpé.	Gischuch.	Heckewelder.
Délawares de N. Suède.	Chissoqh.	Campanius.

Potéwatami.	Kesis (kisis).	Barton.
Indiens de Pennsylvanie 1698.	Keshow (kichou).	Gel. Thomas.
Miami.	Keeliswoa, kilswoa, kilsoi.	Barton.
Mississagués.	Keeshoo (kichou).	Id.
Kickapous.	Kishessua.	Id.
Narragansetts.	Keesukquand (kisouquand).	Id. (Voyez plus bas).
Mahicans.	Keesogh, keshough.	Id.
	Kecsogh.	Long.
	Gischoch.	Heckewelder.
Indiens de Pénobscot.	Keezoose (kizous).	Barton.
Indiens de la N. Angleterre.	Kèsus.	Purchas.
Powhatans.	Kishowges (kichâkis).	Capit. Smith.
Shawanos.	Kischachthwah.	Barton.
	Késathwa.	Johnson.
	Gilswa.	Heckeweld. qui dit l'avoir reçu de la bouche d'un Shawano.
Indiens de la Caroline du Nord.	Keshuse (kichous).	Lawson.

On voit que les mots ainsi dérivés s'étendent parmi les tribus de race algonquine, depuis le Canada jusqu'à la Caroline du nord, cependant les vocabulaires nous présentent quelques anomalies, telles que les suivantes :

Knisténaux.	Pisim.	Mackenzie.

Acadiens.	Achteck.	Laet.
Micmacs.	Nakoushet.	Soc. de Mass.
Nanticoké.	Teschgeju, achquak.	Heckewelder.
	Aquiquaqué, achquak.	Murray, Ms.
Montagnards.	Beshung.	Soc. de Mass.
Skoffies.	Beeshom (bichom).	Id.
Massachusetts.	Népauz (nipaz).	Eliot.
	Népaz (nipaz).	Cotton.
Miami.	Nipanuech.	Volney.
	Nipauwe (Nipâoui).	Thornton.

Ces quatre derniers mots offrent quelque chose d'incompréhensible, et s'ils ne nous étaient pas donnés par Eliot, Volney, et après ces derniers par Thornton, nous serions porté à croire que les faiseurs de Vocabulaires ont confondu le soleil avec la lune et la nuit avec le jour. (Voyez les mots *lune* et *nuit*.) Volney et Thornton ont pu se tromper, et avoir mal compris ce que leur disaient les sauvages, mais Eliot, le traducteur de la Bible, comment a-t-il pu être dans l'erreur? Voici sa traduction en partie des 12° et 13° versets du dixième chapitre de Josué :

12. *Sol* contrà Gabaon ne movearis, et *Luna* contra vallem Ajalon.

13. Steterunt que *sol* et *luna*. (Et sol stetit et luna stetit ; dans la version anglaise « and the sun *stood still* and the moon *stayed*. »)

12. *Nepauz* (sol) chequnikompaush ut Gibeon, *kah* ken nanepaushadt (et tu luna) ut oonouhkoiyanut Ajalon.

13. *Kah nepauz* (et sol), chequnikompau, *kah nancpaushadt* (et luna) chequnappu.

Il y a là-dedans un mystère que nous ne pouvons dévoiler; et ce qu'il y a de plus remarquable, est que le mot *nepauz* ou *nipas*, se retrouve non-seulement dans *nuit* et *lune*, mais dans *sommeil*, *froid* et *mort*, ainsi que Volney, lui-même, l'a très bien remarqué. (Voyez ces mots dans ce Vocabulaire.) Comment a-t-on donc pu s'en servir pour la dénomination de l'astre du jour, de la chaleur et de la lumière, enfin du *soleil?* Nous ne pouvons l'expliquer autrement qu'en disant que dans les langues le même mot sert souvent à exprimer les deux extrêmes, comme en anglais *the downs*, les dunes; *down*, en bas. On pourrait en citer une multitude d'exemples; mais cette explication ne nous satisfait pas entièrement.

IV. LUNE.

Algonquin. Débikat isis (astre de la nuit). La Hontan.

Débikat (nuit), isis (soleil) de kisis, *euphoniæ gratia*.

Chippéway. Débicot (pron. débicat) carver... Geezus (kizous). Long.

Il paraît que chacun des deux derniers interprètes a entendu la moitié du mot; l'un a entendu nuit, et l'autre, soleil. Le chippéway ne diffère pas ici de l'algonquin.

Shawanos.	Tépéchki kischachthwa.	Heckewelder.
	Tépethka kesathwa.	Johnston.
	Nipïa kisathwar	Barton.

Nipia est dérivé de *nipa* qui, en algonquin, signifie *dormir*. On va voir que ce mot signifie la *nuit* dans plusieurs de ces langues. Mais continuons le mot *lune*.

Lénâpé.	Nipawi gischuch.	Heckew. } de
Dialecte minsi.	Nipahump.	Heckew. }

nipa, algonquin, dormir, par métaphore, *la nuit*.

Délawares de New Jersey.	Nibisku.	Ms.
—de N. Suède.	Nippé chissogh.	Campanius.
Unquachog.	Neepa (nipa).	Ms.
Powhatans.	Népauweshough (nipa ouichoukh).	Capit. Smith.
Massachusetts.	Népaushadt (Nipâchad).	Eliot.
Pénobscot.	Keesoose nebausoo (ki-souse nibasou).	Barton.
	Nipouset.	Hale.
Miami.	Nipahak.	Hekewelder.
	Tipachké kelissua.	Thornton. Ms.
	Pékontéwe kilixsoua.	Volney.

Tipach, dans le second de ces trois mots, paraît formé de *nipa*, en changeant la première consonne; pekontéwe, de débicat; tépécat faisant *pékont*, au lieu de pécat. Ces changemens sont fréquens dans les langues indiennes.

Mahican.	Népauhauk (nipahak).	Soc. de Mass.
	Nipahuk.	Heckewelder.
Narragansetts.	Nanépaushat (nanipâ-chat).	Williams.

Cet auteur donnne aussi mannanok, pour soleil et

lune; ce mot paraît dérivé d'annok, annoqus, étoile, et probablement est un mot générique qui signifie *astre*. (Voyez *étoile*.)

Outawa.	Tipicki kisis.	Hamelin.
Kickapous.	Kishissu.	Barton.
Micmacs.	Topana kouschet.	Soc. de Mass.
Montagnards.	Toposha beshung.	Id.
Skoffies.	Teepeeshow beeshum (tipicho bichoum).	Id.
Knisténaux.	Tibisca pésim (soleil de nuit).	Mackenzie.
Ménoméni.	Tibikun kézho (tibékon kijo).	Docteur James.
Abénaki.	Niban kizous (astre de nuit).	Rasles.
Nanticoké.	Atupkonni quonnihanqué.	Ms.
	Echtupana nahenk.	Heckewelder.

L'origine de ces mots est inconnue.

Miami.	Wahnétopahkun kazho.	Docteur James.

Ce dernier mot prononcé *kajo, kajou, kéjou*, semble le même que gischuch (lénâpé). On voit que, dans presque toutes ces langues, le mot lune se rend par soleil ou astre de nuit. On verra que, dans plusieurs langues, le même mot qui signifie *soleil*, signifie aussi *jour*. (Voyez *jour*.)

Souriquois.	Knischkaminau.	Laet.

V. ETOILE.

Algonquin.	Alank.	La Hontan.
Chippéway.	Annunk.	Barton. Long.

Unnung. Trad. du N. Test.

Ici, on remarquera le schéva des Anglais, qu'ils appellent *u* bref.

Outawa.	Anang (*plur.* anangwog).	Hamelin.
Lénâpé.	Alank.	Heckewelder.
Minsi.	Alank.	Heckewelder.
Miami.	Alangouâ.	Volney.
Mahican.	Anakus (*plur.* anakussah).	Heckewelder.
Shawanos.	Alagua.	Johnston.
	Alangwa.	Heckewelder.
Massachusetts.	Anoggs.	Eliot.
Outawa.	Anang.	Hamelin.
Ménoméni.	Ena (*plur.* enakok).	Docteur James.
Potéwotamis.	Anung.	Barton.
Ménoméni.	Anah.	Docteur James.
Kickapous.	Unaaqua.	Barton.
Narragansetts.	Anochquis.	Williams.
Délawares de Ilongiis.		Ms.
New Jersey.		
—de N. Suède.	Arank	Campanius.
Knisténaux.	Attach.	Mackenzie.
	Utchchak.	Ms.
Nanticoké.	Pumwijé.	Heckewelder.
Pénobscot.	Wottauwoss.	Barton.
	Watawilswog.	Ms.
Abénaki.	Watawéssou.	Rasles.
Powhatans.	Pummahumps.	Capit. Smith.
Micmacs.	Malakokowich.	Soc. de Mass.
Montagnards.	Woochaykahtak.	Id.
Skoffies.	Iohokata.	Id.
Souriquois.	Kerkooeth.	Laet.

VI. JOUR.

Abénaki.	Kizékoun.	Rasles.
	Pézékoun, kizoukou Nékoutski- kouemi- gat } (un jour).	Id.
	Nissikoutshkikouémigat (deux jours).	Id.
	Matsi kizégat (mauvais temps).	Id.
Algonquin.	Okonégat (un jour).	La Hontan.
	Kijigatté.	Heckewelder.
	Kijigatté (jour, jours).	Long.
Chippéway.	Geshik (ghijik).	Trad. du N. Test.
	Gischgat.	Heckewelder.
	Ogunnégat (jour ou jours).	Barton.
Outawa.	Kijig (*plur*. kijigan).	Hamelin.
Knisténaux.	Kijigah.	Mackenzie.
	Keshicow (kichico).	Chappel.
Lénâpé.	Gischgu.	Heckewelder.
Délawares de N. Jersey.	Kiskou.	Ms.
Narragansetts.	Keesuk, Unnégat.	Williams.
Nanticoké.	Kisucka.	Heckewelder.
Massachusetts.	Késukod.	Eliot.
Montagnards et Skoffies.	Téshikow.	Soc. de Mass.
Ménoméni.	Kézhik (kijik).	Docteur James.
Shawanos.	Caschguqué.	Heckewelder.
Micmacs.	Naakok.	Soc. de Mass.

21

Pénobscots.	Gshiskéwétuk.	Soc. de Mass.
Mahicans.	Waschgamau.	Heckewelder.
Délawares de N. Suède.	Oppan.	Campanius.

On voit que le mot *jour* est en général dérivé, dans les langues de cette famille, de *kisis, késis, kichou, gischou*, qui signifient *soleil*, et que, de ce mot combiné avec d'autres, on a formé des expressions qui y joignent des idées accessoires. Ainsi, dans la langue des Abénakis, on a fait *kizégat*, temps, et *nékoutskikouémigat*[1], qui donne l'idée d'un jour relativement à sa durée, et de ce mot combiné avec les numéraux, on fait un jour, deux jours, trois jours, etc. On voit cette même formation dans d'autres langues: algonquin, *okonégat, kijigat;* chippéway, *gischgat;* knisténau, *kijigat*, etc. Il est étonnant de voir de combien de manières les idées se combinent, dans ces langues, sous la forme de mots. Le P. Rasles, dans son Dictionnaire, en cite plusieurs exemples sous le mot *jour*, outre ceux que nous avons déjà cités.

Ouspansiwiwi,	à la pointe du jour.
Paskoué,	le milieu du jour.
Erigounkizégak,	pendant le jour.
Tsugnágat,	il y a trois jours.

[1] Ce mot signifie *un jour*, de nékout, *un;* mais voyez ce mot à la langue abénaki.

Nissougnibié, j'ai mis trois jours (à faire un voyage).
Tsougnioutsi, je demeurai trois jours (à tel endroit).
Kizégat, aujourd'hui.
Nénikégarokké. je travaille tout le jour.

Et un grand nombre d'autres exemples.

VII. NUIT.

(Voyez *Dormir, Mort, Froid.*)

Algonquin.	Débikat.	La Hontan.
Chippéway.	Teppicat.	Heckewelder.
	Débbicat.	Long.
	Keejayp (kijep).	Barton.
Outawa.	Tipik.	Hamelin.
Shawanos.	Tépechke.	Barton.
	Pechgutcgi.	Heckewelder.
Abénaki.	Tébihkat.	Rasles.
Lénâpé.	Tpócu.	Heckewelder.
	Nipawi (de nuit, noctanter).	Id. Zeisb.
	Nipauchhen (marcher la nuit).	Zeisb.
Mahican.	Tépockq, nipawi.	Barton.
	Tpochk.	Heckewelder.
Ménoméni.	Pékoték (de nuit, noctanter).	Docteur James.
Nanticoké.	Tuppucku (tpóckou).	Heckewelder.
	Toopquow (toupko).	Ms.
Massachusetts.	Nukon.	Eliot.
Knisténaux.	Tibisca.	Mackenzie.
Powhatan.	Topq.	Capit. Smith. —

Il ne donne que le pluriel *topquowghs*, dont le singulier doit être *topq*.

Délawares de New Jersey.	Tipâkkĕ.	Ms.
Miami.	Chaieepauwéh (kipâwi).	Barton.
	Pekontécoué.	Volney.
Micmacs.	Pishkeeaukh (pishkiakh.)	Soc. de Mass.
Montagnards.	Tapishkow (tapishka, tipishka).	Id.
Skoffies.	Tapishkakow (probablement un pluriel).	Id.
Délawares de la N. Suède.	Boquickan.	Campanius
Abénaki.	Katé kouniwi (une nuit).	P. Rasles.
	Pésédé (il est nuit).	Id.

VIII. DORMIR - SOMMEIL.

Algonquin.	Nipa (dormir).	La Hontan.
	Nipan (id.).	Mackenzie.
Outawa.	Nipawin (sommeil).	Hamelin.
	Nipa (il dort).	Id.

Le verbe, dans cette langue, n'a point d'infinitif.

Chippéway.	Népan (nipan, sommeil).	Long.
	Nipee (nipi, dormir).	Carver.
	Niniban (je dors).	Docteur James.
	Nibawin (sommeil).	Id.
Shawanos.	Nipank.	Heckewelder.
Miami.	Nipangé (dormir).	Volney.
Ménoméni.	Nipawin (sommeil).	Docteur James.
	Nimpamino (je dors).	Id.
Knisténaux.	Népan (nipan, dormir).	Mackenzie.

Nanticoké.	N-upp (dormir).	Ms.

La séparation de la lettre *n* fait voir clairement que ce mot signifie *je dors*.

Micmacs.	Nebbi (je dors).	Ms.
Lénâpé.	Gauwin (dormir), gauwiwagan (sommeil).	Heckewelder.
	Nipauwi (de nuit, noctanter).	Zeisb. Heckew.
	Nipauchhen (marcher la nuit).	Zeisb.
Massachusetts.	Nukkoueem (n'kaouim, je dors).	Cotton.
	Kauēnat, kouénat (kaouinat, dormir).	Id. Eliot.
	Kouéi (il dort).	Id.
	Kouénonk (dans le sommeil, *in sleep*).	Id.

Ces mots, donnés par Eliot, sont extraits de la traduction du N. Testament. Ev. de St Jean, c. XI, v. 11, 13. Il faut comparer avec la traduction anglaise, et non avec la Vulgate.

Abénaki.	Nékadoukhi (j'ai sommeil).	Rasles.
	Nékawi (je dors).	Id.
Pénobscot.	Gétoksi (il a sommeil ou il s'endort).	Ms.

IX. MOURIR, MORT.

Algonquin.	Nip (je me meurs).	La Hontan.
	Nibowin (mort).	Docteur James.
	Nipouin (mort).	Heckewelder.

— 326 —

Chippéway.	Neppo (adj. mort).	Heckewelder.
	Nippoagan (la mort).	Id.
	Neepoo (nipou, adjectif mort).	Barton. Long.
Outawa.	Nipa (je meurs).	Hamelin.
	Nipawin (la mort).	Id.
Shawanos.	Nip (je meurs).	Barton.
	Nipik (adj. mort), ki-pick, vivant.	Heckewelder.
	Nipwa (adj. mort).	Johnston.
	Nippigué (mourir).	Barton.
Mahican.	M'boagan (la mort).	Heckewelder.
	Nip (mourir, je meurs).	Williams.
	Nipou, m'pou (il est mort).	Schmick.
	Nboo ou Nippoa (nbou ou nipou, il est mort).	Williams.
Knisténaux.	Népew (nipiou, mourir)	Mackenzie.
Miami.	Nachpingé (je meurs).	Volney.
	Naapenggéh (nâpingui, je meurs).	Thornton.
	Népua (adj. mort).	Barton.
Massachusetts.	Nuppooi (nepoûi, il est mort).	Eliot.
	Nippomoun (mourir).	Id.
Ménoméni.	Nipowin (mort).	Docteur James.
Narragansetts.	inconnu, mais doit ressembler au Massachusetts.	
Abénaki.	Metsina (il est mort).	Rasles.
Pénobscot.	Matsiena (mourir).	Ms.
Lénâpé.	Angél (mourir).	Zeisb.
	Angéllowagan (la mort)	Heckew. Zeisb.
Minsi.	Angéllowagan (la mort)	Id.

Minsi.	Nuppuwagan (la mort).	Barton.
Délawares de N. Suède.	Anckarop (adj. mort).	Campanius.

On voit ici r substitué à *l*, et k à g, *ankarop* pour *ankallop* ou *angellop*.

— de New Jersey.	Nongil (prononcé *nan-gil*, mourir).	Ms.

C'est *n'angel*, je meurs, en langue lénâpé.

Nanticoké.	Angel (mourir).	Heckewelder.
	Angwélak, ewéshéwak	Ms.

X. FROID.

On va voir, dans plusieurs de ces langues, l'affinité que Volney a remarquée entre le mot qui signifie *froid*, et ceux qui signifient *sommeil* et *mort*. La même affinité se trouve avec les mots *lune* et *nuit*, comme on a pu voir ci-dessus, et avec d'autres qui réveillent des idées analogues. Cette affinité, cependant, ne paraît exister que dans quelques langues, au moins dans le mot simple; dans les autres, le mot *froid* semble dériver d'une différente étymologie.

EXEMPLES :

Miami.	Nipanoué.	Volney.
	Nipanuéch.	Thornton.
	Neepanway (*ee* prononcé *i*).	Barton.

Shawanos.	Wéppee (ouépi).	Barton.
	Wépé (ouipi).	Johnston.

Le *w* indique la troisième personne; par conséquent, cela signifie *il a froid*; *nippi, j'ai froid.*

Ici paraît s'arrêter l'affinité dont il est question; elle ne se trouve plus dans les autres langues, dont nous allons donner quelques exemples.

Algonquin.	Kikatch (avoir froid).	La Hontan.
	Kisina (adj. froid).	Docteur James.
Outawa.	Kisina (froid).	Hamelin.
Ménoméni.	Kichu (adj. froid).	Docteur James.
Chippéway.	Geessénnar.	Long.

Ce mot doit se lire *Kissina*; la lettre *r* n'est là que pour indiquer la prononciation ouverte de la voyelle *a*.

Lénâpé.	Tæu (téou, temps froid).	Zeisb. Heckew.
Mahican.	Tahajik (tahayik).	Heckewelder.

Nous ne nous arrêterons pas davantage à ce mot. Il paraît qu'il a une foule d'étymologies dans les différentes langues algonquines. Voici ce que le P. Rasles présente dans son Dictionnaire de la langue des Abénakis, sous le mot *froid*, dont il ne donne pas le mot simple dans la langue qu'il enseigne. Les explications entre parenthèses sont de nous.

Froid comme glace.	*Pekouameghen.*
J'ai froid.	*Nédanbedatsi.*
J'ai froid aux mains.	*Nédanbédaskiretsetsi.*
J'ai froid aux pieds.	*Nédanbédaskikatsi.*
J'ai froid par tout le corps.	*Néhésinhaghetsi* (*haghé*, corps; Lénâpé *hackey*).

J'ai froid quand je suis habillé légèrement.	*Nékésinérdam.*
La sagamité est froide.	*Tagouadén* ou *tkái.*
Le malade est froid.	*Kisaskatsou.*
La cabane est froide; il y fait froid.	*Tekigamigat.*
Cette robe est froide, elle ne tient pas chaud.	*Tékéghén* ; au genre animé, *tekegou.*
La terre est froide.	*Tékighén* (terre *ki*; en terre, par terre, *kik*).
Etre froidement habillé.	*Tékéghiwi.*
Je suis tendre au froid.	*Népouskératsi.*
Il fait froid.	*Tkanbaïnn.*
Il fait froid le matin.	*Tkanbanouppan, tkanbanoussa.*
Il fait froid le soir.	*Tékérangouik, tékérangouighé.*
Il fait froid la nuit.	*Tékitébahkat.*
Il ne fait pas froid la nuit.	*Oudaganitébihkat.*
Il fait chaud la nuit.	*Kesitaitébihkat.*

On voit que les deux premières syllabes sont en rapport avec *kisis*, *soleil*, et les dernières avec *débikat*, qui signifie *nuit* en chippéway.

Un jour froid.	*Tékékizékat.*

Ici se trouve encore *kisis*, pour le mot *jour*, et *kat* pour *nuit*, analogue de *froid*. Cependant, voyez l'abénaki, au mot *nuit*.

XI. HOMME.

Plusieurs des langues de cette famille, telles que celle des Délawares ou Lenni-Lénâpés, ont des termes différens pour exprimer ce mot dans le sens de *vir* et dans celui d'*homo* ; d'autres, telle que l'outawa, ainsi que nous l'a certifié M. Hamelin, n'ont, ainsi que le français et l'anglais, qu'une seule manière de rendre ces deux idées ; les vocabulaires ne s'expliquent pas toujours là-dessus. Voici le résultat de nos recherches :

Illinois.	Illéni (homme fait *vir*).	Hennepin.
Algonquin.	Alisinapé.	La Hontan.
	Inini.	Mackenzie.
Chippéway.	Lennis, alisinapé.	Barton.
	Ninnee (nini).	Long.
	Inini (vir).	Docteur James.
	Inichiti, inichi noubé (homo), *inin* (vir).	Id.
Ménoméni.	Inin (vir).	Id.
	Inishiti (homo).	Id.
Pian, Illinois et Mi.	Inim.	Ms.

Mais voyez plus bas *Miami*.

Lénâpé.	Lenno(vir), lénâpé (homo).	Heckewelder.

Barton donne *lennowegh* pour homme ; dans le dialecte des Minsi ; c'est évidemment le pluriel Lennowak, mal prononcé.

Délawares de Linnu (linnou).
New Jersey.   Ms. — Ne fait

point de distinction, mais c'est sans doute le mot *vir*.

— de la N. Suède.	Rhénus (vir), renapi (homo).	Campanius.

Ici *l* est changé en *r*.

Outawa. Anini. Nous tenons ce
mot de la bouche de M. Hamelin, qui nous a assuré que cette langue ne fait point de distinction entre *vir* et *homo*. On voit ici *l* changé en *n*.... C'est toujours *illini* ou *alini*.

Shawanos. Elene (ilini). Johnston.
     Illenni, linni. Barton.
     N'delliniwi (je suis un Heckewelder.
     homme).
Miami. Elaniah. Volney.
     Ahlanuah (le premier Barton.
     a prononcé *e*).
     Hlanniah. Thornton.
Mississagués. Linneep. Barton.

Ce mot paraît être une forme de verbe, qui comprendrait l'idée exprimée par le mot *homme*.

Sankhicans. Renoes (ici encore *l* Laet.
     changé en *r*).
Abénaki. Seenanbé (vir), arenam- Rasles.
     bé (homo).

Dans ce dernier mot, on reconnaît encore Lénâpé, ainsi que ce mot se prononce en langue lenni-lénâpé, avec *l* changé en *r*, le second *a* devenu nasal, et *p* changé en *b*. Dans les langues qui vont suivre, cette étymologie va tout-à-fait disparaître.

Unquachog. Run. Ms.
Nanticoké. Nââp. Heckewelder.

Ce mot pourrait être abrégé de *lénâpé*. Un manuscrit donne *walacki;* mais il ne fait point autorité comme Heckewelder.

Powhatan. Némarough (nimarakh). Capt. Smith.
Mahican. Némannauw (nimanaou). Edwards.
Pénobscot. Sanumbee (senombi). Barton.

Pénobscot. Sannaeba (sanaïba). Ms.

Ceci ressemble à l'abénaki. (Voyez ci-dessus.)

Narragansetts. Nnin. Barton.

Ce mot semble abrégé de *lenni*, et paraît être *ninin*, ou *n'nin*, *ego vir*; je suis un homme.

Souriquois. Kessoua, metaboviou. Laet.
Tchinem. P. Maynard.
Micmacs. Jaeenan (Tchaïnan). Soc. de Mass.
Knisténaux. Ethin. Mackenzie.
Montagnards. Napew (népiou ou na- Soc. de Mass.
piou).
Skoffies. Nabou. Id.

Ces deux derniers mots semblent avoir quelque rapport avec *lénápé*.

Groenland. Innuk. Egede.

Le rapprochement de ce mot avec ce qui précède, semble mériter attention.

—

XII. FEMME (MULIER).

Le mot *squaw*, prononcé *scouá*, est généralement considéré aux Etats-Unis comme le mot propre pour distinguer une femme indienne : on dit une squaw, une squaw indienne, la squaw d'un Indien. Toutefois des langues de cette famille se servent d'autres mots, tels que *pchanum* ou *panum*, *métamsah* et d'autres; et quelques-unes emploient plusieurs de ces mots à la fois. Nous allons les indiquer séparément.

1. *Famille* squaw.

Narragansetts.	Squaws.	Williams.
Unquachog.	Squah.	Ms.
Montagnards.	Schquow.	Soc. de Mass.
Skoffies.	Schow.	Id.
Knisténaux.	Esquois.	Mackenzie.
Sankhicans.	Osquoiwe (osquâoué).	Laet.
Algonquins.	Ickoué [1].	La Hontan.
	Iqué.	Docteur James.
	Ichquois.	Mackenzie.
Ménoméni.	Youkiou.	Docteur James.
Illinois, Pian et Mi.	Ickoué.	Ms.
Outawa.	Aqué.	Hamelin.
Chippéway.	Acquew.	Heckewelder.
Lénâpé.	Ochqueu.	Id.
Délawares de N. Suède.	Aquæo.	Campanius.
— de New Jersey.	Hocqua.	Ms.
Nanticoké.	Aquahaag (semble pluriel.	Heckewelder.
	Acquahique.	Ms.

On voit que la famille de ce mot s'étend depuis les Knisténaux en Canada, et les Skoffies et Montagnards d'Acadie, jusqu'aux Nanticokés sur les confins de la Virginie.

---

[1] Ceci ressemble un peu à l'iroquois *Ixhaa*.

2. *Famille* panum *ou* pchanum.

Mahican.	Pchanum.	Heckewelder.
Abénaki.	Phainem.	Rasles.

3. *Famille* métamsah.

Miami.	Métamsah.	Volney.

Nous ne trouvons que cette langue dans laquelle ce mot soit donné seul; mais nous allons le trouver, ainsi que *Panum* mêlé avec *Squaw*, dans les langues suivantes.

4. *Langues où les mots ci-dessus se trouvent ensemble.*

Massachusetts.	Mittamwossis, eshqua.	Cotton.

Eliot, dans la traduction de la Bible, se sert de *mittamwossis*; ce mot a dû voyager bien loin pour aller chez les Miamis, ou arriver de là au Massachusetts. On ne le trouve point chez les nations intermédiaires, à moins que ce ne soit peut-être dans quelques mots composés. Barton, dans son Vocabulaire, donne *mittummus* avec d'autres mots pour *wife* (uxor), dans la langue des Narragansetts. Il est difficile d'éviter la confusion que présentent souvent les Vocabulaires. Il est probable que les Narragansetts, comme les Massachusetts, se servent des deux mots pour dire *femme* (mulier). Voyez plus bas, *femme* (uxor).

Shawanos.	Equiwa.	Johnston.
	Métémsa.	Ms.
	Némétimochsi, je suis une femme.	Même Ms.

Pénobscot. Squaw, squoie, panum. Ms.

Ce Ms. dans lequel nous avons grande confiance, donne plusieurs phrases dans lesquelles ces différens mots sont employés, en apparence, indifféremment. Nous croyons devoir les présenter ici.

Sangulosquaw.	Femme habile, capable.
Muripanum.	— charitable.
Maisipanum.	— méchante.
Palapin nosquoié, balsquoié.	— modeste.
Katoumankipanum.	— pauvre.
Ksifosquaw.	— jeune.

Nous allons maintenant offrir des exemples de ce mot dans d'autres langues de la même famille, leur étymologie paraît tout-à-fait différente.

5. *Mots de différentes étymologies.*

Powhatan.	Erénépo.	Capit. Smith.
Souriquois.	Naboriou.	Laet.
	Epit.	P. Maynard.
Micmacs.	Aapeet (epit).	Soc. de Mass.

XIII. FEMME (UXOR.)

Dans la plupart de ces langues, ce mot nous paraît dérivé de *wigwam*, *wikwam*, maison, de même qu'en anglais *husband ;* en suédois et danois *hustru, hustrue ;* en espagnol, *casarse*, etc. On va voir par ce mot en langue lénâpé, sur quoi est fondée cette étymologie. Nous le mettons en tête, suivi du mot *maison* dans la même langue, sous différentes formes.

Lénâpé.   Wiwalle, sa femme.   Heckewelder.

Le Vocabulaire de Zeisberger nous donne les mots suivans.

    Wikiak,   ma maison.
    Wikiàn,   ta maison.
    Wikingée,   sa maison.
    Wikichtit,   leur maison.
    Wikingét,   homme marié, ou femme mariée.

Et Heckewelder nous donne :

    Wichian,   ton mari, qui diffère très peu de wikián, ta maison. Le *ch* doit être prononcé *kh*, ou *x* grec.

Chippéway.	Wicoak.	Heckewelder.
Mahican.	Weewon (ouiouan).	Barton.
Shawanos.	Newiwah (ma femme).	Heckewelder.
	Neewan (niouan, ma femme).	Johnston.
	Newah (niouah).	Barton.
Algonquin.	Niwish (ma femme).	Docteur James.
Potéouotamis.	Neowah (niouah, ma femme).	Barton.
Nanticoké.	Nee-ce-wah (niciouah, ma femme).	Ms.
Narragansetts.	Weewo (ouiouo).	Barton.
Abénaki.	Nissouiegoua (ta femme; *ouigouam*, maison).	Rasles.
Pénobscot.	Neeseweeock (niseouiock)	Barton.
Miami.	Wiwak.	Volney.

Ménoméni.	Wiowika.	Docteur James.
Chippéway.	Wiwan.	Heckewelder.

Les Outawas disent *ma femme* (mulier), ainsi que les Algonquins et les Knisténaux, et sans doute plusieurs autres nations sur lesquelles les vocabulaires ne s'expliquent pas.

Massachusetts. Eliot, dans sa traduction de la Bible, se sert de *mittamwossis* pour *mulier* et *uxor*. — *Et dixit ad mulierem*, kah unnoh mittamwossissoh, Gen. 3. 1°. — *Et adam cognovit uxorem suam Evam*; onk Adam waheau Evioh ummittam wussoh. Gen. 4. 1°.

Ceci ne doit point paraître extraordinaire; l'Anglais dit : *my wife;* le Français *ma femme;* il est vrai que le vulgaire dit : *mon épouse;* mais c'est par affectation, et le mot *femme* n'en est pas moins employé dans les deux sens. L'Espagnol, de même, dit : *mi muger*, et l'Allemand, *meine frau*.

Dans les langues suivantes, le mot *femme* (uxor) paraît procéder des mots *epit* et *squaw*. Voyez *femme* (mulier).

Micmacs.	Taypectum (tepitom).	Soc. de Mass.
Montagnards.	Tishquah.	Id.
Skoffies.	Teshquoet (techkouet).	Id.

XIV. MARI.

Nous donnons ce mot principalement afin de montrer que les Indiens ont des termes distinctifs, pour exprimer les différentes relations sociales. Ils en ont beaucoup plus que nous, et on en verra par la suite des exemples très frappans.

1. *Indiens de l'est, du milieu et du sud.*

Massachusetts.	Wasuk (ouések).	Eliot.
Narragansetts.	Wasick (ouêsik).	Williams.
Lénâpé.	Wechian.	Heckewelder.
Mahican.	Wachija.	Id.
	Wagheckey.	Edwards.
Miami.	Weewahsah (ouiouasa).	Barton.
Nanticoké.	Wechsiki.	Heckewelder.

2. *Indiens du nord et de l'ancienne Acadie.*

Algonquins.	Ninabem (mon mari).	Mackenzie.
Outawas.	Nâpé (mari), ninabom (mon mari).	Docteur James.
Chippéways.	Nabaim (nabem).	Long.
	Napeem.	Heckewelder.
	Onouhemima (son), ninoubem (mon).	Docteur James.
Knisténaux.	Ninapem (mon mari).	Mackenzie.
Ménoménis.	Ninapium (mon mari).	Docteur James.
Pénobscot.	Ouminanpaimal.	Ms. d'un missionnaire français.

Ce mot veut probablement dire *son mari.*

Montagnards.	Naapen (népen).	Soc. de Mass.
Skoffies.	Naahpen (néhpen).	Id.
Micmacs.	Taypeetah (tépita).	Id.

Abénaki. Le P. Rasles a deux longues colonnes de phrases sur les mots *mariage, marier*, et autant sur le

mot *parenté*; on n'y peut pas discerner le mot qui signifie *mari*; il donne, entr'autres, ces phrases *verbo*, mariage. Je suis marié (ait vir), nekitoudé.
— (ait mulier), noussi.
Ils sont mariés, nissouwak.
Je veux me marier (dicitur ab utroque), nekadawatsanaṉnaṉ.
Nous mettons ici le *w* à la place d'*ou* consonne, que le P. Rasles représente, ainsi qu'*ou* voyelle, par le signe ȣ de l'alphabet grec.

XV. PÈRE.

Nous devons observer que, dans la plupart de ces langues, les noms substantifs, indicatifs des choses ou des personnes susceptibles de possession ou de relation directe avec la personne, comme *maison*, *père*, *frère*, *ami*, *ennemi*, ont ordinairement pour préfixe la première lettre du mot qui désigne le pronom personnel, c'est-à-dire *n* à la première, *k* à la seconde, *ou*, *o* ou *w* à la troisième, tant au pluriel qu'au singulier. Lorsque le nom substantif commence par *o* ou par *ou*, on lui donne souvent une terminaison particulière à la troisième personne, pour éviter l'hiatus. — Ainsi, en langue lénâpé, on dit: *nooch*, mon père, *kooch*, ton père, *ochwall*, son père. Les exemples qui suivent et commencent par un *n*, signifient tous *mon père*.

Outawa.	Oss.	Hamelin.
Algonquin.	Nouscé.	La Hontan.
	Nossac.	Mackenzie.
Nanticoké.	Now-ozé (nozé).	Ms.
	Noschsch.	Heckewelder.
Chippéway.	Noosah (noucé).	Carver.
	Os, nos.	Schoolcraft.
	Nocey.	Long.
	Osima (abs.), nos (mon père).	Docteur James.
Shawanos.	Nochsa.	Heckewelder.
	Nuthau, nootkaa (noutka).	Barton.
	Notha.	Johnston.

Le son du *th* approche de celui de la lettre *s*.

Miami.	Noxsahé.	Volney.
	Nokhsakh.	Thornton.
	Nonsah, nosah.	Barton.
Potéwotami.	Nosah.	Id.
Ménoménis.	Nonih.	Docteur James.
Lénâpé.	Ooch (*nooch*, mon).	Heckewelder.
Délawares de N. Suède.	Nook.	Campanius.
—de New Jersey.	Nuknau.	Ms.
Micmacs.	Nouch.	Soc. de Mass.
Souriquois.	Nouchik.	Laet.
Massachusetts.	Noosh.	Eliot.
Narragansetts.	Osh.	Barton.
Pian, Illinois et Mi.	Nossah (*ah* indique le pluriel).	Ms.
Unquachog.	Cws (kous, ton père).	Id.
Mahican.	Oghan.	Id.

Mahican.	Wétochémuk.	Heckewelder.
Knisténaux.	Nouta, noutawi.	Ms.
	Nootawu (noutaoui).	Mackenzie.
Montagnards.	Notowee (notooui).	Soc. de Mass.
Skoffies.	Nontowwee (nontooui).	Id.

Nous n'avons pas le mot *père* dans la langue des Missisagués ; mais, sans nul doute, il est dérivé de même que les précédens. Il paraît en être autrement dans la langue des Abénaki et dans celle des Indiens de Penobscot, qui en est un dialecte.

Abénaki.	Tangous (père).	Rasles.
	Nami Tangous (mon père).	Id.
	Amih tangoussar (son père).	Id.
Pénobscot.	Meetongus (mitangous, père).	Barton.
	Mikhtangus.	Hale.
	Komitangos (ton père).	Ms.

Nami, komi, amich, sont les trois personnes du pronom possessif.

N'mikhtangus, mon père.

Mikhtangussena, notre père (en général).

Niunanmikhtangussena, notre père (à nous exclusivement).

Tagwimikhtangussina, notre père (à nous deux).

La langue délaware ou lenni-lénâpé, a plusieurs mots pour exprimer l'idée de *père*. M. Heckewelder nous apprend qu'il y a des nuances très délicates entre ces différens mots. *Nooch*, mon père, est le terme générique, celui dont ces Indiens se servent toujours en parlant à des Français; ils n'appellent les autres que *mon frère*. L'idée principale qu'exprime le mot *nooch*, est celle d'amour ou de protection. *Wetoochwink* comprend l'idée de génération et celle de la puissance paternelle ; *wetochemuxit*, exprime l'idée religieuse. C'est par ce mot au vocatif *wetochemelenk*, que les Lénâpés invoquent l'Être-Suprême, dans leurs prières et dans leurs chants sacrés. (Corresp. de Heckewelder avec M. Duponceau, p. 411.)

Goëthe, parlant des avantages de la langue française, s'écrie dans un moment d'enthousiasme ; « O! qu'une nation est digne d'envie, qui peut exprimer des nuances si délicates par un seul mot![1] » Ne pourrait-on pas, même sans enthousiasme, en dire autant de la langue délaware, d'après l'exemple que nous venons de donner.

XVI. MÈRE.

Algonquin.   Gah (*nigah*, ma).   Mackenzie.

La Hontan et Long ne donnent pas ce mot. On observera que *n'*, *ni* ou *nin* indiquent toujours le pronom personnel *ma*.

---

[1] *O, eine Nation ist zu beneiden, die so feine Schattirungen in einem Worte auszudrücken weiss!* (Wilhelm Meister's Lehrjahre.)

Algonquin.	Ogéma (abs.), ningou.	Docteur James.
Chippéway.	Gah.	Schoolcraft.
Outawa.	Gachi (prononc. franç.)	Hamelin.
Shawanos.	Neegah (nigah).	Johnston.
	Niwah (néouah).	Barton.
	Ningé (niné-gué).	Heckewelder.
Abénaki.	Nigaous (ma), ouigaoussar (sa).	Rasles.

On voit ici la terminaison en *al* de la langue lénâpé, à la troisième personne du singulier; seulement *l* est changée en *r*. (Voyez ci-dessus au mot *père*.)

Knistenaux.	Nigowwee (nigaoui).	Ms.
Montagnards.	Nahkowee (nêkaoui).	Soc. de Mass.
Ménoméni.	Nihia.	Docteur James.
Skoffies.	Neekowowwee (nikaouaoui).	Soc. de Mass.
Micmacs.	Koueets (kouits).	Id.
Lénâpé.	Gahowes, n'gachwes (ma).	Heckewelder.
Minsi.	N'gak (ma).	Id.
Nanticoké.	Nik.	Ms.
Délawares de N. Suède.	Kahææs, anna.	Campanius.

Anna est un mot de tendresse comme *maman*. Guillaume Penn dit que les Délawares de Pennsylvanie, de son temps, appelaient leurs mères *anna*; et on sait par Heckewelder et Campanius que le mot propre était *kahææs*, *gohowes*.

Potéwatamis.	Nanna.	Barton.

Même remarque qu'à l'article précédent.

Délawares de New Jersey.	Onna (anna).	Ms. Même remarque.

Unquachog.	C'wca (coúca).	Ms.
Pénobscots.	Nig'aus (nigaous).	Hale.
Massachusetts.	Okassoh (sa mère).	Eliot.
Narrangansetts.	Okásu, nokace (ma).	Williams.
Miami.	Akemimah	Volney. Thornton.
Mahican.	Ningah (ma mère).	Barton.
	Inguk (*n'gah* ou *n'gakh*, ma).	Id.
	Wakkimuk.	Heckewelder.
	O'kegân (sa mère).	Soc. de Mass.

XVII.ᵉ FILS.

Lénâpé.	Quis (couis); n'quis (mon), quissal (son).	Heckewelder.
Outawa.	Kwis.	Hamelin.
Chippéway.	Quis.	Heckewelder.
	Ogouisima (son), ningouis (mon).	Docteur James.

Long donne *janis*; mais ce mot n'a aucun rapport avec les autres langues. C'est probablement *nit schanis*, petit enfant.

Algonquin.	Nigouissis.	La Hontan.

Ce mot est évidemment *ni quis* ou *ni gouis* (mon fils), avec la terminaison diminutive *is*; ainsi c'est mon petit fils.

Ménoméni.	Naha (mon).	Docteur James.
Souriquois.	Nekowis.	Laet.

C'est encore *n'kouis* avec *v* consonne à la place de l'*u* voyelle.

— 345 —

Knisténaux. Négousis (mon). Mackenzie.
C'est le *négouisis* de l'algonquin.
Nanticoké. Uksé. Heckewelder.
Nuksquah. Barton.
C'est encore *n'quis* corrompu.
Shawanos. Nickéthwah. Id.
Même remarque.
Délawares de Giis (kis, ghis). Ms.
New Jersey.
Encore même remarque.
— de N. Nissianus. Campanius.
Suède.
L'auteur donne ce mot pour *fils* et *fille*. Il se trompe quelquefois, et son vocabulaire n'est pas toujours sûr.
Micmacs. Koush. Soc. de Mass.
Encore *quis* ou *kouis* corrompu.
Abénaki. Némann. Rasles.
Pénobscot. Namun (nèmonn ou Barton.
nemànn).
Massachusetts. Naamàn (nemànn). Eliot.
Montagnards. Nouseneechen. Soc. de Mass.
Skoffies. Mousneechén. Id.

Le mot *fils*, dans ces quatre dernières langues, ne paraît pas avoir d'affinité avec le même mot dans celles qui précèdent.

—

XVIII. FILLE (Filia).

Lénâpé. Danis. Heckewelder.
Chippéway. Danis. Id.

Chippéway.	Darnis (*r* servile).	Long.

Orthographe anglaise où la lettre *r* ne se prononce pas après *a*.

Outawa.	Tanis.	Hamelin.
Délawares de New Jersey.	Daanus.	Ms.
Pian, Illinois et Mi.	Tahana.	Ms. français.
Nanticoké.	Daan.	Heckewelder.
	Hun-tawn (n'-dân ou n'tân).	Ms.

Hun est là pour le pronom possessif *n'* préfixe; *tawn* doit se prononcer *tân*; c'est donc *n'tan* ou *n'dan* (ma fille).—Ceci est pour faire voir les difficultés de l'orthographe anglaise.

Ménoméni.	Dân.	Docteur James.
Algonquin.	Ni danis (ma).	Mackenzie.

La Hontan ne donne point ce mot.

Miami.	Atanemah (sa fille).	Volney.

A est probablement le pronom préfixe *ou* ou *w*, mal prononcé ou mal entendu; *tane* vient évidemment de *danis* ou *tanis*; *mah* est une terminaison de la troisième personne. — Thornton donne *atanemeh*, Barton donne *nishan*; mais cela veut dire mon enfant. Heckewelder donne *n'nitschaan*, même observation. Il a pu, sans doute, la faire lui-même, mais elle lui aura échappé. Le vocabulaire n'est probablement pas de lui, il l'aura reçu de quelqu'un. Il ne prétendait pas savoir le miami.

Narragansetts.	Nitanis.	Williams.
Montagnards.	Natanish.	Soc. de Mass.

C'est évidemment *n'tanis*, ma fille.

Skoffies.   Meentanish(mintanisch). Soc. de Mass.

Même observation : *n* pris pour *m*. Ce doit être *nin. tanish* ou *n'tanish*, ma fille.

Abénaki.   Dous.   Rasles.

Ce mot et les suivans paraissent sortir d'une autre source que ceux qui les précèdent.

Micmacs.   Toush.   Soc. de Mass.
Mahican.   O'toosan (otousan).   Id.
Pénobscot.   Weedoozer (ou'douzer,   Barton.
                 sa).
Souriquois.   Netouch (n'touch, ma). Laet.

XIX. FILLE (Puella).

Algonquin.   Ikouessens.   La Hontan.

C'est un diminutif d'*ickoué*, femme.

Chippéway.   Equoysince.   Long.

C'est *ikouessens*, différemment orthographié.

                Iechwessin.   Barton.
                Ishkwassin   Keating.

Encore le même mot.

Narragansetts. Squasese (squasis).   Williams.

Diminutif de *squaw*, femme.

                Kiktukquaw.   Barton.
Lénâpé.   Ochquesis.   Heckewelder.

Diminutif d'*ochqueu*, femme.

                Kikochquees.   Id.

Ce mot est ainsi composé : *ki*, dernière syllabe de *wuski*, nouveau, jeune ; *k* son euphonique ; *ochq*, première syllabe d'*ochqueu*, femme ; *ces* terminaison diminutive; ainsi *kikochquees* signifie *jeune petite femme*.

Minsi.	Ochquesi (petite femme).	Heckewelder.
Knisténaux.	Squasis (même chose).	Keating.
Saki.	Squessa.	Say.

Diminutif de *kwaoke* (quéaki, femme).

Délawares de New Jersey.	Hokkuatschit.	Ms.

Diminutif de *hokkuá*, femme, corruption de *squaw*.

— de la N. Suède.	Oquættæt.	Campanius.

Diminutif d'*aquœo*, femme.

	Nijlon (*virgo*).	Id.
Outawa.	Kigang (*virgo*).	Hamelin.

Nous ne connaissons pas l'étymologie des deux mots précédens.

Mahican.	Peenschquaso (fille *puella*).	Heckewelder.
	Wuskochquaw (*virgo*).	Id.

De *wuski*, nouveau, jeune, et d'*ochqueu* ou *squaw*, femme. — Mais voyez *femme* (mulier), où le même Heckewelder donne seulement dans cette langue le mot de *pchanum*; cela fait voir de quelle manière les langues indiennes empruntent les unes des autres. Nous en faisons de même : nous disons *feu, brûler, incendie*, les Anglais disent *king, queen, royal*, etc., etc. Les Latins eux-mêmes disaient *ignis, urere, ardere, incendere, conflagratio, duo, bis*, etc., etc. Voilà comme les langues s'entremêlent les unes avec les autres. — Edwards donne *Pisquasou*, et la Société de Massachusetts *Pishquahou*.

Shawanos. Quaniswà, quechsa. Heckewelder.
Ce sont probablement des dérivés d'*équiwa*, femme
(*mulier*); voyez ce mot.
Nanticoké. Pechquoh. Ms.
Kikschuâ. Heckewelder.
Le second mot s'entend ; voyez-ci-dessus Lénâpé. Le
premier s'accorde avec *pisquasou, pishquatou*;
voyez ci-dessus Mahican. Nous ne connaissons pas
l'étymologie de *pis, pich, pech*.
Miami. Kuanisuah. Thornton.
Kanesswah. Barton.
Volney ne donne pas ce mot.
Potéwotami. Squilheta. Johnston.
Diminutif de *squaw*.
Montagnards. Squáshish. Soc. de Mass.
Même observation.
Skoffies. Squart. Id.
Même observation.
Micmacs. Aypitaish. Soc. de Mass.
Epitousis. Ms.
Origine inconnue.
Abénaki. Nankskoué (diminutif, Rasles.
nankskouessis).
De *ouski, nounouski, nunski, nanski*; nouveau, jeune,
et de *squaw, scoué*, femme.

Nenankskouésioui Rasles.
(jeune fille).
Massachusetts. Nunksquaw. Eliot.
Penumpun. Barton.
Ce mot nous paraît dériver de la première syllabe de
pilsit, qui, en lénâpé, signifie *chaste, pur* ; la lettre

l changée en *n*, comme on le verra au mot *enfant*, et de la dernière syllabe de *wosketomp*, homme (voyez ce mot), à quoi une terminaison a été ajoutée.

Pénobscot.	Nunskénousé.	Barton.
	Nanskois.	Ms. d'un missionnaire français.
	Noksquâsis.	Ms. américain.
Indiens de St François.	Nunkquashiis (jeune petite femme).	Pickering.

Voyez Lénâpé.

XX. ENFANT.

Les Indiens ont tant de mots pour dire un enfant, selon son âge et autres circonstances, qu'il ne faut pas être étonné, si on trouve ce mot rendu de différentes manières dans les diverses langues. Les faiseurs de vocabulaires prennent le premier mot qu'on leur donne, sans s'inquiéter de la spécialité. Le mot généralement adopté aux Etats-Unis, comme le mot indien, pour dire *un petit enfant*, est *papous*, et il est plus probable qu'il est reçu dans un grand nombre de langues de la famille algonquine; cependant, il ne se trouve que dans deux vocabulaires de langues fort éloignées par leur localité l'une de l'autre. Nous en avons exposé la raison.

EXEMPLES :

Piankeshaws.	Papooz (papouze).	Barton.
Narragansetts.	Papoos (papous).	Williams.
	Ânese (anis, enfant à la mamelle).	Id.
	Muckiese (enfant, sans autre explication).	Id.

Ainsi, le même auteur donne trois mots, dont un seul est expliqué.

Lénâpé.	Amemens (enfant en âge d'apprendre, d'aller à l'école).	Heckewelder.
	Pilapé (jeune garçon), de *pilsit* (chaste) et *lénâpé* (homme).	Id.
	Nitsch, nitschaan (mon enfant), nitschanak (mes enfans), parlant à eux.	Id.

Nous savons de lui que le mot *papous* est aussi en usage dans la langue lénâpé pour dire *un petit enfant*; en anglais, *a baby*; mais ce mot n'est pas dans ses vocabulaires.

Pénobscot.	Nitzaenak (mes enfans).	Ms.
Unguachog.	Neechuntz (nitchantz).	Id.
Massachusetts.	Wnechun (ounitchan, son enfant).	Eliot.
Shawanos.	Pilochsa (pilokhsa).	Heckewelder.

Ce mot, qui semble dérivé de *pilsit*, chaste, et d'*ochqueu*, femme, devrait signifier *jeune fille, vierge*. Le vocabulaire d'où nous le tirons, nous a été donné par Heckewelder qui, sans doute, l'a reçu d'un autre. Johnston donne *apetotha*, probablement erreur d'impression pour *apelotha* (epilotha), qui paraît être le même mot que celui d'Heckewelder, différemment entendu ou orthographié. Mais voyez *miami*.

Miami.	Apilossa.	Volney.
	Epilosa.	Thornton.
	Apelochsa.	Barton.
	Ahpeelustah (apilosta), jeune enfant.	Ms.

Tous ces mots paraissent être le même, différemment entendu ou orthographié. Tant de vocabulaires, s'accordant ensemble, nous font douter que ce mot soit applicable seulement à un enfant femelle; mais nous n'avons aucun doute que la syllabe *pil* est dérivée de *pilsit*, chaste, pur, innocent. Voyez Lénâpé et Shawanos.

Saki.	Apenon (apinon).	Say.

C'est encore la syllabe *pil*; *l* changée en *n*.

Outawa.	Apinotschin.	Hamelin.

Même observation.

Algonquin.	Bobiloutchins, enfans, petits enfans (sic).	Barton.
	Abinontchen (petit enfant).	Mackenzie.

La Hontan ne donne pas ce mot. Nous voyons encore la syllabe *pil* changée en *bil* dans un dialecte, et en *bin* dans un autre.

Chippéway.	Bobéloshin, queebeesince (quibisintz).	Long.

Chippéway.	Apinôtschi.	Pickering.
	Anumosch.	Heckewelder.

Sur les deux premiers mots, voyez Algonquin; sur le dernier, voyez ci-après Mahican.

Ménoméni.	Open, openishe (petit enfant mâle).	Docteur James.
Mahican.	Awansés.	Barton.
	Auwasis.	Heckewelder.

Dans ces deux mots, *sés* ou *sis* est une terminaison diminutive. La première syllabe *awan* ou *auwa*, et le chippéway *anumosch*, nous paraissent dérivés du lénâpé *amemens*, *m* changé en *ou* et en *n*, changemens assez fréquens dans les langues indiennes.

	Chacqseseet (chaxesit).	Ms.

Nous ne connaissons pas la dérivation de ce mot; *sit* est encore un diminutif.

Nanticoké.	Awaantind.	Heckewelder.
	Awantet.	Ms.

Voyez Mahican.

Knisténaux.	Awashish (petit enfant).	Mackenzie.
Montagnards.	Awusk.	Soc. de Mass.
Skoffies.	Awahaskish (diminutif).	Id.
Abénaki.	Aouan; diminutif, aouansis.	Rasles.

Nous reviendrons plus bas sur cette langue.

Délawares de New Jersey.	Ommamündet (*u* prononcé à la française).	Ms.
— de N. Suède.	Mæmyndet (*y* prononcé *u*).	Campanius.
Micmacs.	Nejewaoutchis.	Soc. de Mass.
	Midjouatchikh.	Ms.

Esquimaux.   Nutawouk (n'taouaouk), Dobbs.

Ce mot est ici seulement à cause de la ressemblance avec le précédent. La langue des Esquimaux n'est pas de la famille algonquine.

Enfant, dans la langue des Abénakis, par le P. Rasles. Extrait de son dictionnaire.

Aouañ, aouañsis.	Enfant, petit enfant.
Noudémou.	Enfant mort-né.
Pahtoo.	Enfant à peine formé dans le sein de sa mère.
Kiapés.	Enfant orphelin de père et de mère.
Kiapimis.	Diminutif du précédent.
Nédaouañsisoui	Je suis enfant.
Noucaouan, nounitzañni.	J'ai un enfant.
Nénékoutsétsaouañn.	Je n'ai que cet enfant.
Nenilamétsaouañ.	C'est l'aîné, c'est mon premier.
Némétéhssañ.	C'est le cadet, mon dernier.
Nounitsañnañn.	Je l'ai adopté pour mon enfant.
Nounémañnkhañn.	— pour mon fils.
Noudouskhañn.	— pour ma fille.
Nétsigèsoumañ.	Je fais *tse*, *tse* à l'enfant (pour l'apaiser).
Nédaouañsisoui pegouâ.	Suis-je donc un enfant?
Képapihtoumkañsi.	Tu fais l'enfant.
Népapihtoumkéouañn.	Je fais ce que font les enfans.
Nisouiañné ou *nisitzaouañné* ou *niséda péminénitzañniañné.*	Tu me prends pour un enfant, moi qui en ai deux.

Nota. La lettre *n* marquée de deux points (ñ) indique que la voyelle *a* qui précède a un son nasal, comme dans le mot *français*.

XXI. FRÈRE.

Algonquin.   Niconich.   La Hontan.
              Nicanish.   Long.

  On se rappellera que *ni* en algonquin est le pronom inséparable *mon* ou *ma*.

Chippéway.   Nicanis.   Heckewelder.
              Néconnis (nicanis). Barton.
              Sangna (sengné).   Keating.
              Shemayn (chimène).   Schoolcraft.
              Nisyai (nichié), mon Id.
                frère aîné.
              Nichmai (nichmé), mon Schoolcraft.
                frère cadet ou ma
                sœur cadette.

  Ce mot s'applique aux deux sexes.

  Ces variations indiquent plusieurs dialectes.

Outawa.   Sayin (mon frère aîné).   Hamelin.
Lénâpé.   Nimat, kimat, wimach-   Heckewelder.
              tall (mon, ton, son).
              Chans (frère aîné).   Zeisberger.
              Chesmus (frère cadet ou Id.
                sœur cadette.)

Délawares de
  N. Jersey.   Minut.   Ms.
—de N. Suède. Hissimus, nijlum (frère, Campanius.
              sœur).

  Hissimus, dont le *h* doit être fortement aspiré, nous paraît être le même mot que *cheesmus* ou *chesmus* qui, en lénâpé, comme *chesem*, en mahican, signifie également *frère cadet* et *sœur cadette*. — *Nij*-

lum ou *kilum* ressemble à *milâné* qui signifie *frère*, en miami, selon Volney. (Voyez ces langues.)

Narragansetts. Weemat (ouimat, son). Barton.
Neemat (nimat, mon). Williams.

Massachusetts. Neemat (nimat, kimat, ouimatoh, mon, ton, son). Eliot.

Ménoméni. Ce mot manque dans le vocabulaire du docteur James, le seul que nous ayons. (Voyez sœur.)

Mahican. Nétahcan, nochhesum. Barton.
Nétachgan (mon frère aîné). Heckewelder.
Nétachcan (mon frère aîné). Schmick.
Chésem (frère cadet ou sœur cadette). Id.

Shawanos. Neethéta (nithita, mon). Barton.
Wlsemagé (ouelséma-gué). Heckewelder.

Nous ne pouvons concilier deux mots si différens; le dernier n'a point d'analogues que nous connaissions.

Miami. Milâné. Volney.
Sheemah (chima). Barton.

Ce mot, probablement, signifie *frère cadet* ou *sœur cadette*. (Voyez Mahican.)

Vedsemantah. Thornton.

Nous ne connaissons pas l'origine de ce mot.

Pénobscot. Neecheer (nitchir). Barton.
Nitsie (mon). Hale.

Pénobscot.	Nitkia, nitshia (m.).	Ms.
	Daino (f.).	Id.

M signifie masculin et *f* féminin. On se sert du masculin en parlant du frère d'un homme, et du féminin en parlant de celui d'une femme. Les deux sexes observent cette distinction.

Souriquois.	Skinetch.	Laet. Lescarbot.
Micmacs.	Wichekecteak (ouitchi-kitiak).	Soc. de Mass.

Ceci est probablement à la troisième personne et au pluriel.

Montagnards.	Meecange (micandgi ou micangui).	Soc. de Mass.
Skoffies.	Mechkapmash.	Id.
Unquachoh.	Contayux.	Ms.

L'origine de ces cinq mots nous est inconnue.

Knisténaux.	N'chewaham (ntchioua-ham, mon).	Chappel.
	Osemuh (osima).	Say.
	Nisslais (mon frère aîné)	Id.
	Niseem (nissim), mon frère cadet ou ma sœur cadette.	Id.
	Nechesan (nitchisan), mon plus proche parent, mon frère ou ma sœur.	Id.
Abénaki.	Nitsié (mon frère)[1].	Rasles.

[1] Ce mot a de l'affinité avec le mot lénâpé *nitis*, ami. Ce mot se trouve dans un grand nombre de ces langues. Le mot *ami* n'est point dans le Dictionnaire du P. Rasles.

Nous ajoutons les mots suivans extraits du dictionnaire de cet auteur, verbo parentée (sic).

Aouitsiar.	Mon frère.
Aouitsian.	Tu es mon frère.
Nouitsiétibena.	Nous sommes frères.
Aouitsietouak.	Ils sont frères.
Kesisiston.	Frère aîné.
Tiésis.	Mon frère aîné.
Ousesisar.	Son frère aîné.
Neduhkanis.	Mon frère cadet.
Oudouhkanar.	Son frère cadet.
Nesis.	Mon oncle.
Nnadañgous.	Mon cousin.
Nnadañgouséseskoué.	Ma cousine.

Dans ce dernier mot, on trouve :

Squaw, ochqueu, achqué. Voyez *femme* (mulier.)

XXII SOEUR.

Lénâpé.	Chesmus (*ch* allemand).	Heckewelder.
	Tauweema (taouima).	Barton.
	Mis (sœur aînée).	Zeisberger.
Délawares de N. Suède.	Hissimus, nijlum (frère, sœur).	Campanius (V. frère).
Unquachog.	Keessums.	Ms.
Nanticoké.	Nicksums.	Heckewelder.

Ce doit être *ni* ou *n'kessum* (ma sœur).

Shawanos.	Ningohschima, nick-sums.	Id.

C'est encore *ni* ou *nin*, mon, ma, avec *kschima*,

formé de *kessima,* késchima, toujours en analogie avec les mots précédens.

Schawanos.	Nimpz (sœur aînée).	Ms.
	Nédghsom (sœur cadette).	Id.

Ce sont les mots donnés par Heckewelder pour *sœur* sans distinction; le premier est abrégé, ou aura été mal entendu.

	Toléma (tolima).	Barton.

Ce mot est douteux, et hors de toute analogie, ainsi que *tauweema,* en langue lénâpé.

Mahican.	N'chesum, ningoschéma (ma sœur).	Heckewelder.
	Mees; *plur.* meesah (sœur aînée).	Schmick.
	Chésem; *plur.* chesemak (sœur cadette).	Id.
	Neetaumpsoh (nitampsoh, ma sœur).	Barton.
	Weetaunpthooan (ouitanpsouan, sa sœur).	Soc. de Mass.

Nous mettons *s* pour *th* dont le son approche beaucoup. Le *th* anglais ne doit jamais être prononcé comme t, mais plutôt comme *s*. — Les deux derniers mots ci-dessus ne paraissent avoir aucune analogie avec ce qui précède ou avec ce qui va suivre.

Chippéway.	N'schimé.	Heckewelder.
	Shémayncé (chémensi).	Long.
	Nishimai (ma sœur cadette ou mon frère cadet).	Schmick.

Chippéway.   Nimise (aîné), nishime Docteur James.
              (cadette).
Miami.   Schéma.   Volney.
             Sheemansai (chimancé). Barton.
Algonquin.   Nemisain (ma sœur aî- Mackenzie.
             née).

La Hontan et Long ne donnent point ce mot.

Knisténaux. Némis (ma sœur aînée). Mackenzie,
                                    Chappel.
             Néseem (nissim, ma sœur Say.
             cadette, mon frère
             cadet).
Outawa.   Misen (sœur aînée).   Hamelin.

Par conséquent *nimisen*, ma sœur aînée; celui-ci s'accorde avec l'algonquin de Mackenzie; il faut prononcer l'un et l'autre *nimisanné*.

Potéwotami.   Missah.   Barton.
Massachusetts. Missis, n'missis (sœur, Eliot.
              ma sœur).

Les mots suivans ne paraissent pas avoir d'analogie avec les précédens et à peine entre eux.

Narragansetts. Wéticks, wœsumis.   Williams.

Ce mot est probablement à la troisième personne, *sa sœur*.

Souriquois.   Nékicht.   Laet.

Probablement à la première personne.

Pénobscot.   Upponnomoon.   Barton.

Probablement à la troisième personne.

              Pakaümo (sœur d'un   Ms.
              homme).

Pénobscot.	Itrakiso (sœur d'une femme).	Ms.
Abénaki.	Nenitsékéssou (ma sœur, *ait mulier*).	Rasles.
	Nébaanémoun (ma sœur, *ait vir*).	Id.

XX. CORPS.

Ce mot se trouve très rarement dans les vocabulaires, parce qu'il est très difficile de l'obtenir. Lorsqu'on montre à un Indien son corps, avec la phrase obligée : « Comment appelez-vous cela ? » Il vous donne le nom de la partie vers laquelle votre main paraît dirigée, croyant que c'est ce que vous lui demandez ; de même, si vous lui indiquez un arbre, en lui demandant comment cela s'appelle, il ne vous répondra pas *arbre*, mais *noyer*, *chêne*, *pommier*, selon que sera l'arbre que vous lui aurez montré. C'est pourquoi les faiseurs de vocabulaires donnent rarement ce mot, à moins qu'ils ne sachent la langue, ce qui n'est pas commun.

Nous présentons ici le mot *haghé*, *haké*, *corps*, pour faire voir combien il est étendu parmi les langues de cette famille depuis l'abénaki, vers le Saint-Laurent, jusqu'au nanticoké dans le Maryland. L'algonquin, cependant, fait une exception, ainsi que le chippéway. Au sujet de cette langue, il faut croire M. Schoolcraft.

Abénaki.	N'haghé (mon corps).	Rasles.
Massachusetts.	Nohhog (mon).	Cotton.
	Nuhhog (mon).	Eliot.

Ces deux mots se prononcent n'hag, l'o anglais ayant ici le son de l'*a*.

Narragansetts.	Nohock (n'hak, mon).	Williams.
Lénâpé.	N'hackey (mon).	Heckewelder.
Nanticoké.	Nowahak (n'hak, mon).	Ms.
Ménoméni.	Opa enun (signifie aussi coffre).	Docteur James.
Algonquin.	Yao (yaho).	Long.
Chippéway.	Yoa, (yohi).	Id.
	Ow (ahou).	Schoolcraft.
	Niau (mon).	Docteur James.

Nos vocabulaires ne nous permettent pas de pousser nos recherches plus loin.

Les Indiens se servent du mot *corps* en parlant d'eux-mêmes; ils disent *n'haghé*, *n'hackey* (moi ou mon corps); pour dire : Malheureux que je suis! ils diront : Malheureux mon corps! Ainsi, nous disons quelquefois : *C'est un pauvre corps! C'est un plaisant corps!* (Voyez le *Dictionnaire de l'Académie*). En comparant nos langues avec celles des sauvages, on pourra trouver plus d'une fois ces formes d'expression qu'on est convenu d'appeler *barbares*.

XXIV. TÊTE.

Lénâpé.	Wihl (pron. ouîl).	Heckewelder.
Algonquin.	Oustikouan.	La Hontan.
	Oschtekwan (ochti- kouan).	Keating.
	Ustiquoin.	Mackenzie.
	Ouschitequan.	Heckewelder.
Chippéway.	Eshtergoan (echtigoan).	Mackenzie.
Knisténaux.	Istigouen.	Harmon.
Minsi.	Wilustican.	Heckewelder.

Ce mot est curieux, parce qu'il semble formé de *wil* (lénâpé) et *oustikouan* (algonquin). Peut-être sont-ce deux mots pris de différentes langues pour signifier la même chose comme dans le shawanos.

Shawanos.	Wilan, n'depikanni.	Heckewelder.

Voilà encore deux mots dont un est en affinité avec le lénâpé, l'autre avec le miami, comme nous allons voir.

	Wesoh.	Edwards.
Miami.	Indepekoné.	Volney.

In est là pour *n'*, signe de la première personne.

	Endekahpukahnee.	Barton.

On voit que c'est le mot donné par Volney, où *kah* est intercalé on ne sait pourquoi.

	Idapikoneh.	Thornton.

Même mot que celui de Volney.

I pour *in* ou *n'*. — *Dépékoné* paraît être le mot simple pour *tête*.

Pian, Illinois Wiidip (ouidip). Ms.
et Mi.

> Ce mot paraît composé de *wil* (lénâpe) et dépikané (miami). On peut voir ici comment les langues indiennes se fondent les unes dans les autres. Peut-être aussi n'est-ce que la troisième personne; *w'dip*, sa tête.

Outawa. Nindip, kindip, ondip Hamelin.
(ma, ta, sa tête).

Abénaki. Métep. Rasles.

> *Mé* ou *m* est l'article défini ou indéfini, *la* ou *une* tête. Rasles donne *n'tep*, *ktep*, *outep* (ma, ta, sa). *Tep* est le mot radical, première syllabe du mot miami *dépékoné* ou *dipékoné*; car *t* et *d* sont souvent pris l'un pour l'autre.

Mahican. Winsiis, pechquatup. Heckewelder.

> La première syllabe de *winsiis* paraît être *wil* (lénâpé), *l* changée en *n*; *siis* ou *sis*, terminaison diminutive. La dernière syllabe de *pechquatup* est le *dop* ou *top* du pénobscot; et *tep*, de l'abénaki. Barton nous donne *dup* (dop) et *utup* (w'tup, sa), sans rien de plus pour le mot tête en mahican. Le mot entier *pechquatup* ressemble à *uppoquontop* ou *w'paquontop* du massachusetts, *quod vide*. Schmick, dans son dictionnaire de cette langue, ne nous donne pas le mot simple; voici ce qu'il nous offre.

Nénés n'wenamata } Ma tête me fait mal.
ou } *Mein Kopff thut mir weh.*
N'séwana t'pa.
N'séwanadpa. J'ai mal à la tête.
Ich habe Kopffschmerz.

K'séwanadpa.	Tu as mal à la tête.
Oséwanadpapàu.	Il a mal à la tête.

Il me semble que le *wensis* de Heckewelder est à la troisième personne, et signifie *sa tête*; *nénés* est *ma tête* à la première, et *wana* dans les mots composés en est dérivé. Le *w* de la troisième personne, dans le verbe, signifie ma tête, *elle* me fait mal, ce qui est la véritable tournure indienne dans la composition des verbes. Il ne faut pas croire que la traduction allemande de Schmick soit une analyse philosophique du mot indien. Tout missionnaire n'est pas philosophe.

Nanticoké.	Wilhamen.	Heckewelder.
	Nulahammon.	Ms.

Même mot à la première personne. — *u* pour *i*, terminaison inconnue.

Délaware de N. Jersey.	Wiil (ouil).	Ms.
—de N. Suède.	Wijl.	Campanius.
Sankhicans.	Wyer (ouijr).	Laet.
Unquachog.	Okéqunuńk.	Ms.
Pénobscot.	Needop (nidop).	Barton.
Shawanos.	Weelekee, weeseh (ouiliki, ouisi).	Gibson.
	Wessee (ouissi).	Butler.

Ces mots sont tirés du *Mithridate*; il les a reçus des généraux Gibson et Butler, qui ont demeuré longtemps parmi les Indiens. Les mots sont à la troisième personne. Edwards donne aussi *weesec* (ouissi).

Ménoméni.	Nes, kes, wes (ma, ta, sa).	Docteur James.
Saki.	Weeshi (ouichà, sa).	Keating.
Massachusetts.	Puhkuk (pakok).	Eliot.
Narragansetts.	Uppaquontop (ou'paquontop).	Williams.
Micmacs.	Monouché.	Soc. de Mass.
Souriquois.	Monongi.	Laet.
Montagnards.	Stoukouan.	Soc. de Mass.
Skoffies.	Oustoukouan.	Id.

Ces deux derniers mots sont évidemment algonquins.

—

XXV. OEIL.

On ne peut s'empêcher d'observer, dans les mots qui vont suivre, l'analogie plus ou moins apparente que le plus grand nombre présente avec *kes, kis, kisis, kischuch, gishuch*, soleil, astre, lumière. (Voyez *soleil*). Cette analogie, ainsi que d'autres qu'on a pu remarquer, mérite quelque attention.

Miami.	Shechékoué.	Volney.
	Neeseeque (kisikoué).	Barton.
	Kiijekueh (kijekoué).	Thornton.
Shawanos.	Skesikqué, skisseqwa (skisikoué).	Barton.

Schawanos.	N'gischiqui (n'kissi-koui).	Heckewelder.
Mahican.	Kheesquan (khiscoué).	Edwards.
	Ukeesquan (ou kiscouann, ses yeux).	Id.

Troisième personne; *ann* pour *all*, pluriel.

	Keesq (kich).	Barton.
Potéwotami.	Neskesik (n'skisik, mon œil).	Id.
Massachusetts.	Muskesuk (m'skisok, l'œil).	Eliot.
	Muskisukquask (les yeux).	Id.

M ou *mo*, article défini; *ash* signe du pluriel.

Ménoméni.	Nishkéko (mon).	Docteur James.
Indiens de la N. Anglet.	Sheesuck (chisok).	Purchas.
Unquachog.	Shesuck (chisok).	Ms.
Outawa.	Ishkijik.	Hamelin.
Knisténaux.	Miskeshik (m'skechik).	Chappel.
	Neshiskehwi.	Say.
	Eskisok (eskisak, yeux).	Mackenzie.
	Miskeesih (m'skissih).	Harmon.
Saki.	Neskiskekwi.	Keating.
Pian, Illinois et Mi.	Iskengikak (yeux).	Ms.
Algonquin.	Oskingik.	Mackenzie.
	Ouskinchik (yeux).	La Hontan.
	Wiskinky [1].	Long.

[1] Dans certaines sociétés américaines, qui affectent de prendre des dénominations indiennes, le grand surveillant s'appelle le *Wiskinki*.

— 368 —

Algonquin.	Ouskinkik (yeux).	Barton.
Chippéway.	Wiskinkhie (ses yeux).	Edwards.
	Shesik (chisik, yeux).	Barton.
	Wiskinky (yeux).	Long.
	Wuschking.	Heckewelder.
Lénâpé.	Wuschkink ; plur. wuschkingwall.	Id.
Miami.	Wuschgink.	Id.
Mississagués.	Wuskink.	Barton.
Narragansetts.	Wuskeesuk (ou'skisak).	Williams.
Sankhicans.	Schinquoy.	Laet.
Délawares de N. Jersey.	Wiskingal.	Ms.
—de N. Suède.	Schinck.	Campanius.
Indiens de St-François.	Woosesuk (ou'sisak, ses yeux).	Pickering.
Souriquois.	Népigouigour.	Laet.
Abénaki.	Tsisckou; plur. tsiségour.	Rasles.
Micmacs de Miramichi.	Powogoul.	P. Maynard.
Pénobscot.	Ouiségoul.	Ms. d'un missionnaire français.
	Sisiko (yeux).	Barton.

Ces deux mots appartiennent probablement à différentes tribus de la Nouvelle-Ecosse. Le vocabulaire micmac de la Société de Massachusetts, ne donne point ce mot.

XXVI. NEZ.

Miami.	Kiouâné, ninkiouâné (mon).	Volney.
	Nechwahnee, kiwâni (mon, ton).	Barton.
	Küuaneh (kiouâni, ton).	Ms.
	Kiouané (ton).	Thornton.
Knisténaux.	Okewin (son).	Mackenzie.
Mahican.	Okewon (okiouan, son).	Barton.
	Wachkiwan (son).	Heckewelder.
	Nachkewan, kachkewan (mon, ton).	Schmick.
Lénâpé.	Wikiwon (son).	Heckewelder.
Minsi.	Wichkiwon.	Id.

Les Minsis ou Monseys font grand usage du *ch* guttural (χ grec) et l'intercalent dans les mots lénâpé.

Shawanos.	Kiwani (ton).	Heckewelder.
	Ochali (*otchali*, son).	Barton.
Outawa.	Tchaje (pron. française, *e* muet).	Hamelin.
Ménoméni.	Nitchoos (mon).	Docteur James.
Potéwotami.	Ottschess.	Barton.

Ce mot est probablement à la troisième personne.

Massachusetts.	Mutchôn (mtchôn, un nez).	Cotton.
Narragansetts.	Wuchhaûn (ou'tchân son).	Williams.

L'auteur explique ce mot par narines (nostrils), mais nul doute qu'il signifie *son nez*. Il ne donne point le mot nez spécialement.

24

Pénobscot.	Keeton (kiton).	Barton.
Abénaki.	Kihtan.	Rasles.
Souriquois.	Chichkon.	Laet.
Micmacs.	Chichkon.	Balbi.
	Ouchickoun (3ᵉ pers.)	P. Meynard.
Unquachog.	Kochoy.	Ms.
Algonquin.	Yatch.	Long.
	Yach.	La Hontan.
	O'chongewanne (ou't-changueouanne).	Mackenzie.
Chippéway.	Yotch.	Long.
	Uchtschaasch (ou'tcha-che).	Heckewelder.
	Nizhtonzh (nigétonge, mon).	Docteur James.

XXVII. BOUCHE.

On va voir que ce mot est à peu près le même dans toutes les langues de cette famille, dont nous avons des vocabulaires qui le contiennent.

Lénâpé.	Doon (dôn).	Heckewelder.
	M'doon, n'doon, k'doon, w'doon, la, ma, ta, sa.	
Minsi.	Ochtoum (ou'chtoun, sa).	Id.

Les Minsis intercalent partout le *ch* allemand ou χ grec, en quoi leur langue diffère principalement du lénâpé pur.

Délawares de N. Jersey.	Tuun (toûn).	Ms.
—de N. Suède.	Tôn.	Campanius.

Unquachog.	Cattoh (k'toh, ta).	Ms.

Probablement cutton (k'ton). Le copiste aura pris un *n* pour un *h*.

Shawanos.	W'tnon (sa).	Heckewelder.
Nanticoké.	Mettoon (m'ton, la).	Id.
	Huntonwey (n'tonoui).	Ms.

Wey est probablement un suffixe qu'on aura mal compris, ou un *e* muet articulé fortement, comme dans le miami, *quod vide.*

Massachusetts.	Muttoon (m'toun, ma).	Cotton.
Narragansetts.	Wuttône (ou'tône, sa).	Williams.
Algonquin.	Otoune (sa).	Mackenzie.
Knisténaux.	Otoune (sa).	Id.
Chippéway.	Wuttoon (ou'toune, sa).	Hekewelder.
	Messey.	Long.

Ce dernier mot signifie lèvres.

Outawa.	Tône (*e* muet).	Hamelin.
Potéwotami.	Indoun, indown (n'doun, ma).	Barton.
Mahican.	Wdoon (oudoun, sa).	Heckewelder.
	Otoon, ootoon.	Barton.
Miami.	Tonench.	Volney.
	Toonmek.	Thornton.
	Tonech, endonee (n'dôni, ma).	Barton.
Abénaki.	Nedoun (ma).	Rasles.
	Oudounek (dans la bouche).	Id.

Rasles a probablement voulu dire : dans *sa* bouche, ce que le préfixe *ou* désigne.

Pénobscot.	Madoon (m'doun, la).	Barton.
Sankhicans.	Toone.	Laet.

Acadiens.   Meton (m'ton, ma).   Lact.
Ménoméni.   Nitōn (ma).   Docteur James.

    Ce mot manque dans nos vocabulaires, pour le micmac, le skoffies et les langues des Montagnards.

XXVIII. LANGUE.

    Ce mot est encore à peu près le même dans toutes les langues algonquines, sauf la variété des sons liquides, représentés par les signes ou lettres *l*, *n*, *r* et *th* anglais, qui sont linguo-dentales ou linguo-palatales, et par conséquent dans la classe des sons appellés liquides, où la langue joue le rôle principal. On trouvera aussi des mots qui paraissent composés de *bouche* et *langue*, si toutefois les vocabulaires les ont rendus exactement.

Lénâpé.   Wilano.   Heckewelder.

    Milano, *la langue, une langue*, peu usité; nilano, kilano, à la première et à la seconde personne, *ma, ta*; wilano, signifie *sa langue*. *Lan* est la racine.

Pénobscot.   Weelauloo (ouilalou).   Barton.
Abénaki.   Mirarou (la langue).   Rasles.
Massachusetts. Meenan (minan, la).   Eliot.

    Nous avons placé ces trois derniers mots à la suite les uns des autres, pour faire voir le changement des sons liquides. Le *th* viendra après.

Délawares de Hyrano.   Campanius.
N. Suède.

Y suédois est l'*u* français dont le son approche quelquefois de l'*i*.

Délawares de N. Jersey.	Uülan (ouulan ou ouilan).	Ms.

Encore l'*u* français que les Allemands prononcent souvent comme *i*.

Sankhicans.	Wynanou.	Laet.

Y hollandais se prononcent *ai*; mais il est probable que Laet a voulu ici exprimer le son *i*.

Narragansetts.	Weenat (ouinat).	Williams.
Chippéway.	Nindenunu.	Docteur James.
	Utenanno.	Heckewelder.

Outon seul signifie bouche (voyez ce mot). *Utenanno* paraît formé de ce mot, et de *lan, nan, ran*, racines de *wilan, wilano*, langue.

Algonquin.	Otainani (oténani, sa).	Mackenzie.
	Outan.	Barton.
	Ooton.	Long.

Même observation que ci-dessus. Il est à regretter que La Hontan ne nous donne pas le mot *langue*. Mackenzie paraît le plus correct. Il est impossible qu'il n'y ait qu'un mot pour *langue* et pour *bouche*.

Knisténaux.	Otaithena (otéthéna).	Mackenzie.

Voilà encore le mot composé de *bouche* et *langue*; et on voit ici le *th* à la place de *l, n* ou *r*. (Voyez Massachusetts.)

Mahican.	Neenannuh, weenannuh (*ninanno, ouinanno, ma, sa*).	Barton.
	Winannowin.	Heckewelder.

Miami.	Ouélâne.	Volney.
	Neelahnee (nilani, ma).	Barton.
Souriquois.	Nirnou.	Laet. Lescarbot.
Ménoméni.	Nitenunik.	Docteur James.
Nanticoké.	Neeannowah (nian-noouah).	Gén. Murray.
	Wilano.	Heckewelder.
Skoflies.	Eelayleenee (ilélini).	Soc. de Mass.
Montagnards.	Tellenee (telini).	Id.
Micmacs.	Willenouh.	Id.
	Nitnou.	Balbi. *Atlas ethnographique.*

Nous ne savons pas d'où M. Balbi a tiré ce mot. Il semble qu'il devrait être *nilnou*, abrégé de *nilanou* ou *nilénou*, ma langue ; ou bien *nitnou*, *t* pour *l*. C'est probablement une faute d'impression.

Shawanos.   Weehuwie (ouihououi) Balbi.

Nous ne savons pas encore d'où ce mot a été tiré, et nous n'avons pas de vocabulaire pour le confirmer ou le contredire. Il nous paraît douteux ; c'est sans doute *weelance* (ouilani) mal imprimé ou mal copié.

XXIX. DENT.

Nous nous dispenserons ici d'expliquer à chaque mot que *n*, *k*, et *w* ou *ou* préfixes sont les signes des trois personnes du pronom possessif, et *m* de l'article, et que *all*, *ah* (h aspiré), *ak*, *osh*, *og*, *an* affixes, sont les signes du pluriel. Le lecteur fera lui-même ces applications. Nous ne connaissons pas la signification du *t* préfixe.

Lénâpé.	Wipit, wipital.	Heckewelder.
Nimi.	Wichpit.	Id.
Algonquin.	Tibit.	La Hontan.
Ménoméni.	Nipitun.	Docteur James.
Chippéway.	Wipitan.	Heckewelder.
	Nipit.	Docteur James.
	Tibbit, plur. nebetun (nibitan).	Barton.
	Weebit (plur.).	Long.

M. Long se trompe évidemment : weebit (ouibit) est au singulier. Le pluriel est *wibitan*.

Potéwotami.	Webit (ouibit, les dents).	Barton.

Même observation.

Outawa.	Nibit.	Hamelin.
Mabican.	Weepeetan (ouipitan).	Barton.
	Wepeeton (ouipitan).	Edwards.
Nanticoké.	Wüpt (ouépt).	Heckewelder.
	Neeputtumps (nipitoms)	Gén. Murray.

Il semble qu'il y a ici erreur ; le général aura entendu *nipitan*, mes dents ; il l'aura mal saisi.

Narragansetts.	Wepitteash.	Edwards.
Massachusetts.	Meepitash (m'pitache).	Eliot.
Pénobscot.	Nipit.	Missionn. franç.
Abénaki.	Nipit.	Rasles.
Indiens de St François.	Webeit (ouibit).	Pikering.
Souriquois.	Nebidie.	Lescarbot.
Miami.	Ouipîtâh.	Volney.

Miami.	Neepeetah (nipitah).	Barton.
	Euipitemeh.	Thornton.
Sankhicans.	Wypyt (ouipit).	Laet.
Knisténaux.	Wipijah (mes dents).	Mackenzie.

Erreur de personne; ce mot signifie : *ses dents*.

Délawares de New Jersey.	Uipütil (ouipitil).	Ms.

Probablement wipitall.

Délawares de N. Suède.	Wippit.	Campanius.
Micmacs.	Mebeetel (m'bitall).	Soc. de Mass.
Montagnards.	Mepeethex (m'pitakh).	Id.
Skoffies.	Weepich (ouipikh).	Id.

XXX. MAIN.

RACINES NICH, NACH, PET.

1. *Racines* nich, nach.

Algonquin.	Ce mot n'est dans aucun de nos vocabulaires.	
Outawa.	Nintsch.	Hamelin.
Chippéway.	Nindj.	Docteur James.
	Ninindj (ma).	Id.
Nanticoké.	Mintsch (la).	Heckewelder.
Ménoméni.	Ninik (ma).	Docteur James.
Potéwotami.	Neninch (ma).	Barton.
Piau, Illinois et Mi.	Ninichkeck (mes).	Ms.
Narragansetts.	Wunitchke (sa).	Williams.
Knisténaux.	Metische (la).	Say.

Saki. Nipahwinitsche. Keating.

Il paraît y avoir ici plus que le mot main, *nitsche;* *nipahwi* signifie *froid.* (Voyez ce mot.) Ainsi *nipahwinitsche,* doit signifier *main froide.*

Mahican. Oniskan (ses mains). Barton.
Pénobscot. Oliechee (sa). Id.

L est ici pour *n* : *onitchi.*

Unquachog. Koritche (ta). Ms.

R est ici pour *n* ou *l.*

Lénâpé et Nachk (n'nachk, ma Heckewelder.
Minsi. main).
Sankhicans. Nachk. Laet.

Cet auteur met ce mot pour *bras.*

Massachusetts. Nenutchkeg (n'natchkeg Cotton.
ma).
Abénaki. Neretsi (ma). Rasles.

R pour *n; s* pour *ch; nenetchi.*

Délawares de Nach, lænskan, olæns- Campanius.
N. Suède. kan.

Lænskan, signifie *doigts;* olænskan, *ses doigts.* Campanius a ici confondu les mots.

— de New Mintsch (la). Barton.
Jersey.
Shawanos. Nechgă (neckă). Heckewelder.
Miami. Onexka (onekhka, sa). Volney.

2. *Racines* pet.

Souriquois. Nepeden. Lescarbot.
Kpiten (ta). P. Maynard.
Micmacs. Peton. Soc. de Mass.

| Montagnards. | Padishousk. | Soc. de Mass. |
| Skoffies. | Palleshoush. | Id. |

XXXI. PIED.

Il y a ici deux racines, *sit* et *gat* ou *kat*. On observera que dans la langue lénâpé ou délaware, *sit* signifie *pied* (d'un homme ou d'une femme), tandis que *wichgat*, dans la même langue, signifie la jambe ou la patte d'un animal. Cependant Heckewelder nous donne *wichgat* pour *pied*, dans le dialecte des Minsi (tribu lénâpé) à côté de *sit* en lénâpé, unami, ou lénâpé pur; ceci demanderait une explication, que nous n'avons pas en ce moment le moyen d'obtenir. Il est probable qu'il y a des tribus qui n'ont qu'un mot pour *pied* d'un homme et *pied* d'un animal; nous allons cependant séparer les deux racines.

1. *Racine* sit.

Lénâpé.	Sit (*i* long).	Heckewelder.
Outawa.	Sit (*i* bref).	Hamelin.
Abénaki.	Sit (nesit, mon).	Rasles.
Chippéway.	Nizit (mon).	Docteur James.
Ménoméni.	Nizitûn (mes).	Id.
Mahican.	Neezeet (nizit, mon).	Edwards.
Sankhicans.	Syt (sit).	Laet.
Souriquois.	Nechit (n'chit).	Lescarbot.

Lescarbot dit *pieds* au pluriel, mais il est probable que le mot signifie *mon pied*.

Massachusetts.	Misseet, nusseet (le pied, mon pied).	Cotton, Eliot.
Délawares de New Jersey.	Siit (sit).	Ms.
—de N. Suède.	Ziit (zit).	Campanius.
Narragansetts.	Wussette (son).	Williams.
Knisténaux.	Osetach (*ositakh*, ses).	Say.
Pian, Illinois et Mi.	Ouissit (son).	Ms. français.
Montagnards.	Neeshetsh (*nichetch*, mon).	Soc. de Mass.
Skoffies.	Meshetsh (*michetch*, le ou un).	Id.

2. *Racine* kat *ou* gat.

Saki.	Necaché (nikâtchi, mon).	Keating.
Micmacs.	Kaut (kât).	Soc. de Mass.
	Ekkouat.	P. Maynard.
Miami.	Kâtāl.	Volney.
	Caatch (kátch).	Thornton.
Minsi.	Wichgat.	Heckewelder.
Shawanos.	Nichgatti (mon).	Id.

Il paraîtrait que *nich* et *wich* sont les pronoms inséparables de la première et de la troisième personne ; les substantifs sujets à possession sont rarement sans ces préfixes.

Nous allons maintenant donner le même mot en langues iroquoises, étant le seul dans lequel nous avons trouvé quelque analogie avec les idiomes algonquins.

Onondago.	Ochsita.	Zeisberger.

Sénéca.	Sheedau, kaushetau, (chidâ, cochitâ),	Barton.
	Kohsedohgehsuh (kôsi-dâguisâ, pluriel).	Vocabulaire imprimé à Londres.
Mohawk.	Oosetaw (ousitâ).	Parrish.
Onéida.	Ochsheecht (ochchicht).	Barton.
Tuscarora.	Auchsee, auchshee (aksi, akchi).	Id.
Gaspésiens.	Ochedasco.	Jacqs. Cartier.
Hurons.	Achita.	P. Sagard.

XXXII. TERRE.

Algonquin.	Acké, ackouin.	La Hontan.
Outawa.	Aki.	Hamelin.
Chippéway.	Aki.	Docteur James.
	Aukwin (akouin).	Barton.

In ou *win* (ouin) est un des signes du pluriel.

Ménoméni.	Oukéou.	Docteur James.
Lénâpé.	Hacki.	Heckewelder.
Minsi.	Achki.	Id.
Mahican.	Hacki.	Barton.
	Achki.	Heckewelder.
Shawanos.	Ake (aki).	Johnston.
	Aski.	Mackenzie.
	Assiskee (assiski).	Barton.

Les Anglais ne savent point prononcer le *ch* allemand; ils l'omettent souvent, ou mettent d'autres sons à sa place; *aski, assiski* pourraient donc être *achki*.

	Kiskiwe.	Heckewelder.
Knisténaux.	Assiskee (assiski).	Chappel.

Kickapous.	Akiski.	Barton.
Massachusetts.	Ohke (akhki).	Cotton.
Délawares de New Jersey.	Haacke.	Ms.
—de N. Suède.	Hacking (terminaison locale).	Campanius.

Ing est un signe de localité; c'est le cas local ou locatif.

Nanticoké.	Ahke (akhki).	Gén. Murray.
	Echgi (ekhki).	Heckewelder.
Narragansetts.	Auke (âki).	Williams.
Abénaki.	Ki.	Rasles.

Abrégé d'*aki*, *akhki*.

Pénobscot.	Keeg (kig).	Barton.

M. Barton ajoute à ce mot un point d'interrogation; mais il s'accorde assez avec l'abénaki, *ki*, dont cette langue est un dialecte.

Miami.	Akinkéoué.	Volney.
	Akichkiwe.	Thornton.
Mississagués.	Nindoh-Hockee, (nindakh hacki).	Barton.

Nindoh paraît être un pronom ou un autre mot qui qualifie le mot *terre*.

Mots anomaux.

Powhatan.	Chepsin.	Cap. Smith.
Micmacs.	Keesh wajowouyah.	Soc. de Mass.
Montagnards.	Shakakoshoo.	Id.
Skoffies.	Mishouwemmah.	Id.
Souriquois.	Megamingo.	Lescarbot.
Micsmacs de Miramichi.	Makamiguéou.	P. Maynard.

Nous ne connaissons pas l'origine des mots ci-dessus.

—

XXXIII. FEU.

Ce mot, dans les langues algonquines, paraît tenir à deux racines principales : *tend* et *kout* ou *skout* ; il y a quelques anomaux dont la dérivation est douteuse.

1. *Racine* tend.

Lénâpé.	Tendey.	Heckewelder.
Minsi.	Tendeu.	Id.
Délawares de N. Jersey.	Taande (têndé).	Ms.
— de N. Suède.	Tænda.	Campanius.
Pampticoughs.	Tinda.	Barton.
Nanticoké.	Tint.	Heckewelder.
	Tunt.	Général Murray.
Sankhicans.	Tinteywe.	Laet.

2. *Racine* kout *ou* skout.

Algonquin.	Scouté.	La Hontan.
	Scoutay.	Mackenzie.
Chippéway.	Skouté.	Keating.
	Skouta, (skouté).	Edwards.
	Scotay, squitty.	Long.
	Skotah, (scôté).	Barton.
	Sckutté.	Heckewelder.
Abénaki.	Scoutai.	Rasles.

Knisténaux.	Scoutay.	Mackenzie.
	Skuta (scoutê).	Umfreville.
	Skotao (scoutéou).	Say.
	Esquittou.	Harmon.
Indiens de St.-François.	Scoottah (scoutê).	Pickering.
— de Passamaquoddy.	Skut (skout).	Ms.
Narragansetts.	Skutta (scoutê).	Williams.
	Chuckoot (tchkout).	Barton.
	N'ote ou yote.	Williams.

Williams donne ces différens mots comme en usage parmi les Narragansetts, voisins des Massachusetts, qui disent *noutâ* (voyez plus bas).

Saki.	Eskwata (escouata).	Keating.
Montagnards.	Schootoo (choutou).	Soc. de Mass.
Skoffies.	Schkootoo (chkoutou).	Id.
Kaskaskias.	Koteweh (kotioui).	Barton.
Outawa.	Ashkoute (*e* muet).	Hamelin.
Mississagués.	Scuttaw (scotâ).	Eliot.
	Scooteh (scouti).	Barton.
Pénobscot.	Scouté.	Miss. français.
	Squittah.	Barton.
Miami.	Kohtéoué.	Volney.
	Kutewê (koutéoué).	Thornton.
Shawanos.	Kutewi.	Heckewelder.
Massachusetts.	Nootau (noutâ).	Eliot.

Voyez plus haut Narragansetts.

Anomaux.

Mahican.	Stauw (staou).	Edwards.
	Thtouw (staou).	Soc. de Mass.

— 384 —

Le *th* anglais approche du son de la consonne *s*, stæu, stau (stéou, staou), Ces mots sont peut-être corrompus de *scouta, scoutou*. Heckewelder.

Souriquois.	Bucktouw.	Laet.

Lescarbot ne donne pas ce mot.

Micmacs.	Pookootow (poukoutaou).	Soc. de Mass.
Powhatans.	Pokataver.	Cap. Smith.

XXXIV. EAU.

Delawares de N. Jersey.	Bee (bi).	Ms.
— de N. Suède.	Bij (bî).	Campanius.
Lénâpé.	Beh (bî).	Gén. Parsons.
	M'bi.	Heckewelder.

M paraît être ici l'article *mo*, le ou la.

Minsi.	M'bi.	Id.
Sankhicans.	Empye (m'pi).	Laet.
Pampticoughs.	Umpe (m'pi).	Barton.
Mahican.	M'peēh (m'pi).	Soc. de Mass.
	M'bi.	Heckewelder.
	N'bey (n'bi).	Edwards.
Algonquin.	Nipi.	La Hontan.
	Nipée (nipi).	Mackenzie.
	Nepee (nipi); mukuman.	Barton.

Nous ne savons où M. Barton a pris ce dernier mot.

Chippéway.	Nibi.	Docteur James.
	Nebbi.	Edwards.

Chippéway.	Nipee (nipi).	Long.
	Neppisch.	Heckewelder.
	Nebbi, nebish, nebis.	Barton.
Outawa.	Nipish.	Hamelin.
Shawanos.	Nippee (nipi).	Edwards.
	Nepi.	Heckewelder.
	Nipe (nipi).	Johnston.
	Nippeh, nippa.	Barton.
Abénaki.	Nebi (n'bi).	Rasles.
Miami.	Népé.	Volney.
	Nipi.	Thornton.
Ménoméni.	Nepeu (*népcou*, c'est de l'eau).	Docteur James.
Unquachog.	Nup (nep).	Ms.
Nanticoké.	Nip (nep).	Heckewelder.
Massachusetts.	Nippe (nipi).	Eliot.
Narragansetts.	Nip.	Williams.
Saki.	Nepi.	Keating.
Knisténaux.	Nipi.	Say.
	Nepee (nipi).	Mackenzie. Harmon.
	Nipee (nipi).	Cappel.
Pénobscot.	Nuppi (n'pi).	Ms.
	Kneppi.	Id. français.
Indiens de St-François.	Nehbee (nibi).	Pickering.
Montagnards, Skoffies.	Npee (n'pi).	Soc. de Mass.

Anomaux.

Souriquois.	Chabaoüan ou orenpeoc.	Lescarbot.
Micmacs.	Shamouahn.	Soc. de Mass.

Micmacs de Miramichi.	Chabougouan. P. Maynard.

XXXV. RIVIÈRE.

Nous ajouterons ce mot, afin de faire connaître ce que nous croyons être la véritable étymologie du nom du grand fleuve *Mississipi*. M. de Châteaubriand, dans son roman d'*Atala*, l'appelle *Meschacébé*. Il est possible que, dans quelque dialecte méridional[1], il soit ainsi nommé; mais nous n'avons pu découvrir l'origine de cette dénomination. M. Heckewelder qui voudrait tout rapporter à sa langue favorite, le délaware ou lénâpé, le fait dériver de *namœs* qui, dans cette langue, signifie poisson, et de *sipu* (sipou) rivière. Nous ne convenons pas non plus de cette étymologie; nous croyons que le nom propre *Mississipi* est dérivé de *mesi*, *misi*, *michi* qui, dans plusieurs idiomes algonquins, signifie *grand*, et de *sipi*, rivière, d'où ce fleuve est proprement dénommé la *Grande-Rivière*.

Pian, Illinois et Mi.	Sipiing.	Ms. français.

Ing est la terminaison indicative de localité; ainsi *sipi*, rivière, sipiing, dans ou sur la rivière.

---

[1] Le mot *missi*, *michi* (grand) dans la langue méridionale des Lénâpés, devient *mechek*.

Algonquin.	Sipi.	Mackenzie.
	Sipin.	La Hontan.

Même observation que ci-dessus.

Chippéway.	Seepee (sipi).	Long.
	Sibi.	Docteur James.
Knisténaux.	Sipee (sipi).	Mackenzie.
	Sepee (sipi),	Harmon.
Miami.	Sipioué.	Volney.
	Siipiwee (sipioué).	Thornton.

Oué est probablement une désinence ou forme grammaticale.

Pénobscot.	Sibo.	Missionn. franç.
Indiens de Pas-samaquoddy.	Sepe (sipi).	Gallatin.
Shawanos.	Sepe (sipi).	Gallatin. Soc. de Mass.
	Thepe (thipi).	Edwards.

Th et *s* se confondent souvent.

Lénâpé.	Sipu (sipou).	Heckewelder.
Massachusetts.	Sepu (sipiou).	Eliot.
Narragansetts.	Seip (sip).	Williams.
Abénaki.	Sipou.	Rasles.
Ménoméni.	Sepeu (sepéou).	Docteur James.
Unquachog.	Sipus (sipous).	Ms.
Délawares de N. Suède.	Sipussing.	Campanius.

Voyez ci-dessus *Pian*, *Illinois* et *Mi*.

—de New Jersey.	Kitthan, siipu (sipou).	Ms.

Le premier de ces deux mots signifie *la mer*.

Mahican.	Seepo (sippu).	Edwards.

Mahican.	Thepoo (thipou).	Soc. de Mass.

Voyez *Shawanos*.

Indiens de St François.	Seeboo, scepoo (sibou, sipou).	Pickering.
Skoffies.	Sheep (chip).	Soc. de Mass.

Anomaux.

Nanticoké.	Pamptuckquah (panti-kouakh).	Murray.

Quære, si ce n'est pas l'origine du nom de la nation appelée *Pamticoughs*, dont nous n'avons que peu de mots.

	Peemtuck.	Heckewelder.
Micmacs.	Sehoon (sihoun).	Soc. de Massach.
Montagnards.	Mooskoon (mouche-koûn).	Id.

Nous ne connaissons pas l'origine de ces mots. — Nous ne possédons pas le mot *rivière* dans d'autres langues de cette famille.

XXXVI. UN.

Il paraît que, dans les langues algonquines, il y a différentes manières d'exprimer les nombres qui s'appliquent à diverses circonstances, soit au genre animé ou noble, ainsi que le P. Rasles l'appelle; ou au genre inanimé ou ignoble; soit aux choses présentes ou passées; soit aux nombres abstraits ou concrets; soit enfin avec plus ou moins de précision, comme *un* et *un seul*. Les faiseurs de vocabulaires font rarement attention à ces différences, de sorte que ce que nous en savons est dû aux recherches de quelques philologues, mais n'a pas pu s'étendre bien loin, vu la multiplicité des idiomes ou dialectes, la difficulté de communiquer avec ceux qui les parlent, et le plus souvent, leur ignorance ou incompétence; car les interprètes des sauvages, ainsi que les coureurs des bois et ceux qui font la traite, sont bien loin d'être des philosophes. Les missionnaires peuvent donner des renseignemens précieux, quand ont les met sur la voie; mais ils ne sont guère disposés d'eux-mêmes à s'occuper de questions philologiques.

EXEMPLES :

Massachusetts. Nqut, pasuk (n'cout, pésouck). Eliot.
Nequt, pasuk. Cotton.

M. Cotton nous apprend, dans son ample vocabulaire, que *nequt* s'applique au passé, et *pasuk* au présent, ce dont Heckewelder ne veut pas convenir, pour des raisons tirées du lénâpé et du mahican, qui ne nous ont point convaincu. Le vénérable Eliot ne donne, dans sa grammaire, que le mot *nqut*; dans sa traduction de la Bible, il se sert presque toujours de *pasuk*, sans aucune distinction de genre ou de temps. Il le décline quelquefois, pour le faire concorder avec d'autres mots.

Sankhicans.	Cotté.	Laet.
Mahican.	Ngwittoh.	Edwards.
	Pashuk (pâchouk).	Heckewelder.
	Paaschkon (pâchekone).	Schmick.

Ces mots nous sont donnés sans distinction. — Heckewelder prétend que *pashuk* est le mot propre; mais Edwards avait appris cette langue dès son enfance, et Schmick a été long-temps missionnaire chez les Mahicans. Il y a, sans doute, une différence entre les deux mots.

Lénâpé.	N'gutti.	Heckewelder.
	Mauchsu (genre animé).	Id.

M. Heckewelder dit que ce dernier mot veut dire *un seul*, et qu'on ne s'en sert que pour le genre animé; il donne pour exemple *mauchsu lenno*, un homme, un seul homme. Il ne donne point d'explication de *n'gutti*. Les Minsis disent *gutti* et *mayauchsu*. pour *mauchsu*.

Abénaki.	Pézékou (nombre abstrait).	Rasles.
	Pézékou (nombre concret, genre noble).	Id.
	Pézékoun (nombre concret, genre ignoble).	Id.

Voilà encore une différence entre les nombres abstraits et concrets, plus marquée dans les nombres qui vont suivre, et que nous ne trouvons que dans cette langue; nul doute qu'elle n'existe dans d'autres, qui n'ont point eu de P. Rasles. *Carent vate sacro.*

Algonquin.	Pégik.	La Hontan.
	Pecheik (petchik).	Mackenzie.

Algonquin.	Payjik (pedgik).	Long.
Chippévay.	Payzhik (pégik).	Schoolcraft.
	Payshik (péchik).	Long.
Skoffies.	Paysok.	Soc. de Mass.
Montagnards.	Pahu (péyou).	Id.
Micmacs.	Numpatahajit (nompa- tèdjit).	Id.

Nompa, nomba signifient *deux* dans les dialectes sioux.

	Nacat (necot).	Ms.
— de Mirami- chi.	Néout.	P. Maynard.
Shawanos.	Negoté.	Johnston.
Ménoméni.	Nekots.	Docteur James.
Outawa.	Ningotchua.	Hamelin.
Délawares de N. Suède.	Ciutte.	Campanius.
—de New Jer- sey.	Guuta (goûté).	Ms.
Narragansetts.	N'quit.	Williams.
Unquachog.	Naquut (nekoût).	Ms.
Nanticoké.	Nickquit.	Heckewelder.
Miami.	Ingôté (n'goûti).	Thornton.
Pian, Illinois et Mi.	Necôté.	Ms. français.
Pénobscot.	Pesuok.	Ms.
Indiens de Pas- samaquoddy.	Naiget.	Gallatin.
Canadiens.	Bégou.	Lescarbot.

Lescarbot appelle cette langue *la nouvelle langue du Canada*, par opposition à l'iroquoise, dont Jacques Cartier donne quelques mots. Il croit que la langue a changé depuis Jacques Cartier. Au reste, nous ne pouvons dire quel est ce dialecte.

Etchémins.   Bechkon.   Lescarbot.

Les numéraux donnés par Lescarbot sont tout ce que nous avons de cette langue.

Knisténaux.   Peyas.   Mackenzie.
              Pa-uck (peok ou peak). Harmon.
              Piac.   Umfreville.

Les Knisténaux de Mackenzie et ceux d'Umfreville paraissent être différentes tribus du même peuple, ainsi qu'on le verra par la suite de ce Vocabulaire.

XXXVII. DEUX.

Abénaki.   Niss (nombre abstrait). Rasles.
            Nissouak (nombre con-   Id.
              cret noble).
            Nisenour (nombre con-   Id.
              cret ignoble).
Massachusetts. Neese (nis).   Eliot.

Ce mot *nis*, écrit *neece*, se trouve dans la langue des *Fall-Indians*, qui habitent vers la baie d'Hudson, et dont Umfreville nous a donné trente ou quarante mots [1], avec les numéraux d'un à dix, qui ne suffisent pas, cependant, pour nous faire connaître à quelle nation sauvage cette tribu appartient; il dit que les Français les appellent *Gros Ventres;* mais ce ne sont pas les Gros-Ventres ou Minnetaris, branche des Sioux, dont M. Say nous

[1] *The present state of Hudson's Bay*, by Edward Umfreville. London, 1790.

a donné un vocabulaire. Nous ne pouvons pas les classer parmi les tribus algonquines.

Ménoméni.	Neesh (nich).	Docteur James.
Lénâpé et Minsi.	Nischa.	Heckewelder.
Massachusetts.	Neese (nis).	Eliot.
Narragansetts.	Neesse (nis).	Williams.
Unguachog.	Nees (nis).	Ms.
Algonquin.	Ninch.	La Hontan.
	Nige (nidj).	Mackenzie.
Outawa.	Ninjwa (nindjoua).	Hamelin.
Chippéway.	Ninch.	Carver.
Délawares de New Jersey.	Niisha (nichà).	Ms.
— de Nouvelle Suède.	Nissa.	Campanius.
Etchémins.	Nich'	Lescarbot.
Indiens de Passamaquoddy.	Nes.	Gallatin.
Pénobscot.	Neise (nis).	Ms.
Canadiens.	Nichon.	Lescarbot.
Knisténaux.	Nisheu (nichou).	Mackenzie.
	Neshu (nichou).	Umfreville.
	Nesho (nicho).	Harmon.
Sankhicans.	Nysse.	Laet.
Pian, Illinois et Mi.	Nyhsson.	Ms. français.
Montagnards.	Nishoish.	Soc. de Mass.
Skoffies.	Necheesh (nitchich).	Id.
Shawanos.	Neshwa.	Johnston.
Nanticoké.	Naeez (néiz).	Heckewelder.
Mahican.	Neesoh (nîsso).	Edwards.
Miami.	Nichoué.	Volney.
	Niijueh (nidjoué).	Thornton.

Anomaux.

Souriquois.	Tabo.	Laet.
Micmacs.	Taboo (tabou).	Ms.
	Taboucheche (taboutchitch).	Soc. de Mass.
— de Miramichi.	Tabou.	P. Maynard.

XXXVIII. TROIS.

Etchémins.	Nach' (nakh).	Laet.
Lénâpé et Minsi.	Nacha (nakha).	Heckewelder.
Sankhicans.	Nacha (nakha).	Laet.
Pénobscot.	Nhas (n'khas).	Ms.
Délawares de N. Suède.	Naha (nakha).	Campanius.
Ménoméni.	Nahnew (nakhniou).	Docteur James.
Abénaki.	Nass (nombre abstrait).	Rasles.
	N'rouark (concret noble).	Id.
	N'hanour (— ignoble).	Id.
Gros Ventres.	Narce (prononcez nass).	Umfreville.

Nous plaçons ce mot ici à cause de la ressemblance : la lettre *r* ne doit pas être articulée.

Mahican.	Noghhoh (nakh-hak).	Edwards.

Il est à regretter que M. Schmick ne donne pas de numéraux ; il se borne aux verbes et à leurs composés.

Montagnards.	Nest.	Soc. de Mass.
Skoffies.	Mesht.	Id.
Micmacs.	Naisheshek (nèchéchek)	Id.

Micmacs.	Seest (sist).	Ms.
— de Mirami- chi.	Chicht.	P. Maynard.
Miami.	Nexsoué (nekhsoué).	Volney.
	Nisthuch (nissoué).	Thornton.
Pian, Illinois et Mi.	Nihssoui (nikhsoui).	Ms. français.
Indiens de Pas- samaquoddy.	Nihi.	Gallatin.
Massachusetts.	Nish.	Eliot.
Narragansetts.	Nish.	Williams.
Délawares de New Jersey.	Niiha (Nìkha).	Ms.
Outawa.	Niswa.	Hamelin.
Canadiens.	Nichtoa.	Lescarbot.
Chippéway.	Nissou.	Carver.
	Neeswoy (nissoué).	Long.
Knisténaux.	Nishtou.	Mackenzie.
	Nishto.	Harmon.
	Nisto.	Umfreville.
Shawanos.	Nithese (n'this ou n'sis).	Johnston.
Nanticoké.	Kis.	Heckewelder.
Unquachog.	Nus (Neuss ou nöss).	Ms.

XXXIX. QUATRE.

Quoique tous les mots suivans nous paraissent provenir de la même source, avec seulement l'abstraction de la consonne *n*, dans une partie; nous les diviserons, cependant, en deux familles, que nous appellerons la famille *ya*, *you*, et la famille *nia*, *niou*.

1. *Famille* ya, you.

Massachusetts.	Yau (yâ).	Eliot.
Narragansetts.	Yòh (yâ).	Williams.
Unquachog.	Yaut (yât).	Ms.
Nanticoké.	Yaugh (yâkh).	Heckewelder.
Pénobscot.	Yeuf (youf).	Ms.
Abénaki.	Iéou (nombre abstrait).	Rasles.
	Iéonak (concret noble).	Id.
	Iéounour (— ignoble).	Id.
Etchémins.	Iau.	Lescarbot.
Sankhican.	Wywe (ouayoué).	Laet.

2. *Famille* nia, niou.

Algonquins.	Néou.	La Hontan.
	Neoo (niou).	Long.
	Neway (nioué).	Umfreville.
Chippéway.	Neau (niâ).	Carver.
	Neon (nionn).	Long.
	Newin (niouinn).	Traduct. du N. Testament.
Montagnards.	Naou (neou).	Soc. de Mass.
Skoffies.	Nowh (imprononçable)	Id.
Micmacs.	Naan (néann).	Ms.
	Naguechek (negouitchek).	Soc. de Mass.
— de Miramichi.	Néou.	P. Maynard.
Knisténaux.	Nayo (néo).	Harmon.
	Naow (néo).	Umfreville.
	Neway (nioué).	Mackenzie.
Gros Ventres.	Nean (niann).	Umfreville.
Indiens de Passamaquoddy.	Naho (ného).	Gallatin.

Shawanos.	Newe (nioui).	Johnston.
Miami.	Nioué.	Volney.
	Niiueh (nioué).	Thornton.
Pian, Illinois et Mi.	Nihoui.	Ms. français.
Mahican.	Nauwoh (naoua).	Edwards.
Souriquois.	Néou.	Lescarbot.
Lénâpé.	Néwo (néouo).	Heckewelder.
Minsi.	Newa (néoua).	Id.
Délavares de New Jersey.	Nahu (nehou).	Ms.
—de N. Suède.	Nawo (nâouo).	Campanius.
Ménoméni.	New (niou).	Docteur James.
Outawa.	Niwin (niouinn).	Hamelin.
Canadiens.	Rau.	Lescarbot.

N changée en r.

XL. CINQ.

Il est difficile de classer ces mots par leurs analogies; cependant nous allons l'essayer.

1. *Famille* nan, nal, nar.

Souriquois.	Nan.	Lescarbot.
Micmacs.	Naan.	
	Naneje (nanidgi).	Soc. de Mass.
— de Mirami-chi.	Nan.	P. Maynard.
Outawa.	Nanan.	Hamelin.
Minsi.	Nalan.	Heckewelder.
Algonquin.	Narau.	La Hontan.

Il y a probablement ici erreur de la presse, un *u* pour un *n*.

Algonquin.	Nanan.	Mackenzie.
	Naran.	Long.
Chippéway.	Naran.	Carver.
	Narnan.	Long.
Menoméni.	Neannum.	Docteur James.
Shawanos.	Nialinwe.	Heckewelder.
Indiens de Pas-samaquoddy.	Nanne.	Gallatin.
Mahican.	Nunon (nanann).	Edwards.
Miami.	Yalānoué.	Volney.
	Ilanueh (ilānoué).	Thornton.

L pour *n*.

Knisténaux.	Niannan.	Mackenzie.
	Nionan (niannan).	Umfreville.
	Nayahnun (n'eyanan).	Harmon.
Pian, Illinois et Mi.	Niarangh.	Ms. français.

2. *Famille* pa, pal, pan, par.

Unquachog.	Pa, napaa.	Ms.
Nanticoké.	Nuppaiu (n'payou).	Heckewelder.
Sankhican.	Parenach.	Laet.
Lénâpé.	Palenach.	Heckewelder.
Délawares de New Jersey.	Pollinuuk (palinouk).	Ms.
—de N. Suède.	Pareenach (parinakh).	Campanius.
Pénobscot.	Paleneuoq (paliniouak)	Ms.
Abénaki.	Bareneskou (nombre abstrait. Nannouak (concret noble). Naṅneour (—ignoble).	} Rasles.

Le mot *cinq,* dans cette langue, paraît appartenir

aux deux familles, à la première, dans les formes concrètes; à la seconde dans le forme abstraite.

Narragansetts.	Napanna (n'pané).	Williams.
Massachusetts.	Napanna Tahshe.	Eliot.

Le mot *tahshe* (tâchi), dit Eliot dans sa grammaire, est purement supplétif et ne signifie rien par lui-même; il sert seulement au moyen des inflexions ou désinences *og* et *ash* à faire concorder le nom de nombre en genre avec le substantif qui le suit. On ne l'emploie pas au-dessous du nombre cinq.

3. *Anomaux*.

Etchémins.	Prenchk.	Lescarbot.
Canadiens.	Apatchk.	Id.
Montagnards.	Napatateeh.	Soc. de Mass.
Skoffies.	Pataytash.	Id.
Gros-Ventres.	Yautune.	Umfreville.

Ici cette langue ne paraît plus avoir d'affinité avec les langues algonquines.

XLI. SIX.

On va voir que, dans la plupart de ces langues, le mot *six* est formé du mot *un*, auquel on ajoute une désinence, et quelquefois une syllabe préfixe. Dans les nombre suivans jusqu'à dix, les mots deux, trois, quatre s'y trouvent quelquefois, mais irrégulièrement, et la règle n'est pas aussi générale que pour le mot *six*. — Nous allons classer ces mots de manière à faire paraître cette singularité. On observera que le mot *un* n'est pas toujours pris de la langue à laquelle appartient le mot *six*; il l'est quelquefois d'un autre de la même famille.

1. *Mots formés de* péyou, *un*.

Montagnards.	Payoumachoang (péyoumatchouang).	Soc. de Mass.
Skoffies.	Paymahchwan (peymātchouan).	Id.

2. *Mots formés de* goût, coût, *un*.

Lénâpé et Minsi.	Guttash.	Heckewelder.
Délawares de New Jersey.	Kuustash.	Ms.
— de N. Suède.	Ciuttas.	Campanius.
Unquachog.	Cuttah, Nacuttah.	Ms.
Massachusetts.	Nequtta.	Eliot.
Narragansetts.	Qutta.	Williams.
Nanticoké.	Hoguuttah.	Heckewelder.
Mahican.	Ngwittas.	Edwards.
Sankhicans.	Cottash.	Laet.
Algonquin.	Ningoutonassou.	La Hontan.
	Ningootwasoo (*oo* prononcé *ou*).	Long.
	Nigoutwasswois (*ois* français dans *François*.	Mackenzie.
Chippéway.	Ningoutwassou.	Carver.
	Negutwosswoi.	Long.
Outawa.	Ningotwasswi.	Hamelin.
Ménoméni.	Nékotewassatah.	Docteur James.

Shawanos.	Négotewathwe.	Johnston.
Miami.	Kakotsoué.	Volney.
	Kakatsueh.	Thornton.
Pian, Illinois et Mi.	Kakatsoué.	Ms.
Canadiens.	Coutouachin.	Lescarbot.
Knisténaux.	Négoutawasik.	Mackenzie.
	Uncootawashik.	Umfreville.
Abénaki.	Nékoudaïs (abstrait).	
	— kessouek (concret noble).	Rasles.
	— kessenour (concret ignoble).	

Kessouek et *Kessenour* sont des désinences de *nekoudaïs*.

Nous ne les répéterons plus, nous donnerons seulement le nombre abstrait.

Nota. Dans la langue des Gros-Ventres, *Harce* signifie *un*, et *netcartuce six*, et ainsi de suite. Nous ne donnerons plus de mots de cette langue, qui ne paraît pas assez clairement appartenir à cette famille.

3. *Mots anomaux.*

Micmacs.	Nachoukuong.	Soc. de Mass.
	Assacom.	Ms.
— de Miramichi.	Achigopt.	P. Maynard.
Souriquois.	Kamachin.	Lescarbot.
Pénobscot.	Neikstansk.	Ms.
Passamaquoddy.	Gamatchine.	Gallatin.

XLII. SEPT.

On va voir, dans la plupart de ces langues, le mot *sept* formé du mot *deux*, qui est le nombre au-dessus de cinq; mais ce n'est pas toujours de leur propre langue, comme nous avons déja dit au nombre six, que nos Indiens empruntent le mot *deux* dont ils forment celui de *sept;* c'est quelquefois d'une autre langue de la même famille, ainsi qu'on pourra s'en convaincre, en comparant les deux nombres. Il y a des langues où nous n'avons pas pu découvrir ce mode de composition; nous les désignerons comme anomales. On verra aussi que différens vocabulaires, prétendus de la même langue, nous donnent différens mots, que nous sommes obligé de séparer, afin de placer chacun d'eux dans la classe ou famille à laquelle il appartient à raison de son étymologie. — Nous allons procécéder aux exemples.

1. *Famille* nis, nich, ninch, nasch (*deux*).

Délawares de N. Suède.	Nissas.	Campanius.
Délawares de New Jersey.	Niishash.	Ms.
Lénâpé.	Nischasch.	Heckewelder.
Minsi.	Nischoasch.	Id.
Sankhicans.	Nyssas.	Laet.
Algonquin.	Ninchouassou.	La Hontan.

Algonquin.	Ninchowassou.	Long.
	Nigiwaswois.	Mackenzie.
Chippéway.	Ninchowassou.	Carver.
	Nishawoswoy.	Long.
Knisténaux.	Nishwiosio.	Mackenzie.

Voyez famille 2, même langue.

Outawa.	Ninjwaswi.	Hamelin.
Shawanos.	Neshwathwe.	Johnston.
Montagnards.	Nishouasho.	Soc. de Mass.
Skoffies.	Nceshooashoo (nichoua-chou).	Id.
Massachusetts.	Nesausuk (nisâsok).	Eliot.
Canadiens.	Neouachin (nichou, deux).	Lescarbot.

2. *Famille* tabo (*deux*).

Voyez Souriquois au mot *deux*.

Pénobscot.	Tabaos.	Ms.
Knisténaux.	Taboocoop (taboucoup).	Harmon.
	Tupuco (tapouco).	Umfreville.

Voyez famille 1, même langue.

Mahican.	Tupouwus (tapoüouŏs).	Edwards.
Unquachog.	Tampawa.	Ms.
Abénaki.	Taübaoueüs (n nazal).	Rasles.

3. *Anomaux*.

Narragansetts.	En a da.	Williams.
Souriquois.	Eroeguenik.	Lescarbot.
Passamaquoddy.	Alohegannak.	Gallatin.
Micmacs.	Alouaganik.	Soc. de Mass.
	Louighinâ.	Ms.
—de Miramichi.	Atoumoguensk.	P. Maynard.

Ménoméni.	Nohakun.	Docteur James.
Nanticoké.	Miyaywah.	Heckewelder.
Miami.	Souaxtetsoué (*x* guttural).	Volney.
	Suotetsueh.	Thornton.
Pian, Illinois et Mi.	Soatatsoui.	Ms. français.
Etchémins.	Coutachit.	Lescarbot.

Nous ne pouvons encore découvrir l'origine de ces différens mots.

XLIII. HUIT.

On voit ici le nombre trois, *nis*, *nist*, *nest*, *niswa*, *naha*, *nacha*, incorporé avec le mot qui signifie *huit*. Dans quelques-unes de ces langues, il est difficile de le discerner, à cause de la suppression ou du changement de voyelles, de consonnes et même de syllabes; l'œil exercé, cependant, le reconnaît assez facilement; mais il est des langues dans lesquelles on ne le distingue pas du tout, soit qu'il n'y soit pas réellement, ou qu'il soit emprunté de langues d'une autre famille que l'algonquin. Nous présenterons ces derniers mots séparément.

1. *Mots composés du nombre* trois.

Algonquin.	Nissouassou.	La Hontan.
	Nissowassoo (*oo* pour *ou*).	Long.
	Nigiwasswois.	Mackenzie.
Chippéway.	Nissowassow.	Carver.

Chippéway.	Swosswoy.	Long.

On voit ici la suppression de la syllabe *ni*.

Abénaki.	Ntsañsek.	Rasles.

Le changement de *nis* en *nits* où *n'ts* est évident.

Montagnards.	Nestash.	Soc. de Mass.
Skoffies.	Neestohaskang (*ee* pour *i*).	Id.
Outawa.	Nichwassoui.	Hamelin.
Massachusetts.	Shwosuk.	Eliot.

Encore *ni* supprimé.

Narragansetts.	Shwosuck.	Williams.

Même observation.

Unquachog.	Zwat (pour niswat).	Ms.
Canadiens.	Nestouachin.	Lescarbot.
Lénâpé.	Chasch (*ch* allemand).	Heckewelder.

De *nacha*, trois; *na* supprimé.

Délawares de N. Suède.	Haas (*h* guttural).	Campanius.
— de N. Jersey.	Naash (nâche).	Ms.

Ici on retrouve la syllabe *na*.

Sankhicans.	Geehas (*h* guttural).	Laet.
Outawa.	Nichwasswi.	Hamelin.
Shawanos.	Sashekswa.	Heckewelder.

Ni supprimé.

Ménoméni.	Suahsch (*h* guttural).	Docteur James.

Même observation.

2. *Anomaux*.

Micmacs.	Ougomonkeching.	Soc. de Mass.
	Ugmulchin.	Ms.

Micmacs de Mi-ramichi.	Agomolchit.	P. Maynard.
Passamaquoddy.	Okmalchine.	Gallatin.
Etchémins.	Erouiguen.	Lescarbot.
Souriquois.	Miguemorchin.	Id.
Knisténaux.	Iaunanaw.	Mackenzie.
	I-ay-nan-na-ou.	Umfreville.
	I-a-nâ-na-on.	Harmon.

Ces mots probablement se prononcent *ayénéyou* ou *ayénéon*.

Miami.	Pollané.	Volney.
	Palaaneh.	Thornton.
Pian, Illinois et Mi.	Paraharé.	Ms. Français.
Nanticoké.	Tzah.	Heckewelder.

Kis, dans cette langue, signifie *trois*.

Mahican.	Ghasook.	Edwards.

Le mot *trois* se dit *noghot*, peut-être y a-t-il quelque analogie.

Pénobscot.	Sansak.	Ms.

XLIV. NEUF.

Excepté dans quelques dialectes, on ne trouve point ici le nombre *quatre*, comme on pourrait s'y attendre ; il n'entre point généralement dans la composition de ce mot. A sa place, on retrouve le nombre *un*, dont le mot *neuf* est composé dans la plupart de ces langues, avec une désinence dont la signification n'est pas connue. L'idée que le mot implique paraît être « *dix moins un* ou *pour aller à dix*. Il est curieux d'observer que cette idée est la même que celle qui a produit les chiffres romains, où on ajoute une unité à cinq jusqu'à ce qu'on arrive à *neuf*, et alors on place le signe de l'unité devant celui qui représente le nombre *dix*. Ce système ne paraît pas s'étendre à toutes les langues de cette famille; nous présenterons séparément ceux dans lesquels nous n'avons pu découvrir le mode de leur formation.

1. *Mots formés de* gout, n'gout (*un*).

Miami.	Ingôté (n'gôté).	Volney.
	N'gotemenchkeh.	Thornton.
Pian, Illinois et Mi.	Nicôtémanïki.	Ms français.
Knisténaux.	Kakatmétartuk.	Umfreville.
	Kagatémétatu.	Harmon.

Ici on trouve le mot *dix* (métatut); *gat* ou *kat*, dérivé de *got*, *gout*, doit signifier *un*.

2. *Mots formés de* pégik, péchik (*un*).

Lénâpé.	Peschkonk.	Heckewelder.
Délawares de N. Suède.	Pæschun.	Campanius.
— de N. Jersey.	Piiskunk.	Ms.
Massachusetts.	Paskoogun.	Eliot.
Narragansetts.	Paskugit.	Williams.
Nanticoké.	Passaconqué.	Heckewelder.

Micmacs.	Peskounadek.	Ms.
	Maschkounata.	Soc. des Mass.

P changé en *m*.

—de Miramichi.	Pesckounadek.	P. Maynard.
Passamaquoddy.	Askenadek.	Gallatin.

P supprimé.

Etchémins.	Pesckoquem.	Lescarbot.
Sankhican.	Pescon.	Laet.
Souriquois.	Echkonadek.	Lescarbot.

P retranché.

Pampticoughs.	Pashicoonk.	Balbi.

3. *Mots composés de* naou *qui, dans la langue des Montagnards, signifie* quatre.

Montagnards.	Naousho.	Soc. des Mass.
Skoffies.	Nawashung.	Id.
Unquachog.	N'wre (nouré).	Ms.
Abénaki.	Nouriwi.	Rasles.
Minsi.	Nolewi.	Heckewelder.

R changé en *l*.

Pénobscot.	Noele.	Ms.
Mahican.	Nauneeweh (nanioui).	Edwards.

L changé en *n*.

4. *Anomaux.*

Outawa.	Shang.	Hamelin.
Knisténaux.	Shack.	Mackenzie.

Mais voyez plus haut.

Shawanos.	Chakatswe.	Johnston.
Ménoméni.	Shawkow (châcô).	Docteur James.

Algonquin.	Changassou.	La Hontan.
	Shangaswois.	Mackenzie.
	Shangassoo.	Long.
Chippéway.	Shongassou.	Carver.
	Shangasswois.	Long.

XLV. DIX.

Nous sommes étonné de trouver ici, dans quelques-unes de ces langues, les mots *péyou*, *péyouk*, qui signifient le nombre *un* dans celles des Montagnards et des Skoffies; dans un autre dialecte, nous trouvons le mot *wimbat*, qui paraît signifier la même chose. Le mot *dix*, dans les autres langues, ne nous présente rien d'extraordinaire. Nous trouvons deux familles, *tellen* et *mata*, *méta*, *mita*, qui paraissent quelquefois se confondre l'une avec l'autre. Nous ne les séparerons pas, non plus que quelques anomaux que nous mettrons à la fin.

1. *Mots qui paraissent formés du nombre* un.

Etchémins.	Péyoc.	Lescarbot.
Unquachog.	Payac (péyak).	Ms.
Massachusetts.	Piuck (payouk).	Eliot.
Narragansetts.	Piuck (payouk).	Williams.
Montagnards.	Poyougulong.	Soc. des Mass.
Skoffies.	Poyakoulounou.	Id.
Minsi.	Wimbat.	Heckewelder.

M. Vater, dans le *Mithridate*, vol. 3, 3ᵉ partie,

p. 362, donne, d'après M. Barton, le mot *wimbat* (écrit weembat), pour le nombre *un* dans la langue des Piankeshaws, et M. Balbi, dans son *atlas ethnographique*, donne le même mot pour le même nombre dans celle des Pampticoughs. Nous n'avons point trouvé ce mot dans le vocabulaire de Barton; et M. Balbi ne cite point d'autorité; cependant nous croyons qu'il existe dans une de ces langues.

2. Mots dont le nombre un ne paraît pas faire partie.

Lénâpé.	Tellen.	Heckewelder.
Délawares de N. Jersey.	Telluun.	Ms.
— de N. Suède.	Thæren.	Campanius.
R pour *l*.		
Micmacs.	Tel-un (tellen).	Soc. de Mass.
	Tatung.	Ms.
Sankhicans.	Terren.	Laet.
Canadiens.	Metren.	Lescarbot.
Souriquois.	Metren.	Id.
Pénobscot.	Matala.	Ms.
Nanticoké.	Millat.	Heckewelder.
Mahicans.	Mtamit.	Edwards.
Miami.	Matatsoué.	Volney.
	Motatsueh.	Thornton.
Pian, Illinois et Mi.	Métatsoui.	Ms. Français.
Abénaki.	Mtara.	Rasles.
Knisténaux.	Mitatat.	Mackenzie.
	Metartut (metâtat).	Umfreville.

Knisténaux.	Metatut (metâtat).	Harmon.
Algonquin.	Mitassou.	Laffont.
	Metassou.	Long.
	Mitaswois (*ois*, Français).	Mackenzie.
Chippéway.	Mittassou.	Carver.
	Metoswoy (mitassois).	Long.
Shawanos.	Metathwe (mitassoui).	Johnston.
Ménoméni.	Metahtah.	Docteur James.
Fall-Indians.	Metartuce (métâtious).	Umfreville.
Outawas.	Kwetch (couetsh).	Hamelin.
Pampticoughs.	Cosh.	Balbi.
Micmacs de Miramichi.	Ptoln.	P. Maynard.
Passamaquoddy.	Neqdensk.	Gallatin.

RAPPORT

SUR

LE CARACTÈRE GÉNÉRAL

ET LES FORMES GRAMMATICALES

DES LANGUES AMÉRICAINES,

FAIT AU COMITÉ D'HISTOIRE ET DE LITTÉRATURE
DE LA SOCIÉTÉ PHILOSOPHIQUE AMÉRICAINE,
PAR SON SECRÉTAIRE CORRESPONDANT.

RAPPORT

SUR LE CARACTÈRE GÉNÉRAL

ET LES FORMES GRAMMATICALES

DES LANGUES AMÉRICAINES,

FAIT AU COMITÉ D'HISTOIRE ET DE LITTÉRATURE
DE LA SOCIÉTÉ PHILOSOPHIQUE AMÉRICAINE,
PAR SON SECRÉTAIRE CORRESPONDANT.

Lu au Comité, le 12 janvier 1819.

A l'honorable WILLIAM TILGHMAN, *président du comité d'histoire et de littérature de la Société philosophique américaine.*

Monsieur le Président,

Plus de deux ans s'étant écoulés depuis que, sur l'invitation du comité historique, j'ai eu l'honneur de suivre une correspondance avec le révérend M. Heckewelder, de Bethléem, dont l'objet, d'accord avec un cours d'études dont je m'occupais alors et auquel mes momens de loisir ont été depuis dévoués, était d'examiner et d'acquérir autant que possible des connaissances exactes et positives sur la structure et les formes grammaticales des langues des aborigènes de l'Amérique, il a plu au comité d'exprimer le désir que je lui présentasse un rapport du progrès et des résultats de mes recherches sur un sujet si intéressant, afin qu'on pût voir si l'opinion que je m'en étais formée au commencement était confirmée par un examen plus approfondi et plus exact, ou si elle était l'effet d'une conclusion prématurée, fondée seulement sur quelques faits isolés. J'ai remis au dernier moment l'exécution de cette tâche, afin de profiter de tous les faits et de toutes les observations qui pourraient se présenter à moi dans l'intervalle; mais le premier volume des *Transactions* du comité, dont la correspondance que je viens de mentionner fait partie, étant sur le point de sortir de la presse, et le comité n'attendant plus que ce rapport pour le placer en tête du livre, je ne puis tarder plus long-temps d'obéir à l'ordre que j'en ai reçu.

En premier lieu, Monsieur, permettez-moi de vous assurer que lorsque j'ai entrepris la présente investigation, je n'avais aucune théorie ou hypothèse favorite à soutenir. Que la population indienne de ce pays tire son origine des Tartares, ou d'une autre race de l'espèce humaine, ou que d'autres pays aient été peuplés par des migrations d'Amérique, ce sont toutes des questions dont je ne me suis jamais occupé. J'ai, au contraire, conservé mon esprit entièrement libre sur ces objets, afin de pouvoir suivre mes recherches philologiques sous un point de vue abstrait, dégagé de toutes ces propositions à résoudre et sur lesquelles il est possible que les résultats de mes travaux contribuent un jour à jeter de la lumière. Mon unique but a été, par le moyen de l'étude des langues indiennes, de recueillir quelques faits dont la philosophie pût faire usage, pour étendre les bornes de nos faibles connaissances sur les sujets de tous les plus importans, qui sont l'histoire de l'homme et la marche que l'esprit humain a suivie dans la formation du langage.

J'ai, il est vrai, généralisé mes observations, ou plutôt je les ai étendues aussi loin qu'il m'a été possible. Mes recherches ne se sont point bornées à une seule ou à un petit nombre de langues indiennes; j'ai voulu porter mes regards, pour ainsi dire à vol d'oiseau, sur l'ensemble de ces langues, pensant que c'était le seul moyen d'en obtenir des résultats satisfaisans. Je désirais premièrement savoir si les idiomes de nos sauvages différaient aussi essentiellement les uns des autres que ceux des peuples qui habitent l'ancien continent. Leur différence totale, sous le point de vue de l'étymologie et de l'affinité des mots lorsqu'il ne s'agit pas de dialectes de la même famille, est un fait trop connu et trop bien établi pour souffrir le moindre doute : il ne me restait donc à examiner que la différence ou la ressemblance de leur structure en général et de leurs formes grammaticales. Ensuite je me suis occupé à comparer ces langues avec celles de l'autre hémisphère ; j'ai fixé mes regards sur ces points principaux, et j'en ai fait l'objet unique de mes recherches.

Dans mon examen des faits, je ne les ai point tirés indifféremment de toutes les sources, car autrement je me serais perdu dans un labyrinthe de contradictions. J'ai consulté tous les livres et tous les manuscrits qui se sont trouvés à ma portée; mais j'ai examiné les assertions de chaque écrivain au flambeau d'une critique sévère, bien décidé à ne jurer, en aucun cas, sur la parole d'un maître; j'ai essayé de découvrir les sources où les différens auteurs ont puisé leurs connaissances, les occasions qu'ils ont eues de les acquérir, le temps qu'ils avaient passé parmi les Indiens, ou employé à l'étude de leurs langues, le degré d'attention qu'ils y avaient apporté, et leur capacité morale de former un jugement plus ou moins correct ; enfin, j'ai rejeté tout ce qui s'est présenté sous la forme de simple assertion, et j'ai donné une attention particulière aux exemples qui pouvaient me faire connaître d'une manière claire et précise la structure et les formes grammaticales des différens idiomes. J'en ai trouvé un plus grand nombre que je n'avais espéré, et c'est par ce moyen que j'ai pu étendre la ligne de mes observations et atteindre, au moins en partie, le but que je m'étais proposé.

Un excellent ouvrage, publié en Allemagne, m'a été d'un grand secours; c'est le MITHRIDATE[1], commencé par le professeur Adelung[2], et continué, avec non moins de talent, par notre savant confrère le professeur Vater, et un autre Adelung[3], dont le mérite égale celui de son prédécesseur. Je n'hésite pas à appeler cet ouvrage le plus admirable recueil de faits philologiques qui ait jamais paru. Il contient, sous une forme abrégée, tout ce que nous savons des langues an-

---

[1] *Mithridates, oder allgemeine sprachen kunde*, etc. (Mithridate, ou Science générale des langues, avec l'Oraison dominicale en près de cinq cents langues ou dialectes.) Berlin, 1806-1817, 4 vol. reliés en 6, in-8°. Le dernier volume est formé d'additions par M. F. Adelung et le baron Guillaume de Humboldt, qui l'a enrichi d'une excellente dissertation sur la langue basque.

[2] Auteur du grand Dictionnaire allemand et d'autres savans ouvrages.

[3] M. Frédéric Adelung, de Saint-Pétersbourg, conseiller-d'état, membre de l'académie impériale de cette capitale, et de notre société. Il est le neveu et le digne successeur du grand Adelung.

ciennes et modernes du monde entier; il présente des *specimen* des mots de chaque langue, au moyen desquels on peut suivre leurs affinités aussi loin que l'étymologie nous permet de le faire, ainsi que la description de leurs formes, de leurs syntaxes, et, en général, de leur structure et de leur caractère grammatical. Pour le plus grand nombre, les auteurs donnent par forme d'exemple l'Oraison Dominicale, avec une traduction littérale et interlinéaire en langue allemande, suivie de notes explicatives de chaque mot et de chaque phrase, et du sens dans lequel chaque locution est employée. Deux volumes de ce grand ouvrage[1] traitent exclusivement des langues des Indiens des deux Amériques, et contiennent en abrégé tout ce qui nous était connu jusqu'alors sur ce sujet, avec des rapprochemens qui ajoutent infiniment à la valeur de ce travail.

J'ai reçu aussi beaucoup de secours de Messieurs les missionnaires de la Société des Frères Unis[2]. Ces hommes vénérables, dans le but de

---

[1] Ces volumes sont appelés la seconde et la troisième partie du troisième tome, et ne contiennent pas moins de 874 pages. Le troisième tome en entier, et la plus grande partie du second, sont du professeur Vater.

[2] *Unitas fratrum*: c'est ainsi que se nomment les chrétiens de la secte des Herrnhutters ou frères Moraves, fondée

propager le christianisme et de civiliser les tribus indiennes, avaient composé sur les langues de ces peuples plusieurs grammaires, dictionnaires et autres ouvrages élémentaires qui, étant seulement pour l'usage de leurs jeunes ministres, étaient restés inconnus au reste du monde, et seraient demeurés pour toujours dans l'obscurité, si les efforts du comité historique ne les en avaient retirés, afin de leur donner une direction plus généralement utile. Par le moyen de ces ouvrages, les formes et la structure des deux principales langues de ce pays, le délaware et l'iroquois, sont maintenant connues. Le professeur Vater n'avait, faute de matériaux, suffisamment décrit ni l'une ni l'autre; car, ni les Anglais, ni les Français, quoiqu'ils eussent possédé si long-temps la partie septentrionale de ce continent, ne lui en avaient fourni les moyens'.

en Pennsylvanie par le comte Zinzendorff; leur siége principal est à Bethléem.

'Ce n'est pas que les missionnaires anglais et français n'aient composé beaucoup de grammaires et de dictionnaires des langues indiennes; mais ces ouvrages n'étant que pour l'usage de leurs missions, sont demeurés manuscrits, et la plupart se sont perdus. Les Espagnols ont mieux fait que cela : ils ont imprimé.

(*Note du traducteur.*)

J'ai l'honneur de joindre à ce rapport une liste des grammaires, dictionnaires, vocabulaires et autres ouvrages manuscrits sur les langues indiennes, qui ont été communiqués au comité pour l'aider dans ses recherches. On concevra aisément le secours dont ces ouvrages m'ont été; j'ai reçu aussi beaucoup d'instruction de ma correspondance avec des missionnaires et d'autres personnes dans les différentes parties de ce continent. Cette correspondance devient tous les jours plus étendue et plus intéressante; j'ai trouvé partout les meilleures dispositions. Dans le sud, l'honorable Josiah Meigs, commissaire du gouvernement pour les affaires relatives aux Indiens, a montré un vif empressement d'aider nos recherches par tous les moyens en son pouvoir; dans le nord, le très révérend évêque catholique de Québec, avec une libéralité digne de la place qu'il occupe et des sentimens élevés qui le caractérisent, nous a procuré et facilité les moyens de correspondre avec les missionnaires de son église, qui résident parmi les Indiens en Canada. Votre secrétaire se flatte que de ces sources riches et nombreuses jailliront des flots de lumière qui mettront dans leur vrai jour le caractère et les affinités des langues indiennes de cette partie du continent américain, et particulièrement de celles du midi, qui ne nous sont encore que très peu connues.

Je me suis prévalu, autant que cela m'a été possible, de ces moyens d'instruction, et je n'ai négligé aucune des occasions qui se sont présentées de converser avec des Indiens, des interprètes et autres personnes versées dans leurs différentes langues; j'ai à regretter qu'il ne se soit offert que peu de ces occasions; car j'ai acquis de ces maîtres vivans la connaissance de beaucoup de faits qui ne se trouvent point dans les livres, et que les livres même ne peuvent nous communiquer.

Tels sont les moyens par lesquels j'ai été mis à même de suivre les recherches que le comité m'a chargé de faire sur le caractère et les formes des langues des Indiens d'Amérique. J'ai procédé à cette investigation laborieuse avec un ardent désir de découvrir la vérité, et je me suis efforcé, autant que je l'ai pu, de tenir mon esprit libre de tous préjugés. Je n'ai encore rien trouvé jusqu'ici qui ait pu m'induire à changer l'opinion que je m'étais d'abord formée, ou m'amener à des conclusions essentiellement différentes de celles que j'ai exprimées dans ma correspondance avec M. Heckewelder. Je crois, par conséquent, de mon devoir de présenter ici ces conclusions, ainsi que les faits bien constatés que j'ai reconnus depuis, et qui doivent les soutenir ou les contredire. Il est, peut-être, de peu de conséquence que mes inductions soient vraies ou fausses, pourvu que leur vérité ou leur fausseté soient considérées comme suffisamment importantes pour donner une direction précise et en même temps intéressante à l'étude des langues indiennes; car il faut convenir qu'il y a bien peu d'intérêt dans la recherche de faits isolés, lorsqu'elle n'est pas dirigée vers un but curieux ou utile.

Trois résultats principaux se sont présentés à mon esprit. Je ne les donne pas au comité comme des faits positifs; la connaissance que la science en général a acquise des langues indiennes est très limitée, et la mienne l'est encore bien davantage. Mais en indiquant ce cours d'études, le comité a jugé avec raison qu'il devait avoir un but fixe et déterminé; c'est pourquoi il m'a spécialement chargé de définir, autant que ce serait en mon pouvoir, le caractère spécial et relatif des langues des Indiens de ce pays. Etant arrivé à des conclusions fixes, c'est de là que je vais partir dans ce rapport, en essayant de fournir les preuves de ce que j'avance. Si je suis dans l'erreur, des recherches plus étendues le feront voir par la suite et conduiront peut-être à de plus importantes découvertes; dans tous les cas, l'attention des philologues aura été dirigée vers un but qui n'en est pas indigne. En conséquence, avec la plus grande défiance de moi-même, je prie qu'on veuille bien me permettre de présenter les trois propositions que je désire soumettre à l'examen des savans, ce sont les suivantes :

1° Que les langues américaines en général, sont riches en mots et en formes grammaticales, et que dans leur structure complexe, on trouve le plus grand ordre et la méthode la plus régulière ;

2° Que les formes compliquées que j'appelle *polysynthétiques*, paraissent exister dans toutes ces langues, depuis le Groenland jusqu'au cap Horn ;

3° Que ces mêmes formes paraissent différer essentiellement de celles des langues anciennes et modernes de l'autre hémisphère.

Dans le cours des observations que je vais faire sur chacune des trois propositions ou plutôt questions que je soumets à l'examen du comité, j'aurai soin de rapporter les principaux faits que j'ai pu constater depuis que j'ai eu l'honneur de correspondre par son ordre avec M. Heckewelder, et d'indiquer les sources où je les ai puisés. En essayant de prouver la justesse des conclusions auxquelles je me suis arrêté, je me contenterai, le plus souvent, de citer les autorités qui m'y ont conduit. Comme le comité est déjà imbu du sujet, et que c'est un rapport et non une dissertation qu'on attend de moi, je ne fatiguerai pas le lecteur par de nombreux exemples. Si mes conclusions sont erronées, tout ce que je puis faire est de fournir les moyens de les rectifier. Je vais donc, sans autre préface, entrer en matière.

PREMIÈRE QUESTION.

Caractère général des langues indiennes.

Afin de faire connaître le caractère général des langues des aborigènes de ce vaste continent, il n'est pas nécessaire de fatiguer le lecteur de détails minutieux qui ne feraient qu'embrouiller l'imagination, ni de mettre sous les yeux une longue suite d'exemples tirés des divers idiomes; il suffit, à ce que je pense, d'en présenter un petit nombre, tiré des langues qui sont les plus connues, ayant soin, cependant, de ne pas se borner à une seule région, mais, portant ses regards aussi loin que ce sera possible, de choisir ses exemples dans les pays les plus éloignés les uns des autres. De cette manière, il me semble qu'on peut prendre une haute position, y placer sa règle générale, et demander qu'on produise les exceptions, s'il y en a.

Adoptant cette méthode, j'ai choisi dans le nord les trois principales langues, le karalit, qui est celle du Groenland et des Esquimaux, le délaware et l'iroquois. Les ouvrages d'Egède et de Crantz, et la correspondance de M. Heckewelder, prouvent suffisamment que les deux premières de ces langues appartiennent au genre appellé polysynthétique; quant aux idiomes iroquois, le comité a sous les yeux les ouvrages grammaticaux des missionnaires Pyrlæus et Zeisberger, par lesquels il peut se convaincre que les mêmes formes dominent dans ces langues.

Dans l'Amérique centrale, je présenterai pour exemples, la langue poconchi, qui est parlée dans la province de Guatémala, et dont Thomas Gage, dans son *Voyage à la Nouvelle-Espagne* nous a donné une bien courte description; elle suffit cependant, pour qu'on y découvre le caractère polysynthétique de cet idiome. J'y joindrai le mexicain proprement dit et le dialecte tarasque avec leurs verbes réfléchis, transitifs, compulsifs, applicatifs, méditatifs, communicatifs, révérentiels et autres formes complexes dont on trouve l'explication accompagnée d'exemples dans les grammaires de ces langues par Tapia Zenteno, les PP. Antonio de Rincon et Diego Basalenque, tous ouvrages qui sont dans la bibliothèque de notre société. Celles que nous avons des autres langues du Mexique, sont extrêmement défectueuses, leurs auteurs ayant trop cherché a faire accorder les formes grammaticales de ces langues, avec celles du latin et de l'espagnol. Cependant de ces grammaires même, ainsi que d'autres sources, il semble assez clairement résulter qu'elles participent aussi du caractère général des langues américaines. La grammaire huastèque de Zenteno nous apprend que cette langue a les verbes compulsifs, causatifs et transitifs, les affixes pronominaux[1] que nous trouvons aussi dans mixtèque[2]. Le *Mithridate* nous a mis à même de découvrir des formes analogues[3], même dans l'othomi, dont une idée très imparfaite nous est donnée dans la grammaire de Neve y Molina. Il paraît que plusieurs de ceux qui ont composé des grammaires américaines, ont très peu parlé de leur structure com-

---

[1] Pages 15, 27, 37.

[2] Dzutondoo, *notre père*.
Sananini, *ton nom*.
Tasinisindo, *donne-nous*.
Voyez l'Oraison dominicale en langue mixtèque, dans le *Mithridate*, tom. III, 3ᵉ part., p. 41.

[3] Mahteihe, *notre père*.
Punnocahe, *pardonne-nous*.
Nubukakengu, *ainsi que nous*.

Mithridate, ibid, 118, 119.

plexe, tant il leur a été difficile de l'expliquer. Molina dans l'introduction de la troisième partie de sa grammaire de la langue des Othomis, observe (page 97) que beaucoup de personnes croient que cette langue est si difficile, qu'il est impossible de la réduire à un système régulier; c'est pourquoi, afin de trancher le nœud gordien, il a seulement donné les formes qui sont les plus analogues à celles de sa propre langue. C'est ce que ceux qui étudient les langues américaines ne doivent jamais perdre de vue.

Il nous reste l'Amérique du sud. Je crois suffisant de citer à ses deux extrémités le caraïbe[1] et la langue araucanienne. De la première de ces langues, il y a une très ample grammaire et un dictionnaire par le P. Breton, et l'abbé Molina nous a fait connaître le caractère de la dernière, dans son excellente histoire du Chili, je crois qu'il suffit d'alléguer ces deux ouvrages pour prouver que ces deux langues sont polysynthétiques au plus haut degré, et qu'il existe la plus grande analogie entre leurs formes et celles des

---

[1] Le caraïbe était la langue des îles Antilles, maintenant éteinte ou à peu près dans cet archipel; mais elle est encore parlée dans la Guyane en différens dialectes, tels que le galibi (variante du mot caraïbe ou caribe), l'aruwak, etc. *(Note du traducteur.)*

idiomes de la partie septentrionale de ce continent. Je me permettrai de citer un seul exemple, pour faire voir l'extrême ressemblance des langues du sud avec celles du nord de l'Amérique : l'abbé Molina, parmi un grand nombre de verbes composés dans la langue araucanienne, cite pour exemple *iduancloclavin*, je ne veux pas, ou je ne désire pas manger avec lui. Je demandai un jour à M. Heckewelder s'il y avait un verbe semblable de la langue délaware, et il me donna sur-le-champ *n'schingiuipoma*, je n'aime pas ou je ne me soucie pas de manger avec lui. Il est impossible de trouver un trait de ressemblance plus frappant dans la structure grammaticale des deux langues, placées à une aussi grande distance l'une de l'autre; ainsi je crois que j'en ai assez dit sur ce sujet.

Si j'ai démontré d'une manière satisfaisante qu'il est, au moins, très probable que les formes polysynthétiques sont le trait caractéristique des langues indiennes, il suffira de citer la correspondance de M. Heckewelder pour prouver par l'exemple de l'idiome délaware, qu'elles sont telles que je les ai représentées, c'est-à-dire riches, abondantes, expressives et que l'ordre, la méthode et l'analogie y dominent essentiellement. Ce serait perdre le temps que d'ajouter d'autres preuves à celles que ce vénérable missionnaire nous à fournies; la langue délaware, telle qu'il nous la présente, paraît plutôt avoir été inventée par des philosophes dans leur cabinet, que par des sauvages au milieu des bois. Si quelqu'un demande comment telle chose peut être arrivée, je n'ai rien à répondre, sinon que j'ai été chargé de recueillir des faits et non d'imaginer des théories. Il reste encore beaucoup de faits à découvrir et à constater, avant que nous puissions nous livrer à la recherche des causes premières.

Les descriptions et les exemples de la langue délaware que M. Heckewelder a accumulés dans sa correspondance, peuvent donner une idée de la structure des autres langues, qui m'ont paru en général se ressembler quant à leurs formes. Partout où domine le système polysynthétique, il est naturel de supposer qu'il est accompagné de ces incidens que j'ai déjà mentionnés; la manière dont les mots sont composés dans ce genre de langues, le grand nombre et l'immense variété d'idées qu'elles peuvent exprimer par un seul mot, particulièrement par le moyen des verbes, tout cela leur imprime un caractère d'abondance, de force et de compréhension, de sorte que ces accidens doivent être considérés comme compris dans la dénomination de polysynthétique. On ne peut pas même, en imagination, séparer de cette classe de langues la notion de l'ordre, de la méthode et de la régularité qui les caractérisent, car il est évident que sans cet ordre, sans cette méthode, des formes de langage aussi complexes ne pourraient pas exister, et la confusion qui s'ensuivrait les rendrait incapables d'exprimer même les idées les plus simples. Une langue simple comme le chinois peut, pour ainsi dire, jusqu'à un certain point, se passer de méthode, mais celles dans lesquelles les parties du discours sont entremêlées et en quelque sorte confondues dans la formation d'un seul mot, me semble exiger un ordre et un système régulier, pour que la pensée puisse les démêler et la mémoire les retenir.

Malgré cela, Monsieur, je sens bien que les faits que je viens de présenter, vont se trouver assaillis par une foule de préjugés. On a dit et on dira encore que les peuples sauvages, qui n'ont que peu d'idées, n'ont besoin que d'un petit nombre de mots, et par conséquent que leurs langues doivent être nécessairement pauvres. Il n'entre pas dans mon sujet d'examiner si les sauvages ont peu ou beaucoup d'idées; tout ce que je puis dire est que s'il est vrai qu'ils n'en ont qu'un petit nombre, il n'est pas moins certain qu'ils ont beaucoup de mots pour les exprimer. Je pourrais même dire qu'ils en ont une quantité innombrable, car Colden, dans son *Histoire des Six Nations*, observe avec vérité que les langues de ces peuples sont tellement organisées, qu'ils peuvent composer des mots nouveaux *ad infinitum*.

Qu'il me soit permis, Monsieur, d'ajouter aux preuves nombreuses que M. Heckewelder nous a données de l'abondance des langues indiennes, un exemple frappant tiré, non de la langue délaware, mais de l'iroquois. Nous ne savions que très peu de chose des six dialectes compris sous cette dénomination[1] avant de posséder les œuvres grammaticales de Pyrleus et Zeisberger, et le dictionnaire de ce dernier qu'on croyait perdu, et qui a été heureusement retrouvé. Par la libéralité des frères moraves, ce dictionnaire est maintenant déposé dans notre bibliothèque; il est allemand et indien; la *contre partie*, c'est-à-dire le dictionnaire indien et allemand n'a jamais existé, au moins, il n'en reste pas de traces. Celui que nous avons forme sept volumes manuscrits in-4°, contenant ensemble deux mille trois cent soixante-sept pages d'écriture, qui comprennent des mots et des phrases allemandes expliqués dans la langue des Onontagues. Il est vrai que la moitié de chaque

---

[1] 1 Le mohawk, 2 l'onondago, 3 le sénéca, 4 l'onéida, 5 le cayuga, 6 le tuscarora. (*Note du traducteur.*)

page est laissée en blanc par forme de marge; mais cela laisse encore mille sept cent soixante-quinze pages de mots et de phrases allemands, avec leur explication en langue indienne : il faut convenir qu'il n'y a pas beaucoup de dictionnaires de cette taille, et si celui-ci est rempli, comme il n'y a nulle raison d'en douter, de véritables mots indiens, c'est en vain qu'on parlerait de la pauvreté de ces idiomes.

Je désire éviter, autant que possible, d'entrer dans de fastidieux détails : il ne sera pas cependant hors de propos de donner ici, par forme d'exemples, quelques extraits de ce livre, afin de faire voir que les idées des Indiens ne se bornent pas, comme quelques-uns le supposent, à l'expression de ce qui a rapport à leur existence physique et à leurs occupations usuelles.

Nous trouvons dans le premier volume, sous la lettre B et le mot allemand *Bankerot*, ce qui suit :

	En iroquois.
Er hat Bankerot gemacht.	*Ohné hawahéjé.*
Il a fait banqueroute.	*Ohné jachstennahoté hojé.*

Et dans le troisième volume, sous la lettre I et le mot allemand *Inwendig* (intérieur, intérieurement), on trouve les phrases suivantes :

Intérieurement.	*Nacu gajatacu.*
Chaleur intérieure.	*Olariché gajatacu.*

Repos intérieur (conscience en repos.	*Ionigochrio.* *Scœno agonochtonnié gaja-tacu.*
Ce qui est caché intérieurement.	*Nonahoté nacu ne wachsechta.*

Le comité est maintenant à même de décider si les Indiens ont peu d'idées et peu de mots pour les exprimer. Quant à moi, je confesse que je ne puis revenir de mon étonnement, lorsque je contemple la richesse et l'admirable structure de leurs langues, dont je ne puis rechercher la cause qu'en dirigeant ma pensée vers l'auteur de tout ce qui existe.

DEUXIÈME QUESTION.

Ressemblance des langues indiennes entre elles, sous le rapport de leurs formes grammaticales.

J'ai déja considéré cette question sous un point de vue très général dans l'examen de celle qui précède, car ces deux questions sont intimement liées ensemble. J'ai essayé de démontrer que les formes polysynthétiques existent dans les langues de différentes nations situées au nord, au midi et au centre de ce continent, à des distances immenses les unes des autres;

maintenant je vais traiter la même question plus en détail, et tâcher de découvrir si ces formes se trouvent dans *toutes* les langues des Indiens de l'Amérique. Le comité comprendra facilement qu'il est impossible de décider ce problème d'une manière entièrement satisfaisante, puisque le plus grand nombre de ces langues nous est inconnu, et que plusieurs ne sont encore connues qu'imparfaitement. Nous ne pouvons, par conséquent, parler que de ce qui est à notre connaissance, et, au moyen du connu, tâcher de nous frayer un chemin vers l'inconnu. Une hypothèse probable est le seul point jusqu'où nos recherches ont pu nous conduire. Cependant, il n'est pas sans importance de constater, autant qu'il nous est possible, les faits que nous avons pu découvrir, et si nous trouvons une ressemblance frappante, quant à la structure et aux formes grammaticales, entre les langues indiennes qui nous sont le mieux connues, ce sera au moins un sujet digne de remarque pour le présent et de recherches ultérieures pour l'avenir.

J'ai expliqué, dans ma correspondance avec M. Heckewelder, ce que j'entends par les formes polysynthétiques ou syntactiques du langage[1];

---

[1] L'auteur hésitait alors entre ces deux dénominations;

ce sont celles qui expriment le plus grand nombre d'idées par le plus petit nombre de mots. Cela se fait principalement de deux manières : 1° par un système de composition, qui ne consiste pas seulement dans la jonction de deux mots pour n'en former qu'un, ou dans une variété d'inflexions ou de terminaisons, comme dans la plupart des langues anciennes et modernes de l'Europe, mais dont la méthode s'opère par la jonction de syllabes significatives et même de sons simples extraits de différens mots, pour en former des locutions composées, qui éveillent à la fois, dans l'esprit de l'auditeur, toutes les idées que les différens mots, dont les syllabes sont empruntées, expriment séparément; 2° par la combinaison, fondée sur des principes d'analogie, de différentes parties du discours, étonnées, pour ainsi dire, de se trouver ensemble, et qui sont surtout jointes au verbe; de manière que par ses formes et ses inflexions variées, non-seulement l'idée de l'action principale et de ses accessoires les plus ordinaires, tels que la personne, le nombre, le temps, etc., mais le plus grand nombre possible des idées morales et physiques peuvent s'y asso-

---

il s'est arrêté à la première, que les philologues américains ont adoptée. (*Note du traducteur.*)

cier, tandis qu'elles ne peuvent se rendre dans d'autres langues que par des locutions distinctes et séparées. Tel est, suivant mon opinion, le caractère général de langues américaines.

Lorsqu'on porte ses regards sur les formes extérieures de ces langues, on est d'abord frappé de voir de longs mots polysyllabiques, qui, composés comme je l'ai dit, expriment beaucoup à la fois. En examinant plus attentivement leur structure, on observe la jonction fréquente du pronom possessif et de nombreuses prépositions avec le nom substantif, et les formes transitives du verbe qui combinent dans un seul mot avec plusieurs autres idées, celles du pronom qui gouverne et de celui qui est gouverné. Partout où j'ai découvert ces signes distinctifs dans les langues indiennes, et que j'ai eu les moyens de pousser plus loin mes recherches, j'ai généralement reconnu tout le système polysynthétique dans ces idiomes; mais, dans beaucoup de cas, je n'ai pas eu ces moyens à ma disposition. Parmi ceux qui ont entrepris de nous instruire de la grammaire de ces langues, il s'est trouvé peu d'abbés Molina, peu d'Egèdes, peu de Zeisberger, peu d'Heckewelder, nous ne pouvons pas espérer que les Adelung, les Vater et les Humboldt viendront voyager dans notre pays pour étudier les langues de nos sauvages, quoique j'aie raison de croire que si la distance n'était pas aussi grande, le courage de le faire ne leur manquerait pas[1]. Nous sommes obligé, par conséquent, de recueillir les faits peu à peu, à mesure et tels qu'ils nous sont présentés, et tout ce que nous pouvons faire est d'en tirer le meilleur parti possible.

J'ai été frappé de bonne heure de l'idée que les langues indiennes étaient toutes à peu près construites sur le même modèle ; on verra cette opinion distinctement exprimée dans ma correspondance avec M. Heckewelder. Depuis ce temps-là, mes recherches ont été spécialement dirigées vers l'examen de cette question. Je prie le comité de me permettre de lui rendre un compte succinct des faits qui se sont présentés à moi dans le cours de ces recherches.

1° J'avais entendu beaucoup parler de l'excellent ouvrage dont j'ai déja fait mention, du *Mithridate;* mais je n'avais pas encore pu m'en procurer un exemplaire. Le professeur Ebeling, de Hambourg, dont l'Amérique surtout regrette la perte, eut la bonté de m'envoyer les deux vo-

---

[1] Le baron Guillaume de Humboldt, comblé des honneurs et des dignités de sa patrie, a fait un voyage dans les Pyrénées, et y est demeuré plusieurs mois, dans le seul dessein d'étudier la langue basque.

lumes qui traitent des langues américaines, et j'ai été depuis assez heureux pour me procurer l'ouvrage entier : là, pour la première fois, je trouvai une grande abondance de matériaux pour le travail que j'avais entrepris. Graces soient rendues aux Russes et aux Allemands, nos maîtres, aux talens et aux travaux infatigables desquels la science générale des langues est si particulièrement redevable des progrès qu'elle a fait depuis quelque temps.

Dans cet ouvrage inappréciable, j'ai trouvé la description du caractère grammatical de trente-quatre langues américaines, et l'*Oraison dominicale* dans cinquante-neuf différens idiomes ou dialectes de ces langues, avec des explications plus ou moins étendues, selon les moyens que l'auteur avait à sa disposition. Parmi les exemples que le professeur Vater nous a donnés de ces différentes langues, je n'en ai pas trouvé une seule qui ne m'ait représenté les formes polysynthétiques à un plus grand ou à un moindre degré. J'ai observé que ces formes étaient plus ou moins apparentes, selon que ses règles étaient plus ou moins connues, et que ses principes avaient été plus ou moins développés par les écrivains qui en avaient traité. Comme cet ouvrage est maintenant entre les mains de tous les savans, il me suffit d'y renvoyer, sans chercher à donner d'autres preuves de ce que j'ai avancé.

2° Parmi les langues dont il n'a pas été au pouvoir du professeur Vater de donner une description suffisante, est l'iroquois ou langue des cinq nations confédérées[1]. Les grammaires et les dictionnaires, que la société des Frères Unis a eu la bonté de nous communiquer, m'ont prouvé suffisamment que ces langues sont également polysynthétiques.

3° La description que donne le savant professeur de la langue des Armoaks, nation indienne qui habite la Guyane, non loin de Surinam[2], m'a montré clairement qu'elle appartient à ce genre d'idiomes, ce qui a été amplement confirmé par une grammaire et un dictionnaire de cette langue, composés par le révérend Théodore Schulz, de Schœneck, près de Nazareth, dans cet état de Pennsylvanie, et qui a long-temps résidé parmi ces peuples[3]. Ces ouvrages sont déposés dans la bibliothèque de notre société.

---

[1] Ce sont les cinq premières des six nations mentionnées ci-dessus. Les Tuscaroras ne se sont joints à leur confédération que très tard, et leur langue n'était pas connue lorsque ce rapport fut fait. Elle a été depuis reconnue pour un dialecte iroquois. (*Note du traducteur.*)

[2] *Mithridate*, vol. III, 2ᵉ partie, p. 667.

[3] M. Schulz réside maintenant dans la Caroline du Nord. (*Note du traducteur.*)

4° La langue des Chippéways, que le professeur Vater a cru être presque entièrement dépourvue de formes[1], en est, au contraire, abondamment pourvue. Le révérend M. Dencke[2], missionnaire au Canada, a prouvé qu'elle est formée sur le même modèle que le délaware, dont elle est un dialecte, et qui est une des langues les plus riches de ce continent.

5° Désirant m'assurer du caractère grammatical des langues méridionales ou floridiennes, qui nous sont encore si peu connues, je pris la liberté d'adresser quelques questions sur ce sujet au révérend Daniel S. Butrick, ministre de la religion réformée[3] lequel réside maintenant parmi les Cherokis[4]; j'eus bientôt la satisfaction de recevoir de lui une réponse, dans laquelle il donne une description de la langue de ces peu-

---

[1] *Die Chippewäer haben fast keine Formen.* Vater, *Untersuchungen über Amerikas Bevölkerung*, p. 192.

[2] Voyez ce qu'il écrit à ce sujet dans la correspondance de l'auteur avec M. Heckewelder, *Transactions du comité d'histoire*, etc., vol. I, p. 427.

[3] L'original dit : de la secte des frères moraves. C'est une erreur qui est ici rectifiée. (*Note du traducteur.*)

[4] Le nom de ces Indiens, prononcé à la française, est *Isălókis*. Je l'ai entendu ainsi de leur bouche. Il y a une tribu qui prononce la lettre *r* au lieu de la lettre *l*. C'est d'elle qu'est venu le nom de *Cherokis*.

(*Note du traducteur.*)

ples; il en résulte qu'elle est polysynthétique au plus haut degré. Entre autres choses, il nous apprend que les pronoms et les verbes ont trois formes de pluriel : le pluriel général *nous*, *vous*, etc., parlant sans restriction; le pluriel spécial, comprenant seulement ceux de qui on parle et le duel. Il donne des exemples de ces trois pluriels, aussi bien que de plusieurs autres formes polysynthétiques; celles des verbes sont aussi riches que dans le chipéway et le délaware. J'espère que le comité tirera beaucoup d'avantage de la suite de cette correspondance.

Dans une de mes lettres à M. Heckewelder, j'avais été induit à supposer que l'abbé Molina avait pris le pluriel spécial pour le duel dans la langue araucanienne[1]. Je suis maintenant plutôt porté à croire que les Araucaniens ont les trois pluriels, et que M. Molina n'a parlé que de deux, ne croyant pas nécessaire de tout dire dans un ouvrage qui n'était pas exclusivement consacré à la langue. C'est un fait, cependant, qui est encore à éclaircir.

6° J'ai reçu une semblable information concernant la langue des Chickasàs (autre idiome méridional) de deux interprètes de cette nation, avec lesquels j'ai eu occasion de converser[2]. Ils

---

[1] *Correspondance*, p. 435.
[2] *Ibbariou Klittubey*, autrement appelé *Martin Colbert*,

m'ont présenté de nombreux exemples, par lesquels ils m'ont convaincu que cette langue, aussi bien que celle des Chactâs, est vraiment polysynthétique, elle possède les trois pluriels et je crois que le chactâs les a aussi[1].

7° Je désirais beaucoup être correctement instruit des formes de la langue des Wyandots ou Hurons que le lord Monboddo et d'autres ont si fortement calomniée, et qui m'était déja en partie connue par le dictionnaire très imparfait du P. Sagard, imprimé à la suite de son *Grand Voyage au pays des Hurons*, lorsque fort heureusement je fis la connaissance de MM. Isaac Walker et Robert Armstrong, interprètes de cette nation, et auxquels cette langue est familière depuis leur enfance. Je leur montrai le dictionnaire du P. Sagard, dans lequel, malgré les erreurs dont il fourmille, ils reconnurent aisément la langue de leur nation. Il ne leur parut pas que

---

et *Killpatrick Carter*. Ce sont tous deux des hommes intelligens possédant parfaitement les deux langues sœurs, le chickasâs et le chactâs.

[1] La langue tarasque (idiome mexicain) a trois pluriels dans les verbes; ils ne sont pas sans analogie avec ceux qui ont été ci-dessus mentionnés, comme par exemple :

Inspeni, *donner en général.*
Insuani, *donner à plusieurs.*
Inscuni, *donner à un seul.*

(*Grammaire de Basalenque*, p. 44.)

cette langue eût éprouvé aucun changement essentiel, dans l'espace de deux cents ans qui se sont écoulés depuis que ce livre a été écrit, ce qui contredit l'assertion du bon père recollet, qui dit dans sa préface que cette langue change constamment et qu'après quelques années elle paraît presque une nouvelle langue. Ils furent très étonnés, lorsque je leur montrai le passage de cette préface, où il est dit que le huron est une langue imparfaite, qu'un plus habile que lui (Sagard) se trouverait bien empêché, non pas de le critiquer, mais de faire mieux[1]. Malgré cela, je ne peux exprimer le plaisir qu'ils ressentirent en voyant ce petit livre. A l'aide de cet ouvrage, après m'être rendu un peu familier avec leur prononciation, je me hasardai à leur faire quelques questions en langue huronne, et j'eus la satisfaction de voir que j'étais compris. Cette langue m'a paru douce et harmonieuse ; l'accent est généralement placé sur la dernière syllabe et quelquefois sur la pénultième ; ils ar-

---

[1] C'est toujours le langage que tiennent ceux qui ne peuvent pas comprendre ou expliquer la structure et les formes grammaticales d'une langue. Elle est toujours pour eux barbare, sauvage, inculte, inintelligible. Voyez ci-dessus ce que dit Neve y Molina de celle des Othomis, que cependant Najera a bien su comprendre et expliquer.
(*Note du traducteur.*)

ticulent, ou pour mieux dire ils battent les doubles consonnes, comme les Italiens dans *quello*, *bello*, etc. Ils ont les voyelles nasales du français, mais ils les prononcent plus délicatement, à peu près comme les femmes créoles des îles Antilles. Après tout, je pense qu'il y a beaucoup de douceur dans cet idiome; un de ces interprètes, à ma prière, déclama lentement et avec expression un morceau oratoire, ce qui m'a donné une idée assez claire de la modulation de cette langue.

Quant à la grammaire, j'obtins de ces Indiens toute la satisfaction que je pouvais désirer, ils me donnèrent plusieurs exemples de verbes simples et composés, avec leurs différentes formes, affixes et inflexions; ce qui me convainquit que le huron est construit sur le même plan que les autres langues de l'Amérique du nord, et qu'il est riche et abondant en locutions; j'observai avec plaisir qu'il possède les trois pluriels.

Ainsi, Monsieur, toutes les recherches que j'ai été à même de faire, depuis que le comité a bien voulu me charger de cette investigation, m'ont conduit aux même résultats. Je n'ai pas encore pu trouver une seule exception, bien constatée, aux principes généraux sur lesquels semble fondée la structure des langues américaines. Partout où j'ai eu des renseignemens suffisans pour m'assurer de leur caractère, j'ai trouvé que ces langues appartiennent à la classe que j'ai nommée *polysynthétique*, dans la vue seulement de la désigner et sans y attacher autrement aucune importance. Car, Monsieur, je suis intimement persuadé que la science n'est pas encore arrivée à un point de maturité, suffisant pour permettre d'entreprendre une clasification exacte et complète de toutes les langues qui existent. Le temps viendra, je l'espère, où apparaîtra le Linné des langues[1], à qui seul il appartiendra de les classer et de donner à chaque classe une dénomination fixe et précise.

[1] M. le baron Alexandre de Humboldt observe avec raison que la division des langues en analytiques et synthétiques n'est pas satisfaisante, et qu'elles devraient, comme les plantes, être classées par groupes, d'après leurs ressemblances et différences les plus apparentes. (*Voyage aux régions équinoxiales*, tom. XI, p. 85.) Cela n'empêche pas qu'il n'y ait des langues analytiques et des langues synthétiques, et qu'on ne puisse les distinguer ainsi en attendant mieux. Ce sont des pierres d'attente qui pourront un jour servir à la construction de l'édifice.

Il me semble que les langues sont susceptibles de différentes méthodes de classification, selon le point de vue sous lequel on les considère. Sous le rapport de l'étymologie, on a, depuis long-temps, adopté la division par familles, et je ne pense pas qu'on en puisse trouver une qui lui soit préférable. Sous celui de l'organisation et des

Le comité voudra bien ne pas croire que j'aie terminé mes travaux; ils ne sont, au contraire, que commencés; la plus grande partie du temps que j'ai dévoué à ce sujet, a été jusqu'ici employé à des études préparatoires, qui me mettront à même, j'espère, de suivre à l'avenir cette investigation avec plus de fruit. Au moyen d'une correspondance très étendue, dont je me suis assuré en Europe, aussi bien qu'en Amérique, j'ai lieu de croire qu'il sera en mon pouvoir de découvrir quelques faits intéressans, qui pourront conduire à une connaissance plus exacte que nous ne la possédons encore, du génie et du caractère des langues américaines.

Parmi les matériaux que le comité a recueillis, il se trouve un nombre considérable de vocabulaires de diverses langues du nord et du sud de cette partie de notre continent. On pourra croire qu'il n'est guère possible d'en faire usage, relativement à l'objet de nos recherches; mais je pense différemment. Lorsque l'étudiant se sera un peu familiarisé avec les langues indiennes, et

---

formes grammaticales, la tâche est beaucoup plus difficile à remplir, parce que nous n'avons pas assez de renseignemens, et que cette branche de la science est encore dans son enfance; mais le temps et l'étude y apporteront remède.

(*Note du traducteur.*)

pour ainsi dire avec leurs différentes physionomies, il acquerra un degré de perception, qui le mettra à même de juger avec plus ou moins de certitude, quelquefois par un mot isolé, de leur structure générale et de leurs formes grammaticales. Les affinités verbales lui seront d'un très grand secours, car il est naturel de penser, et le fait a toujours justifié cette supposition, que les langues qui paraissent, par leurs étymologies, être dérivées de la même source, participent plus ou moins des formes grammaticales de leurs langues-sœurs. Si cette hypothèse est exacte, la langue des Indiens *Ouasaches*, communément appelés *Osages*, dont le comité possède un vocabulaire rédigé par le docteur Murray, de Louisville, peut être considérée, à cause de son affinité avec le naudowessie et le huron[1], comme une branche de la souche iroquoise, et par conséquent on peut présumer que ses formes sont polysynthétiques. Au moyen de ce vocabulaire, nous avons acquis la connaissance de la vaste

---

[1] La langue des Osages a en effet une très grande affinité avec celle des Naudowessies ou Sioux, langue ultra-mississipine, et qui s'étend à l'ouest, du nord au sud, des Etats-Unis. Il est maintenant reconnu que la langue osage appartient à cette famille; mais elle n'a point d'affinité avec les idiomes iroquois. L'auteur a commis une erreur, qu'il s'empresse de rectifier. (*Note du traducteur.*)

étendue de la famille indienne des Iroquois, qu'on croyait, il n'y a pas long-temps, n'avoir existé que dans le voisinage des grands lacs, et que nous pouvons maintenant suivre jusques sur les bords du Missouri. Ainsi les sciences se touchent, et mènent à la connaissance les unes des autres. Un cours d'études suivi dans le seul but de la grammaire et des langues, en nous faisant connaître les relations qui ont existé entre les différentes familles qui habitent ce globe, pourra par aventure nous conduire un jour à la découverte de leur origine.

TROISIÈME QUESTION.

Les langues américaines comparées avec celles de l'ancien monde.

Quand on jette les yeux, pour la première fois, sur la singulière structure des langues des hommes rouges de l'Amérique, quand on considère les formes jusqu'ici inconnues qui les caractérisent, on est irrésistiblement frappé de l'idée qu'on se trouve au milieu d'une race d'hommes qui ne ressemble à aucune autre, et enfin qu'on est dans un *nouveau monde*. On voit une nouvelle manière de former les mots par le rapprochement et la jonction de syllabes et de sons simples extraits d'autres mots, de façon à communiquer à la fois une masse entière d'idées ; une nouvelle manière de désigner les cas des substantifs au moyen des inflexions du verbe qui les gouverne ; un nouveau nombre (le pluriel spécial) dans les formes du nom et du verbe; une nouvelle espèce de genres qui distingue les êtres animés de ceux qui ne le sont pas; l'idée du temps exprimée par la conjonction, qui doit s'accorder avec le verbe : on voit non seulement les pronoms, comme dans l'hébreu et quelques autres langues, mais les adjectifs, les conjonctions, les adverbes, combinés avec la principale partie du discours, et produisant une infinité de formes verbales. Quand on considère toutes ces choses et une foule d'autres singularités qui se trouvent dans les langues américaines, on est naturellement porté à se demander s'il existe de semblables langues dans aucune autre partie du globe terrestre.

Je ne puis m'empêcher de considérer cette question comme extrêmement intéressante, et comme devant conduire à des découvertes importantes pour l'histoire du genre humain. A la vérité, il est constant que quelques-unes des formes qui caractérisent les langues indiennes, existent aussi dans celles de l'ancien monde. Nous savons que l'hébreu et ses langues affiliées, ont des affixes pronominaux et les verbes transitifs et réfléchis, et que le genre y est même exprimé quelquefois par une modification de cette partie du discours; nous savons aussi que les formes transitives du verbe se trouvent dans d'autres langues que celles de la famille dite sémitique; mais la question n'est pas réduite à ces termes; il s'agit de savoir, si parmi les nombreux idiomes de l'ancien monde, il s'en trouve aucun dont la structure et les formes grammaticales ont assez d'analogie avec celles des langues indiennes, pour qu'on puisse le comprendre dans cette classe de langues que j'ai appelée *polysynthétique?*

Cette question n'est pas entièrement neuve. Le professeur Vater, qui par ses vastes connaissances en Philologie était bien en état de la résoudre, a pris la peine de comparer les langues américaines avec celles de l'ancien monde; mais dans cette comparaison, il ne s'est occupé que des formes compliquées du verbe qu'il a cru trouver dans trois langues, le *basque*, le *tchouktchi*, et la langue du *Congo*. Jusqu'à un certain point, M. Vater peut avoir raison, mais quelque ressemblance qu'il puisse avoir découvert entre ces différentes langues et celles de l'Amérique, il me semble que leur système grammatical, considéré dans son entier, à l'exception d'une de ces langues qui, dans le fait, est un dialecte américain, est bien loin d'être le même. Qu'il me soit permis de soumettre ici quelques observations à ce sujet.

1º LE BASQUE. En examinant cette langue, j'ai d'abord été porté à croire avec le professeur Vater, en partie sur son autorité, et par quelque faible lumière que je crus voir jaillir de la comparaison que je fis d'un livre traduit en cette langue avec l'original, que les formes de ses verbes étaient à peu près les mêmes que celles de nos Indiens[1]. Je n'avais pas encore vu le *Mi-*

---

[1] Voici ce que l'auteur écrivait à M. Heckewelder à ce sujet :

« Le professeur Vater est d'avis que la langue des Cantabres, que nous appelons Biscayens ou Basques, peuple qui habite les côtes de l'Océan, au pied des monts Pyrénées, est formée sur le même modèle que celles des Indiens d'Amérique. Nous avons, dans la bibliothèque de notre société, une traduction dans cette langue de l'histoire de la Bible, par Royaumont. Je confesse qu'en la comparant avec l'original, j'ai trouvé beaucoup à dire en faveur de l'opinion du savant professeur ; c'est un fait extrêmement curieux, et qui mérite d'être examiné plus à fond. Il est à présumer que la langue basque était parlée autrefois par une partie considérable des habitans de l'ancien monde, et qu'elle s'étendait sur un vaste espace en différens dialectes. Comment est-il arrivé que les formes polysynthétiques qui la distinguent aient disparu du continent de *thridate*, où la structure de cette langue est très bien décrite au commencement du second volume, et aussi dans le quatrième où se trouve une savante dissertation par le baron Guillaume de Humboldt. Ce fut alors que, pour la première fois, je fis connaissance avec une langue qui, je crois, n'a pas sa pareille dans tout le reste du monde. Je la vis, avec étonnement, conservée seulement dans un coin de l'Europe, par quelques milliers de montagnards, le seul fragment qui nous reste de peut-être cent dialectes, tous formés sur le même plan et d'après le même système, qui probablement existaient à une époque très reculée et étaient généralement parlés dans une grande partie de l'ancien continent. Comme les ossemens du mammouth et les coquilles d'animaux testacés, dont les races sont

l'Europe, et se soient conservées dans une seule langue qui n'est parlée que par un petit nombre de montagards? Comment se fait-il que la langue celtique, qui ne paraît pas être moins ancienne, en diffère aussi totalement dans sa structure grammaticale? Faut-il faire revivre la fable de l'Atlantide, et croire que l'ancien et le nouveau continent se sont joints autrefois? Au moins, on n'oubliera pas que les Basques ont été de grands navigateurs, et qu'ils furent les premiers qui fréquentèrent les côtes de Terre-Neuve.

« Mais laissons-là ces chimères, etc. »

Corresp. p. 432. (*Note du traducteur.*)

depuis long-temps éteintes, la langue basque existe comme un monument effrayant de l'immense destruction produite par une longue suite de siècles. Elle est là, debout, entourée de langues dont la structure soit ancienne, soit moderne, ne ressemble en rien à la sienne. C'est une langue tout-à-fait étrange et seule de son espèce; comme celles de nos Indiens, elle est artificielle dans ses formes, et composée de manière à exprimer à la fois beaucoup d'idées; mais lorsqu'on la compare à celles des aborigènes de l'Amérique, il est impossible de ne pas apercevoir l'immense différence qui existe entre elles. Il suffira, je crois, d'en donner un seul exemple.

C'est un des traits les plus frappans de nos langues indiennes, qu'elles sont entièrement dépourvues des verbes auxiliaires *être* et *avoir*. Je ne connais, dans aucun de ces idiomes, des mots qui puissent exprimer abstraitement les idées qui nous sont communiquées par ces deux verbes. Ils ont le verbe *sto*, je suis (dans telle situation ou dans tel lieu), mais non pas le verbe *sum*; ils ont *possideo*, *teneo*, mais ils n'ont pas *habeo*, dans le sens que nous donnons à ce mot[1].

---

[1] Molina, dans sa Grammaire de la langue des Othomis, donne la conjugaison d'un verbe qui, dit-il, correspond

Dans la conjugaison des verbes basques, au contraire, ces deux auxiliaires sont tout, c'est à eux que la grammaire prodigue cette profusion de formes qui leur permet d'exprimer à la fois toutes

au verbe latin *sum, es, fui;* mais je suis porté à croire qu'il est dans l'erreur, et que ce verbe répond à *stare, sto,* comme dans les autres langues américaines : car il dit ensuite qu'il n'est jamais joint à un adjectif, et que pour dire, par exemple, je suis riche, l'adjectif prend la forme d'un verbe, et se conjugue comme en latin *sapio, frigeo,* etc. On ne s'en sert pas non plus comme auxiliaire dans la conjugaison des autres verbes. C'est pourquoi je ne vois pas comment on peut s'en servir dans un sens purement substantif. Zenteno convient que ce verbe manque absolument dans la langue mexicaine, et qu'il est impossible de traduire dans cet idiome l'*ego sum qui sum* des saintes écritures (*Arte mexicana,* p. 30). J'ai essayé en vain d'obtenir de M. Heckewelder une traduction de cette phrase en langue délaware, et je crois qu'elle ne peut être traduite littéralement dans aucune langue américaine.

(*Note de l'auteur.*)

Depuis que cette note a été écrite, un savant Mexicain, M. Najera, a décidé cette question. Il a traduit en langue othomi la onzième ode d'Anacréon, et, en expliquant la traduction du vers Ἀνακρέων, γέρων εἶ, il dit que le mot εἶ est sous-entendu, parce que le verbe *être* n'est pas dans la langue : « *Es* subauditur, quia hæc lingua verbo substantivo caret. » On dit dans cette langue, pour *Anacreon, senex es,* Anacreon, *tu senex.* La phrase est ainsi parfaitement intelligible, sans le secours du verbe auxiliaire.

(*Ajouté par le traducteur.*)

les idées accessoires du verbe; tandis que l'action ou la passion principale s'exprime séparément, au moyen du participe. Par exemple, je l'aime, *amo eum*, est un verbe transitif, et se rend en basque par *maitetuba dot,* qui littéralement traduit signifie *amatum illum habeo ego*. *Maitetuba* est le mot qui exprime la forme du participe *amatum;* les trois autres idées sont comprises dans le monosyllabe *dot*, dont la première lettre *d*, signifie *illum*, la seconde *o* est la racine du verbe auxiliaire *habeo*, et *t* représente le pronom personnel *ego*[1]. On peut dire, à la vérité, que ces formes sont compliquées comme celles des verbes indiens, et que, comme celle-ci, elles servent à exprimer à la fois plusieurs idées; toutefois, la différence de leur arrangement est si grande, qu'il est impossible de dire qu'il existe de l'affinité entre elles ou qu'elles sortent de la même source. Il y a plusieurs autres formes dans la structure du basque, qui diffèrent essentiellement de celles des langues américaines, mais je me dispense de les désigner ici, afin de ne pas ajouter à la longueur de ce rapport.

2° LES TCHOUKTCHI. Sous ce nom sont com-

[1] *Mithridates*, tom. 4, p. 323.

prises deux différentes nations, ou tribus, dont l'une est appelée les Tchouktchi sédentaires, et l'autre les Tchouktchi errans ou nomades. On les appelle aussi les Tchouktchi aux Rennes (*Rennthier Tschuktschi*). Les premiers demeurent dans la partie nord-est de la péninsule asiatique, séparée par un étroit bras de mer du continent américain; les autres habitent la partie méridionale de cette péninsule, au nord du fleuve Anadir. Les Tchouktchi sédentaires parlent un dialecte du karalit ou langue des Esquimaux, et de cette circonstance, ainsi que de leurs mœurs et de leurs habitudes, il y a lieu de supposer qu'ils sont de race américaine, et une colonie de ce continent[1]; leurs voisins nomades, au contraire, paraissent être une branche de la famille des Tartares Koriaks, qui habitent au sud de l'Anadir et parlent un dialecte de leur idiome. Autant que nous pouvons juger par le peu de connaissance que nous avons des langues des Tartares de Sibérie et des Samoïèdes qui résident dans les parties septentrionales de la Russie Asiatique, nous ne croyons pas qu'il existe aucune affinité étymologique ou grammaticale, entre ces langues et celles des Indiens Américains,

---

[1] *Mithridates*, tom. 3, 2ᵉ part., p. 462.

celles du nord-ouest de l'Europe, paraissent en différer encore davantage, étant de la classe que j'ai appelée *analytique*[1].

Pendant que je suis sur le chapitre de l'Asie, il ne sera peut-être pas hors de propos d'observer qu'il y a dans cette partie du monde une langue qui nous est très peu connue, mais qui mérite l'attention des philologues[a]; c'est la langue géorgienne. D'après la description de cette langue par M. Frédéric Adelung, dans les additions au *Mithridate*, il paraît qu'on a trouvé ou aperçu dans quelques-unes de ses formes de la ressemblance avec celles des Indiens d'Amérique[3]; cela est d'autant plus remarquable que cette partie de l'Asie est considérée comme le berceau de l'espèce humaine. Il faut espérer que des savans s'occuperont de cette langue. Il est encore à désirer que quelque habile orientaliste compare nos langues indiennes avec celles qu'on appelle

---

[1] *Corresp. avec Heckewelder*, p. 400.

[a] Elle l'a attiré en effet, et il en est résulté, outre plusieurs savantes dissertations dans le *Journal asiatique*, un dictionnaire de cette langue par M. Klaproth, qui devait être suivi d'une grammaire par le même auteur, que la mort nous a trop tôt enlevé. Voyez le *Rapport annuel* fait par M. Abel Rémusat à la société asiatique, le 21 avril 1823, p. 52. (*Note du traducteur.*)

[3] *Mithridates*, tom. 4, p. 130.

sémitiques, et particulièrement avec l'hébreu, que beaucoup de personnes considèrent encore comme la source primitive du langage humain : il est temps que cette question soit enfin mise hors de doute.

3° LE CONGO. Ici nous nous trouvons au milieu d'un pays inconnu, tant nous savons peu de chose des langues parlées par les populations noires de l'Afrique. Ce serait un fait aussi curieux qu'étrange, si les idiomes des races noires et ceux des races rouges se trouvaient construits d'après le même système de formes grammaticales; mais il faut bien prendre garde à ne pas nous laisser entraîner à de vaines théories, avant d'avoir rassemblé assez de faits pour fonder notre jugement.

De toutes les langues parlées par les noirs qui habitent la côte occidentale de l'Afrique, celle du Congo nous est la plus connue par les ouvrages d'Astley, Dapper, Grandpré, Baudry-Deslozières et autres, qui ont écrit sur ce sujet. Dans l'année 1659, une grammaire de cette langue, par Giacinto Brusciotto di Vestralla, fut imprimée à Rome aux frais de la congrégation *de propagandá fide* : j'espère en obtenir un exemplaire pour la bibliothèque de notre société[1]. Le

---

[1] L'auteur n'a pas été assez heureux pour se procurer

professeur Vater, dans la première partie du troisième volume du *Mithridate*, a puisé à ces sources et à d'autres qu'il avait à sa disposition, et nous a fait connaître les traits principaux du caractère grammatical de cet idiome; à ce moyen, nous pouvons nous en former une idée assez claire.

On ne peut pas nier que cette langue ne soit synthétique à un très haut degré, et il paraît qu'à quelques égards ses formes ressemblent à celles des langues d'Amérique; mais il y a entre elles des différences très essentielles. Les cas des noms substantifs, par exemple, sont exprimés dans le congo par des inflexions de l'article, tandis que cette partie du discours manque aux langues indiennes[1]. Le congo, au lieu d'adjectif, se sert de la forme génitive du nom substantif; il dit *eau de feu* pour *eau chaude*, ce que les Indiens ne font point; enfin, le pronom possessif est mis après le substantif, avec un article

---

cet ouvrage; mais, par les bons offices du prince de Musignano, la Société est en possession de plusieurs des vocabulaires et autres ouvrages philologiques publiés par la Propagande. (*Note du traducteur.*)

[1] Il a été depuis découvert que les langues indiennes ont aussi l'article; mais elles en font fort peu d'usage, et ce n'est qu'avec peine qu'on a pu le découvrir. Voyez le mémoire ci-dessus. (*Note du traducteur.*)

entre deux : on dit *père le mien* au lieu de *mon père*[1]. Ces diverses formes, ainsi que d'autres que je ne rapporterai pas ici, ne se trouvent dans aucune des langues de nos sauvages.

Je dois convenir cependant que, quant à ce qui regarde les verbes, la ressemblance est considérable. Ainsi que les Américains, ce peuple africain peut, par le moyen de cette partie du discours, exprimer un grand nombre des idées accessoires qui peuvent s'y joindre ; mais je n'ai pas les moyens de décider s'il peut le faire au même degré que les sauvages de l'Amérique.

Beaucoup de raisons portent à croire que le congo n'est pas le seul parmi les idiomes de l'Afrique occidentale qui ait des formes compliquées, et que les langues de tous les peuples qui habitent cette côte sont formées sur le même modèle. Oldendorp, dans son *Histoire des missions*, nous a donné une phrase en dix-huit de ces langues ; elle paraît avoir échappé à l'observation du professeur Vater, et fait voir qu'au moins elles ont dans leurs verbes les formes transitives des Indiens. Cette phrase est : « Dieu m'a aimé et a lavé mes péchés avec son sang. » Dans le dialecte du Congo, cette phrase est exprimée par *Christus ensolani sukkula nituam*

---

[1] *Mithridates*, tom. 3, 1re part., p. 212.

winu mengaman. Le mot *ensolani*, par une forme transitive, exprime l'idée complexe « m'a aimé, » et le dernier mot *mengaman*, de *mengu*, « sang, » comprend celle de ce substantif joint à la préposition « avec. » L'auteur traduit les trois autres mots, *sukkula nituam winu*, par « a mon corps lavé d'impureté[1]. »

Je ne fatiguerai pas le comité en offrant la traduction de la même ou de semblables phrases dans les autres langues africaines, dont cet auteur nous donne des exemples, dont six, dit-il, sont des langues-mères[2], et les autres des dialectes dérivés de celles-ci. Je me contenterai de renvoyer à son ouvrage, qui doit confirmer ou contredire ce que j'avance : je pense que ces langues sont toutes formées sur le même modèle.

Il semble résulter des faits et des observations qui précèdent, que les langues des nègres de la côte occidentale de l'Afrique sont à un très haut degré complexes et synthétiques dans leurs formes. On ne peut pas dire cependant jusqu'à quel point cela s'étend; mais nous en savons assez

---

[1] C. G. A. Oldendorps, *Geschichte der mission*, etc. Histoire de la mission des frères évangéliques aux îles Caraïbes, de Saint-Thomas, Sainte-Croix et Saint-Jean, Barby, 1777, 2 vol., t. I, p. 344.

[2] 1 Le congo, 2 l'aminyo, 3 le mandingue, 4 le yalof (wolof), 5 le serère, 6 le serawalli.

pour pouvoir conclure qu'elles diffèrent à plusieurs égards de celles des Indiens de l'Amérique. Leur plus grande ressemblance paraît consister dans la combinaison du verbe avec les autres parties du discours.

Il ne serait pas impossible que les grands traits qui caractérisent nos langues indiennes ne se trouvassent pas réunis au même degré dans d'autres langues; mais il faudra encore beaucoup de recherches et de travail avant qu'on puisse décider cette question avec connaissance de cause. L'étude des divers idiomes, considérés sous le point de vue de leur structure et de leurs formes grammaticales, est d'origine toute récente; les difficultés qu'elle présente ne doivent pas nous en détourner; il faut espérer que nous découvrirons un sentier qui nous conduira à une connaissance plus exacte et plus profonde que nous ne la possédons encore, de l'origine, de l'histoire, et des mélanges des différentes familles d'êtres humains, qui habitent aujourd'hui et ont autrefois habité le globe terrestre.

Agréez, Monsieur le Président, l'assurance de ma haute considération et de mon respect.

Peter S. Du Ponceau.

www.ingramcontent.com/pod-product-compliance
Lightning Source LLC
Chambersburg PA
CBHW050606230426
43670CB00009B/1292